KB217883

고뇌가 없다는 것

【 일러두기 】

1. 제20장 "글을 읽을 줄 모르는 목사들에게 1"은 《헤아려본 세월》(포이에마, 2015)에 실렸던 글을 고쳐 수록한 것입니다.

2. 본문에 인용된 성경은 대한성서공회에서 펴낸 개역개정판을 따랐으며, 다른 번역본을 사용한 경우 따로 표기하였습니다.

고뇌가 없다는 것
천정근 지음

1판 1쇄 인쇄 2016. 10. 10. | **1판 1쇄 발행** 2016. 10. 17. | **발행처** 포이에마 | **발행인** 김강유 | **편집** 강영특 | **디자인** 이경희 | **등록번호** 제 300-2006-190호 | **등록일자** 2006. 10. 16. | 서울특별시 종로구 북촌로 63-3 우편번호 03052 | 마케팅부 02)3668-3260, 편집부 02)730-8648, 팩시밀리 02)745-4827

값은 뒤표지에 있습니다. ISBN 979-11-5809-062-3 03230 | 독자의견 전화 02)730-8648 | 이메일 masterpiece@poiema.co.kr | 좋은 독자가 좋은 책을 만듭니다. | 포이에마는 독자 여러분의 의견에 항상 귀를 기울이고 있습니다.

이 도서의 국립중앙도서관 출판시도서목록(CIP)은 서지정보유통지원시스템 홈페이지(http://seoji.nl.go.kr)와 국가자료공동목록시스템(http://www.nl.go.kr/kolisnet)에서 이용하실 수 있습니다. (CIP제어번호: CIP2016023814)

고뇌가 없다는 것

무지가 무지를 끌어가는 시대, 그리스도인에게 던지는 질문

천
정
근

포이에마
POIEMA

차례

광야의 사유를 꿈꾼다

독일의 철학자 테오도르 아도르노(1903-1969)는 '아우슈비츠 이후로는 더 이상 서정시를 쓸 수 없다'고 말했다. 그는 후에 이 발언의 진의에 대해 서정시를 쓰는 것 자체가 아예 불가능하다거나 그래도 서정시를 쓰는 사람은 동정심이 결여된 냉정한 인간이라는 뜻은 아니라 해명했다. 그러한 비인간적 현실에서 인간적 문화 활동이 계속된다는 것이 얼마나 공허한 노릇인지를 지적하기 위한 말이라 했다.

아우슈비츠 이후로도 사람이 과연 정상적으로 살 수 있는 것인가? 악몽 속에서 그는 이러한 근원적 질문을 떠올렸다. 그는 자신이 더 이상 살아 있는 사람 같지 않았고, 그저 아우슈비츠 희생자들의 소망에서 태어난 산물일 뿐이라는 기분을 떨칠 수 없었다고 말한다. 그가 말한 희생자들의 소망이란 물론 살고자 하는, 살 수 있다고 믿었던, 그러나 동전의 양면처럼 절망의 다른 면으로서의 소망이다. 알다시피 손바닥에 떨어진 동전은 그들의 소망을 외면했다. 그 외면당한 소망으로부터, 그 절망에 기반해 우리는 존재한다, 존재해야 한다는 것이다.

세월호 이후에도 하나님의 은혜에 관한 설교가 가능할까? 아니 세월호뿐 아니다. 우리는 '이것' 이후로도 긍정의 인생이 가능하냐고 물을 수 있는 무수한 세월호의 목록을 가지고 있다. 굳이 근현대사를 물들인 학살과 공포와 억압의 흑역사를 떠올리지 않아도 된다. 매일 40여 명이 자살로 생을 마감하는 나라에서, 대통령과 정부 관료들이 억울함과 진실과 정의를 호소하러 거리로 나온 국민을 향해 '테러분자', '폭도'라는 말을 대놓고 사용하는 나라에서, 오로지 물리적인 경찰력과 법을 빙자한 비열한 소송, 생계의 갖은 수단을 끊어버리고 훼방하겠다는 잔혹한 위협을 통해 지탱되는 현실 권력의 구조 속에서, 소망을 외면당한 작은 사람들의 회의에 찬 반문의 미제사건 기록들은 누적되어만 간다.

그러나 교회는 무력하다. 교회는 힘이 없다. 물론 여기에 '하나님이 세월호를 희생시켜 우리나라를 구해주시려 한다'고 설교하는 매머드교회와 그런 설교를 듣고 앉아 회개를 염불 외듯 립서비스로 끝내버리는 성도들의 역량은 숫자나 규모가 대단할지라도 실제 값에 쳐줄 가치가 없다. 내가 말하는 교회는 이러한 시대의 고통과 슬픔 가운데서도 하나님의 은혜를 포기하지 않는, 포기할 수 없는 불가시적 영적 교회를 말한다. 그 교회는 지금 무력하고 그 교회의 성도들은 힘이 없다. 무릇 하나님은 그것을 할 수 있는 역량을 가진 자들에게는 말씀하시지 않고, 할 수 있는 역량을 갖지 못한 자들에게는 이 모든 극복의 과제를 떠맡기시는 것 같다.

아우슈비츠 이후에도 서정시는 계속 쓰여진다. 고통과 회한의 서정시뿐 아니라 연애와 결혼과 노동과 행복과 사랑의 서정시도 계속 쓰여진다. 마찬가지로 하나님의 은혜와 인생의 긍정을 설파하는 설교도 계속 행해진다. 마땅한 일이다. 그러나 생각하는 사람이라면 우선 이 모순이 일으키는 동시적 혼돈과 아우성에 현기증이 날 것이다. 어디에 마음을 두어야 할지, 어떻게 정신을 가다듬어야 할지, 수습하기 어려울 것이다. 이 책은 그러한 시대의 혼돈과 현기증에 대한 한 작은 교회 목사의 솔직 담백한 고뇌를 담은 설교집이다.

'한국 교회 목사들은 입으로 책을 쓴다'는 말을 들었다. 목사들의 99퍼센트가 표절을 한다는 말도 들었다. 입으로 책을 쓰든 남의 설교를 표절하든, 중요한 것은 설교의 내용이지 설교자의 유창한 말주변이 아니다. 입으로 책을 쓰지 않기 위해 지난 9년 동안 매 주일 A4 종이 8-9장 분량의 설교 원고를 작성했다. 수요설교까지 합치면 그 분량만도 엄청나다. 문제는 오로지 내용 자체라는 신념으로 그 내용을 꼼꼼하고 정확하게 전달하는 데 목표를 두었다. 당연히 나는 웅변가나 달변가가 될 기술을 연마할 수 없었다. 일찍이 스물일곱 살부터 강단에서 원고 없는 설교를 해왔지만, 이제는 꼼꼼히 준비된 원고가 없이는 몇 마디를 견디지 못한다. 부족하지만 이 책은 입으로 쓴 것이 아니다. 온몸과 가슴으로 쓴 것이다. 따라서 말주변으로 소화할 내용도 아니다. 농부가 농사를 짓듯 노동자가 노동을 하듯 설교를 쓰는 일은 타인을 향한 말 이전의 내 삶이자 노동이다. 그러나 오로지 뜨거운 몸과 가슴으로만 쓴 것도 아니다. 냉정한 머리와 지성으로 썼음을 알아주시길 바라는 마음이다. 내 자랑을 위한 변명이 아니라 내 부족함을 위한 덧붙임이다.

나는 이 책에서 오늘날 한국 교회라 불리는 가시적이고 현상적인 교회를 비판했다. 그 교회들을 이끌고 있는 목사들에 대한 신뢰를 가능한 만큼 기억에 남을 정도로 부정했다. 그 성도들을 향한 신뢰도 기회가 있을 때마다 성실히 부정했다. 그러면서도 결국 그들을 향해 말하지 않을 수는 없었다. 이것은 모순이다. 그러나 이유가 있다. 그것은 오늘날 강단이 도무지 현실을 일깨우지 못하는 긍정의 메시지로 일관되어 있다는 것뿐만이 아니다. "미련한 자를 곡물과 함께 절구에 넣고 공이로 찧을지라도 그의 미련은 벗겨지지 아니하느니라"(잠 27:22) 하는 말씀처럼 단지 우연에 의해 획득된 정신의 고정화된 비늘, 무엇으로도 벗겨지지 않을 인식상의 우둔함과 미련함이 증상의 핵심이다. 나는 그 모세의 수건을 어떻게든 환기시키고 조금이라도 벗겨내고 싶었다. 할 수만 있으면 그들을 대형교회의 예배당과 그들의 집회로부터 끌어내고 싶었다.

아르헨티나 출신의 감독 리산드로 알론소의 〈도원경(Land of Plenty, Jauja)〉(2014)이라는 영화가 있다. 영화는 '하우하(Jauja)라는 곳으로 들어가면 누구나 실종된다'는 자막으로 시작된다. 19세기 말 '사막의 정복'이라 불렸던 원주민 학살이 자행되던 라틴아메리카가 영화의 배경이다. 주인공인 덴마크 장교 군나르는 딸 잉게보르그를 데리고 아르헨티나의 오지 파타고니아에 부임한다. 얼마 후 잉게보르그는 젊은 병사와 사랑에 빠져 한밤중에 '하우하'로 달아난다. 군나르는 딸을 찾아 홀로 광야로 들어간다. 처음 얼마간 카메라는 군나르의 외로운 추적을 쫓아간다. 그러나 시간이 지날수록 서사의 틀은 점점 해체된다. 하우하의 황량한 풍경은 과거도 미래도 그 어떤 관습적 서사와도 의미 있는 연관을 갖지 않는다. 거기서부터 개인의 모든 과거의 역사와 현재의 잔해 그리고 미래의 전망이 끊어진 독특한 공간이 무한히 펼쳐진다.

그러나 기이하게도 그것은 또 다른 의미의 과거, 현재, 미래를 제공하며 전혀 다른 사상과 감정의 세계로 관객을 이끈다. 거기엔 우리의 모든 역사와 현실과 미래가 새롭게 가능해진 인식의 형태로 공존한다. 이른바 광야로부터의 예언이다. 지금 세속 도시에 갇혀 사는 인간들에게는 도무지 들리지 않지만 태초로부터 끊임없이 외치고 있는 광야의 사상, 창세기의 울림과 전도서의 교훈과 계시록의 경고가 거기 있다. 그러나 예루살렘의 대형교회 예배당에 앉아서 꼭두각시로 분장한 배우 같은 설교자의 설교를 들으면서는 소용없다. 그래서 예언자는 언제나 광야로부터 온다 하지 않는가. 그를 맞이하려면 광야로 나가야 한다 하지 않는가. 나는 지금 한국 교회는 무엇보다 그런 광야의 사유가 필요하고 회복되어야 한다고 생각한다.

개척 목회 10년 즈음. 나는 나 자신을 '호리병 속에 갇힌 괴물'이라는 비유로 규정해보곤 한다. 다행스럽게도, 그리고 유감스럽게도 내 괴로움이 사례비로 먹고사는 목사가 되지 못한 괴로움은 아니다. 그것은 말로 다 전달할 수 없지만 말하지 않아도 알 만한 사람은 아는 괴로움이다. 그러나 굳이 말로 해보려 한다면 내가 배운 기독교적 구원의 신학과 조악한 반(反)기독교적 현실의 부조화 속에서 내 한계와 그 한계를 가지고 싸우는 한계의 괴로움이라고 해야겠다. 호리병 속에 갇힌 괴물은 앞으로 100년 안에 자신을 구해주는 이가 있다면 일체의 호의를 다 베풀겠다고 다짐한다. 그러나 누구도 구해주는 이가 없었다. 그다음 100년. 그다음 100년. 얼마의 100년들이 지나갔는지는 모른다. 그러던 어느 때, 괴물은 결심한다. '앞으로 100년 안에 나를 구해주는 자가 있다면, 모든 분풀이를 그놈에게 다 하리라.' 마침내 괴물은 구원을 받게 된다! 나는 그 괴물이 자기를 구해준 사람에게 은혜를 갚을지 복수를 할지 모르겠다. 그러나 괴물이 구원받은 것은 어쩌면 결심을 바꾸었을 때 마음으로부터 일어난 사건이 아닐까? 나는 그것을 일종의 의식혁명이라 생각한다.

미움도 사랑이고 관심이라던가. 나는 '사랑한다'는 말을 별로 좋아하지 않는다. 오히려 사랑하지 말라고 권한다. 교회 안에서 젊은 청년들 간의 분쟁이 일어나 하소연을 할라치면 용서하라 거나 이해하라는 권면을 하지 않는다. 오히려 전투적으로 상대 방(원수)보다 더 높고 우월한 도덕성을 배양하자고 격려한다. 사람들이 내 훈수를 근원적 사랑의 지향으로 여길지 분열과 미움으로 여길지 두려운 마음도 든다. 그러나 하이데거의 '인생의 질문은 딱 떨어지는 하나의 대답이 필요한 게 아니라 질문 자체가 질문하는 그 사람에게 하나의 대답이 된다'는 교훈과 같이, '우리가 도대체 이런 세상에 왜 살아야 하는가? 교회는 왜 존재해야 하는가? 성도의 존재 이유는 무엇인가?' 끝도 없이 이어질 이런 질문은 삶에 대한 일체의 긍정이 가능한지를 묻는 질문이다. 누구나 피할 수 없게 만든다. 그리고 이 질의를 통한 자기부인의 판단을 거치지 않은 사상, 즉 이 논의로 밑뿌리까지 철저한 자기부정의 십자가를 소화해내지 못한 설교나 신앙이라는 것은 대답이 될 수 없다. 모든 것을 적당히 하라는 권면, 누구에게도 미움을 받지 말고 칭찬받는 덕스러운 사람이 되라는 권고, 오로지 예수를 잘 믿고 교회에 충성하고 목사님을 잘 섬기면 만사가 형통이라는 태도는 그것이 애초에 다루어야 할 문제를 처음부터 회피한 것이고 따라서 설교라 신앙이라 부를 자격도 없는 것이다.

광야(廣野)는 광야(狂野)다. 내가 한없이 부족하다는 것을 모르

지 않는다. 부디 이 부족한 글을 광야에서 외치는 광인의 함성쯤
으로 들어주시기를 바란다.

양지 초록집에서
흐르는 강물처럼

천정근 목사

다시, 평신도를 깨운다

누가복음 23:26-34상

저마다 울부짖게 될 날이 온다는 겁니다.
이것은 상상도 아니고 경고도 아니고
교훈도 아니고 현실입니다.
이 점을 자꾸만 망각해버리면 안 됩니다.

이것은 그런 말씀이 아니다

인간의 말이나 행위가 외면적으로 드러난 것이라 할 때 드러난 것은 드러나지 아니한 것을 지시해주는 상징이자 은유입니다. 곧, 나타난 바 그것이 전부가 아닙니다. 그것을 포함하여, 그것보다 훨씬 더 근원적이고 중대하고 본질적인 내용이 그 속에 들어 있습니다. 이것을 우리는 흔히 '무의식'이라 부릅니다. 의식은 무의식의 반영인데 무의식을 직접 설명해주지는 않습니다. 그래서 사람들은 잘 속습니다. 우선 자기도 자기에게 속고, 자기가 자기에게 속음으로 타인도 속이게 되고, 이렇게 해서 만들어진 전체적인 속임의 구조 속에 저마다 자기를 속이는 속임에 매달리게 됩니다. 분별력이 있다는 것은 이 전체적인 분위기, 곧 영적 진실을 파악하는 겁니다. '이것들은 왜 이렇게 되는 것이냐? 이렇게밖에 될 수 없는 것이냐? 어떻게 되어가는 것이냐? 최종적으로 어떻게 되어갈 것이냐?' 같은 것을 분별해내는 것이 영적 분별력입니다.

복음서(성경)도 마찬가지입니다. 거기엔 이야기들이 나옵니다. 그러나 이 이야기들은 실체의 전모를 일일이 다 설명해주는 게 아닙니다. 이야기들 속에 전체적인 핵심이 마치 무의식의 세계처럼, 이 세상이라는 표면적인 모양의 숨겨진 실체적 배경을 이루고 있습니다. 그게 비밀입니다. 그 비밀을 발견하는 사람은 '아, 복음이 이래서 복음이로구나!' '아, 이렇게 해서 복음은 진리의 말씀이로구나!' 하는 것을 알게 됩니다. 그냥 표면의 이야기들을 수박 겉핥기식으로 읽고 외우고 인용하는 것은 별 의미가 없습니다. 그렇다면 복음서가 숨겨놓고 있는 이 세상의 실체적(영적) 배경을 이루는 비밀이란 무엇일까요? 복음서는 무엇이 인간들의 진정한 문제라고 일깨워주는 것일까요?

본문은 예수님이 최후의 십자가형을 받기 위해 해골의 언덕으로 끌려가시는 장면을 기록하고 있습니다.

> 그들이 예수를 끌고 갈 때에 시몬이라는 구레네 사람이 시골에서 오는 것을 붙들어 그에게 십자가를 지워 예수를 따르게 하더라. 또 백성과 및 그를 위하여 가슴을 치며 슬피 우는 여자의 큰 무리가 따라오는지라. 예수께서 돌이켜 그들을 향하여 이르시되 예루살렘의 딸들아 나를 위하여 울지 말고 너희와 너희 자녀를 위하여 울라. 보라, 날이 이르면 사람이 말하기를 잉태하지 못하는 이와 해산하지 못한 배와 먹이지 못한 젖이 복이 있다 하리라. 그때에 사람이 산들을 대하여 우리 위에 무너지라 하며 작은 산들을 대하여 우리를 덮으라 하리라. 푸른 나무에도 이같이 하거든 마른 나무에는 어떻게 되리요 하시니라(눅 23:26-31).

이것이 표면적으로 벌어진 일입니다. 하나님나라 운동을 펼치시던 예수는 너무도 무력하게 사형을 받으러 끌려가고 있었습니다. 더 이상 체력이 견뎌내지 못하여 구레네라는 시골에서 올라온 시몬이라는 사람을 시켜서 예수의 십자가를 대신 지고 가도록 했습니다. 예수님을 민중의 예언자로 말세의 구원자로 믿고 기대했던 사람들은 가슴을 치고 슬피 울며 그 뒤를 따라가고 있습니다. 그 울음소리를 듣고 예수께서 그들을 향해 돌이켜 말씀합니다. "예루살렘의 딸들아 나를 위하여 울지 말고 너희와 너희 자녀를 위하여 울라." '너희와 너희 자녀를 위하여 울라'는 말씀은 '자녀들의 앞날을 위하여 기도하라'는 정도의 말은 아닙니다. 앞으로 지금 우는 슬픔 정도는 아무것도 아닌 날이 온다는 겁니다. 그것도 '그런 날이 올 것이니 미리 울어두라'는 말씀도 아닙니다. 혹은 지금이라도 깊이 회개하고 반성해서 '그런 날이 오지 않도록 하라'는 말씀도 아닙니다. 우리는 자꾸만 그런 식으로 진실을 왜곡하는 경향이 있습니다.

세월호 참사 같은 사건이 터지면 대개 그런 식으로 결론을 내리곤 합니다. '이것은 우리를 위한 교훈이다. 지금이라도 반성하고 다시는 이런 일이 발생하지 않도록 대비해야 한다. 반성하고 회개해야 한다.' 아닙니다. 이 말씀은 그런 뜻이 아닙니다. '그런 날이 오지 않도록 하라'가 아니라 '온다, 올 거다'라는 겁니다. 자, 생각해보십시오. '그런 날이 오지 않도록 지금부터 반성하고 노력해야 한다'와 '그런 날이 온다, 반드시 닥치고 말 것이다'는 어떻게 다른 걸까요?

그 어떻게 다른 것이냐에 대한 인식 정도에 따라서 우리의 실제적 행동과 삶의 방식도 달라질 겁니다. 이게 종말론(終末論)입니다. 종말론은 종말이 닥친다는 것이지 반성하고 회개해서 종말이 오지 않도록 하라는 말이 아닙니다. 이 점을 우리가 깊이 이해해야 합니다. 왜 기독교가 마치 엄살을 부리는 것처럼 아픈 척이나 하고, 착한 척이나 하고, 순결한 척이나 하고, 슬픈 척이나 하는 상태에 놓이게 됐는지 말입니다. 왜 진짜 종말을 당하여 삶의 급진적 변화를 이끌어내지 못하고 '종말'을 겨우 '종말론적 긴장'의 수사(修辭)로만 여기는 것인지 말입니다.

예수님은 명백한 멸망을 선언했는데도 우리는 여태 깨어나지 못하고 아직도 우리가 세상의 빛과 소금이 되어야 한다고 하면서 세상을 이 상태 그대로 유지하려 합니다. 아닙니다. 그날이 어떤 날입니까? "보라, 날이 이르면 사람이 말하기를 잉태하지 못하는 이와 해산하지 못한 배와 먹이지 못한 젖이 복이 있다 하리라"(눅 23:29).

자식이 있으므로 당하는 참척의 슬픔, 가족이 있으므로 겪어야만 되는 상실의 아픔이 얼마나 큰지, 차라리 자식을 낳지 못해 '복도 참 지지리 없다'고 긍휼히 여김을 받던 사람을 오히려 부러워하게 될 것이다, 바로 그런 날이 온다는 겁니다. 그 고통이 얼마나 극심한지 사람이 산들을 향하여 '우리 위에 무너지라' 하게 될 것이고 작은 산들을 향하여 '우리를 덮으라' 하게 될 날이 올 것입니다. "푸른 나무에도 이같이 하거든 마른 나무에는 어떻게 되리요"(눅 23:31). 이 말씀의 원 출전은 구약성서의 에스겔서입니다.

인자야 너는 얼굴을 남으로 향하라. 남으로 향하여 소리내어 남쪽의 숲을 쳐서 예언하라. 남쪽의 숲에게 이르기를 여호와의 말씀을 들을지어다. 주 여호와께서 이같이 말씀하셨느니라. 내가 너의 가운데에 불을 일으켜 모든 푸른 나무와 모든 마른 나무를 없애리니 맹렬한 불꽃이 꺼지지 아니하고 남에서 북까지 모든 얼굴이 그슬릴지라. 혈기 있는 모든 자는 나 여호와가 그 불을 일으킨 줄을 알리니 그것이 꺼지지 아니하리라 하셨다 하라 하시기로 내가 이르되 아하 주 여호와여 그들이 나를 가리켜 말하기를 그는 비유로 말하는 자가 아니냐 하나이다 하니라(겔 20:46~49).

예언자에게 백성들은 비웃으며 말합니다. "저자가 하는 말은 다 비유가 아니냐?" 실제로 일어나는 일이 아니라는 말입니다. 무릇 예언적인 메시지란 다 이와 같아서 당시에는 피부로 와 닿지 않는 특성이 있습니다. '이걸 그냥 놔두었다간 뭔 일이 반드시 생길 것이다'라고 경고할 당시 그 말은 실제가 아니라 상상, 곧 비유입니다. 그러나 '누가 비유를 무서워하랴' 하면 그 일이 닥치는 겁니다. 에스겔은 "제가 지금 이렇게 경고해봤자 그들은 저를 향하여 '저자는 항상 꿈꾸는 듯 현실과 동떨어진 소리나 하는 자가 아니냐' 하면서 제 말을 듣지 않습니다" 하고 탄식하는 겁니다. 참된 진실의 소리도 이와 같지요? 거기엔 파국과 종말의 경고가 들어 있습니다. 그러나 사람들은 그 경고를 경고로 받아들이지 않습니다. 받아들여도 종말론적 긴장 정도로만 받아들입니다. 아직 닥치지 않은 경고는 경고가 아닌 겁니다.

아무튼 여기서 '푸른 나무와 마른 나무'라는 말이 나옵니다. "내가 너의 가운데에 불을 일으켜 모든 푸른 나무와 모든 마른 나무를 없애리니 맹렬한 불꽃이 꺼지지 아니하고 남에서 북까지 모든 얼굴이 그슬릴지라." 푸른 나무와 마른 나무라는 말은 일종의 종말론적 비유입니다. 종말이 닥치는 것은 푸른 나무든 마른 나무든 헤아려주지 않습니다. 아까 예수님이 하신 말씀 "푸른 나무에도 이같이 하거든 마른 나무에는 어떻게 되리요"는 새번역에 "나무가 푸른 계절에도 사람들이 이렇게 하거든, 하물며 나무가 마른 계절에야 무슨 일이 벌어지겠느냐?"로 번역되어 있습니다.

예수님은 자신을 푸른 나무, 지금을 나무들이 푸른 계절이라고 하시는 겁니다. '나무가 푸른 계절에도 불이 이렇게 삼림을 태우는데 하물며 나무가 마른 계절에는 어떠하겠느냐. 아직 파국이 오지 않은 이 시절에도 저들이 이렇게 행하고 있거늘, 파국이 닥쳐올 때는 정말 어떠하겠느냐?' 저들이 지금 어떻게 행하고 있다는 겁니까? 예수를 십자가에 사형시키는 일을 가리키는 것일까요? 그것도 가리키지만 거기에 국한된 일이 아닙니다. 곧, 세상에 가득한 죄와 악, 폭력의 실상을 가리키시는 겁니다.

저마다 자기는 아니라 하면서 세상엔 폭력이 가득합니다. 저마다 반성과 회개와 개조와 개혁을 부르짖는데도 세상은 여전히 폭력적으로 돌아갑니다. 이게 아주 중요한 분별력을 필요로 하는 점입니다. 누가 누구를 위해서, 왜, 어떤 방식으로 폭력이 계속되게 하는 것일까요? 분명 이 세상에 폭력이 가득하다면 그것은 누군가 그것을 행하는 자들이 있다는 것입니다. 그것을 계획하고 명령하고 실행하는 자들이 있습니다. 그런데 누구도 자기는 범죄자가 아니라고 합니다. 자신들은 세상의 폭력을 바라지 않고 오히려 세상이 좀 더 나은 곳으로 변화되길 바란다고 합니다. 금식도 하고 기도도 합니다. 그런데 왜 이런 결과가 계속 벌어지는 걸까요?

푸른 나무의 계절에 벌어지는 일들을 비유(교훈)로 생각하고 파국과 종말을 상상으로만 생각하는 자들이 그 답입니다. 세월호 사건이 벌어지자 '이 사건은 우리에게 교훈을 준다, 교훈이되어야 한다'고 많은 사람이 말하는 소리들을 들어보셨을 겁니다. 그들에게 이 사건은 교훈, 곧 비유입니다. 무엇에 대한 비유냐? 파국과 종말에 대한 비유입니다. 아직 파국도 아니고 종말도 아닌 겁니다. 그러니까 '이걸 교훈 삼아서 앞으로 잘해나가자', 이러는 겁니다. 그 말은 다시 말하면 '이건 실제로 큰일이 벌어진 게 아니라 일종의 교훈, 경고이니까 앞으로 잘하면 된다'는 말입니다. 그 말은 또다시 말하자면 '이 일을 가지고 무슨 파국이 일어난 것처럼 소동을 일으켜서는 안 된다'는 말입니다. 이게 말씀과 묵시의 전형적인 왜곡입니다.

예수님의 말씀은 '푸른 나무의 계절에도 저들이 이런 짓을 하고 있는데 마른 나무의 계절에는 어떤 일이 벌어지겠느냐. 그날은 반드시 온다'는 겁니다. 사람들이 '차라리 태어나지 않았으면 얼마나 좋았을까' 하면서 저마다 울부짖게 될 날이 온다는 겁니다. 여러분, 주위를 돌아보십시오. 지금 그렇게 울부짖는 사람들이 있지요? 이것은 상상도 아니고 경고도 아니고 교훈도 아니고 현실입니다. 이 점을 자꾸만 망각해버리면 안 됩니다. 거짓된 훈계를 일삼는 도덕가들의 그럴듯한 설교에 혼란되어서 파국이 이미 일어나고 있는 현실이 가려서 보이지 않으면 안 됩니다.

회개하는 죄인, 화를 내는 악인

또 다른 두 행악자도 사형을 받게 되어 예수와 함께 끌려 가니라. 해골이라 하는 곳에 이르러 거기서 예수를 십자가에 못 박고 두 행악자도 그렇게 하니 하나는 우편에, 하나는 좌편에 있더라. 이에 예수께서 이르시되 아버지 저들을 사하여주옵소서. 자기들이 하는 것을 알지 못함이니이다 하시더라(눅 23:32-34상).

세상의 비밀, 곧 현재 진행 중인 죄와 악의 실체를 드러내심으로써 예수는 오히려 강도들과 같은 대접을 받고 사형을 당하셨습니다. 죄를 지은 사람, 악을 행하는 사람들은 예수를 질서를 무너뜨리는 사람, 위험한 인물로 간주해서 강도와 같은 사람으로 낙인찍고 누구에게나 그를 그렇게 부르도록 했습니다. 그 결과 많은 무리들이 예수를 죽이는 데 동원됐지요? 오늘날 우리는 똑

같은 사회학적, 심리학적 현상들을 일베나 극우파시즘과 기독교 (종교)가 혼합된 듯한 지도자들과 거기에 침묵으로 일조하고 있는 거대 군중들에게서 봅니다. 폭력이 어떤 암시를 주면 그들은 선과 악을 한순간에 뒤집어버립니다. 가장 선한 것을 향하여 가장 악랄한 방법으로 린치를 가하는데, 항상 정의의 이름으로 그렇게 합니다. 이런 방식으로 세상을 어둡게 하고 혼돈에 빠뜨리고 죄와 악이 극성하게 하는 겁니다. 이게 결국 파국을 불러옵니다.

예수님의 말씀이 기가 막힙니다. "아버지 저들을 사하여주옵소서. 자기들이 하는 것을 알지 못함이니이다." 예수님의 다른 말씀들도 그렇지만 이 말씀도 우리는 이 말이 발설된 시간과 장소와 정황 속에서 있는 그대로 받아들여야 합니다. 과학적으로 받아들여야 한다는 말입니다. 곧, '왜'라는 의문을 품어야 합니다. 왜 예수는 이렇게 말했을까? '야, 참 멋있다. 대단한 말씀이다. 어쩌면 예수님은 이렇게 거룩하실까' 하는 식으로 감탄하지 말고, '이 말도 안 되는 상황에서 예수님은 왜 이렇게 말도 안 되는 말씀을 하실 수밖에 없었는가?' 하는 점을 물어야 합니다. 도대체 예수님은 저들이 무엇을 모른다고 말씀하시는 것일까요? 무엇을 모르고 하는 일이기 때문에 용서해달라는 것일까요? '자기들이 하는 것'이란 무엇일까요?

그들이 그의 옷을 나눠 제비 뽑을새 백성은 서서 구경하는데 관리들은 비웃어 이르되 저가 남을 구원하였으니 만일 하나님이 택하

신 자 그리스도이면 자신도 구원할지어다 하고 군인들도 희롱하면
서 나아와 신 포도주를 주며 이르되 네가 만일 유대인의 왕이면 네
가 너를 구원하라 하더라(눅 23:34하-37).

예수를 죽음으로 몰아간 사람들이 누구였는지를 생각해봐야
겠습니다. 첫째는 종교 당국의 최고 지도자들, 가야바나 안나스
같은 종교 지도자들을 들 수 있을 겁니다. 두 번째는 빌라도나
헤롯 같은 세속 권력자들을 들 수 있습니다. 그다음은 그들의 하
수인 격인 사람들을 들 수 있겠지요? 경찰, 군인, 정보원 같은 자
들입니다. 또 누가 있을까요? 그들이 전부가 아니었습니다. 군중
들이 있었습니다. 이들이야말로 정말로 대단히 중요한 사람들입
니다. 앞서 예로 든 자들은 이미 예수를 죽이기로 결정한 자들,
일종의 확신범들입니다. 그들은 벌써 악한 마음으로 이 일을 저
지르려는 계획을 가진 사람들입니다. 그리고 그 하수인들은 상
전이 무엇을 시키든지 실행할 자들입니다. 그러나 이 군중들은
다릅니다. 그들은 어디로 향할지 모르는, 결정되지 않은 상태입
니다. 그들이 향하는 방향에 따라서 진실이 승리할 것이냐 거짓
이 승리할 것이냐가 결정됩니다.

예수를 살리고 바리새, 사두개 권력자들의 숨겨진 죄와 악의
구조를 드러낼 것이냐, 예수를 죽임으로써 거짓과 왜곡으로 그
것을 가릴 것이냐는 군중들의 집단 지성, 곧 자기 결정에 달렸습
니다. 그러나 그들은 예수를 선택하지 않고 권력자들의 편을 선

택했습니다. 왜 그랬을까요? 여기서 기억해야 할 중요한 사실이 있습니다. 그들은 그것을 선택하자 매우 난폭하고 야비하고 악랄한 군중으로 돌변했다는 점입니다. 엊그제까지 예수와 그의 메시지를 구원의 소식으로 찬양하며 예루살렘에 맞아들였던 그들이었습니다. 그러나 이제는 그를 비웃고 멸시하고 그를 향해 저주를 퍼붓는데, 중요한 것은 그들이 그러한 자기들의 하는 일을 정당하다고 여긴다는 것입니다.

그들은 죄 없는 진실, 다시 말해 진실해서 구원이 되는 예언자를 죄인으로 몰아붙여 죽이는 그 일을 정당하다고 생각하며 열렬히 감당합니다. 왜요? 그런 행동이 자기들을 구원하리라고 믿고 있는 겁니다. 이렇게 무죄한 진실(예수)을 죽이는 편에 가담하는 것이 나를 구원한다, 내가 사는 데 유리하다는 겁니다. 이해가 가시지요? 옳아서 옳은 것이 아니라 그편에 가담해야만 하기 때문에 그게 옳은 겁니다. 이 양심의 뒤틀림이 그들을 시간이 지날수록 더욱더 야비해지고 악랄해지게 만드는 겁니다. 예수님은 그래서 이 전체적인 거짓과 악의 구도 속에서 그들이 자기들이 하는 일(파국)을 알지 못하고 있으니 그들을 용서해달라고 비는 겁니다. 무조건적 용서와 화해 같은 엉뚱한 해석으로 이러한 진실을 왜곡시키고 가려서는 안 될 것입니다.

사도행전 3장에는 이 부분을 보충해줄 수 있는 베드로의 연설이 나옵니다.

베드로가 이것을 보고 백성에게 말하되 이스라엘 사람들아 이 일을 왜 놀랍게 여기느냐. 우리 개인의 권능과 경건으로 이 사람을 걷게 한 것처럼 왜 우리를 주목하느냐. 아브라함과 이삭과 야곱의 하나님 곧 우리 조상의 하나님이 그의 종 예수를 영화롭게 하셨느니라. 너희가 그를 넘겨주고 빌라도가 놓아주기로 결의한 것을 너희가 그 앞에서 거부하였으니 너희가 거룩하고 의로운 이를 거부하고 도리어 살인한 사람을 놓아주기를 구하여 생명의 주를 죽였도다. 그러나 하나님이 죽은 자 가운데서 그를 살리셨으니 우리가 이 일에 증인이라. 그 이름을 믿으므로 그 이름이 너희가 보고 아는 이 사람을 성하게 하였나니 예수로 말미암아 난 믿음이 너희 모든 사람 앞에서 이같이 완전히 낫게 하였느니라. 형제들아 너희가 알지 못하여서 그리하였으며 너희 관리들도 그리한 줄 아노라. 그러나 하나님이 모든 선지자의 입을 통하여 자기의 그리스도께서 고난 받으실 일을 미리 알게 하신 것을 이와 같이 이루셨느니라(행 3:12-18).

17절, "형제들아 너희가 알지 못하여서 그리하였으며 너희 관리들도 그리한 줄 아노라." 이것입니다. 첫 번째, 사람들은 진실을 일깨워주는 예언자로서 그를 알지 못했고 그가 가르치시는 진리를 알지 못했습니다. 진리의 위력, 진실의 능력을 인정할 수 없었습니다. 그래서 비(非)진리에 가담했습니다. 그게 더 확실하고 강력한 현실의 법이며, 그편에 붙는 것이 유익한 것이니까요.

그러나 이제는 압니다. 죽으시고 부활하여 진실의 화신, 곧 하나님의 아들로 인정되신 그리스도를 믿는 믿음만으로, 날 때부터 못 걷게 된 사람이 일어나는 것을 본 겁니다. 이런 것, 진실이 일으키는 기적과 같은 현실의 또 다른 영역, 새로운 영적 차원이 있다는 것을 알게 되었습니다. 그것이야말로 우리를 살리고 구원할 것임을 알게 됐습니다. 그러니 예전 멸망의 길로 다시 돌아갈 수는 없는 겁니다. 죄와 악의 구렁텅이로 되돌아가서 그 편을 계속 들어주면서 계속해서 진리를 왜곡하고 가리는 쪽으로 살 수는 없는 것입니다. 우리의 결단을 요청하는 것입니다. 왜냐하면 예수님 당시의 이 구도는 본질적으로 오늘날에도 변함없이 똑같은 것이기 때문입니다.

우리는 죄와 악이 관영하여 날마다 누군가에게 파국의 폭력을 행사하면서도 '파국이 아니다. 아직 끝은 오지 않았다. 회개하고 고치면 좋은 날이 올 거다'라며 군중을 속이고 협박하는 세상 속에서, 가만있으면 안 되겠다는 우리의 직관조차 속이고 침묵하라는 사탄의 압력을 받고 있습니다. 무엇을 해야 할까요? 어떻게 해야 할까요? 맨 먼저, 지금도 누군가에게 현재적으로 일어나고 있는 일이 곧 파국과 종말이라는 것을 직시함으로써 이 죄와 악이 그치고 새롭게 도래할 세상을 분명히 바라보아야 합니다. 이 분명한 믿음이 진정으로 희생을 그치게 하려는 행동의 시작입니다. 곧, 더 이상은 이 악의 연대, 악의 구조에 가담하지 않겠다는 결심입니다.

누군가 말씀한 대로 지금이야말로 '평신도들이 깨어나야 할 때'입니다. 더 이상 목자라는 이름의 거짓된 정치인들, 거짓된 기업인, 거짓된 도덕가들, 일베류의 막말꾼들을 용인하고 그 위세에 속아서는 안 됩니다. 그들은 대중의 탐욕을 이용해서 자신들의 탐욕의 상태를 그대로 유지하려는 자들, 누군가 그것으로 상처를 받든 희생이 되든 무감각하고 무관심한 자들입니다. 그런 거 저런 거 모르고 나만 회개하고 내 신앙을 잘 가꾸는 것으로 하나님나라가 오리라고 여기는 안일함으론 여기서 벗어날 수 없습니다. 본토 친척 아비 집을 과감하게 떠났던 아브라함처럼, "내가 가겠나이다" 하며 믿음의 길을 떠났던 리브가처럼, 이제 이것이 아니다, 이 상태여서는 안 된다고 여기는 신자들은 과감하게 새로운 믿음의 여정을 떠나야 합니다.

주님은 알지 못함으로 하는 짓을 용서해달라고 하셨지만 실상은 군중이 알지 못하며 하는 일이야말로 누군가에게 용서받을 수 없는 폭력이 되는 겁니다. 초점을 잃지 마십시오. 복음은 어디서나 폭력을 행하는 모든 인간 개인들의 자기기만을 드러내줍니다. '십자가에 달리신 주님도 저들을 용서해달라고 하셨다. 그러니 우리도 용서해야 한다'를 지나치게 강조하지 마십시오. 그것은 우리의 여전히 알지 못함을 그대로 용인해주는 자기기만일 뿐입니다. 그것은 알면서도 여전히 그 자리에 머무르려고 하는 자기기만을 정당화하려는 꼼수일 뿐입니다. 그것은 회개도 아니고 회심도 아닙니다.

자신의 거짓이 드러날 때, 그것이 싫을 때, 두 가지 행동 방식이 나타날 것입니다. 회개를 통해 거짓과 결별하고 새로운 길을 가거나, 화를 내면서 계속해서 거짓의 상태를 그대로 유지하려 하겠지요. 지금도 우리는 회개하는 죄인들과 화를 내는 악인들의 모습들을 보고 있습니다. 깨어나야 할 때입니다. 여기에 중립은 없습니다. 화도 내지 않고 골방에서 기도한답시고 입으로만 회개하며 세상이 그럭저럭 유지되길 바란다면, 알지 못했던 과거에서 벗어나 확실히 변화된 삶을 내용으로 가지지 못한다면, 머지않아 마른 나무의 계절이 오고 말 겁니다. 푸른 나무의 계절에도 저들이 저렇게 행하는데 마른 나무의 계절엔 어떻겠습니까?

2

우리가 싸워야 할 적은 무엇인가

사무엘하 21:1-14

그런데도 그리스도는 자신의 죽음을
기꺼이 받아들였습니다.
왜 그랬을까요?
희생양 체제의 종식을 위해서입니다.

지라르라는 스캔들

프랑스의 문화인류학자 르네 지라르(1923-2015)는 서구의 철학사가 반(反)기독교적 경향으로 발전되어온 사실을 고려할 때 매우 특이한 인물로 평가되는 분입니다. 우리나라도 그렇지만 대개 서구의 지식인들도 기독교에 대해 우호적이진 않습니다. 호불호를 떠나 학문적 논의의 대상으로 삼지를 않습니다. 그것은 우선 방법적 측면에서 기독교는 신(神)의 존재라든가 신에 관한 신학적 도그마(Dogma, 독단적인 신념이나 학설)를 전제로 시작하는 데서 기인합니다. 우리들은 벌써 하나님의 존재와 창조 그리고 타락과 원죄라는 연역적 밑그림을 가지고 이야기를 전개한단 말입니다. 곧, 절대의 전제를 우선적으로 제시해놓고 거기에 모든 논의를 맞추는 겁니다.

그러니 다양하고 복잡한 현실에 관한 열린 토론이나 객관적 공감이나 동의 같은 부분에서 처음부터 말이 안 통하는 곤란이 생기게 됩니다. 여러분들이 비기독교인과 종교적 논전을 벌일 때 아마도 그들은 여러분의 기독교적 전제에 부당함과 답답함을 느낄 겁니다. (물론 여러분도 그들을 설득할 수 없는 데서 오는 답답함을 느끼실 겁니다.)

아무튼 이와 같이 서구 철학이 기독교적 전제를 비판하는 입장에서 발전되어왔기 때문에 기독교가 그들을 배제하듯 그들도 기독교를 배제하는 경향이 있어왔습니다. 신학이 아닌 신앙의 형태로 들어가면 이것은 더욱 노골화되고 심해집니다. 예를 들어, 우리나라 기독교인들같이 비지성적이고 몰개성적인 이미지, 그리고 이들의 신비주의와 율법주의, 세속주의와 배타적 태도 같은 내적 모순과 마주치게 되면 더욱더 기독교나 기독교인들에 대한 이해와 존중을 요구하기가 어렵게 됩니다.

그런데 르네 지라르는 자신의 독창적 연구를 통해 기독교와 새롭게 만나게 되었고, 자기 사상 안에서 기독교를 재발견하기에 이르렀습니다. 말하자면 특이하게도 본인의 개인적 연구의 결과로 회심에 이르게 된 겁니다.

영화 〈벤허〉의 감독은 처음 영화를 만들려 할 때 가장 반기독교적인 영화를 만들겠다는 포부를 가졌었다고 합니다. 그래서 성경을 읽기 시작했는데, 결국 그리스도에 감동되어 〈벤허〉를 만들게 됐다는 얘기를 읽은 적이 있습니다. 지라르가 반기독교 사상을 형성하려다 기독교 옹호자가 되었는지는 모르겠습니다. 다만 결과적으로 그는 자신의 문화인류학적 연구를 지속하는 과정에서 기독교를 재발견함으로써 오늘날 가장 설득력 있고 탄탄한 기독교 변증가가 된 셈입니다. 얼마나 고마운 일입니까.

지라르는 이런 관점에서 신앙고백에서 출발한 기독교 변증가들과는 다른 위치를 점하는 사상가가 되었습니다. 즉, 그의 변증은 기독교 교의라는 신학적 전제로부터 출발한 것이 아니기 때문에 일반 학계와도 논의와 토론이 가능했던 겁니다. 예를 들어, 프로이트 이론을 재해석함으로써 현대 정신분석학에 영향력을

끼친 자크 라캉(1901-1981)이나, '해체주의' 사상으로 서구 철학
의 방법론 자체를 뒤흔들어놓은 자크 데리다(1930-2004) 같은 철
학자들과 함께 활동하면서도, 동시대 교회 안의 신학자들과도
대화가 가능했습니다. 서구학계에서는 그래서 지라르의 출현을
하나의 '스캔들'로도 불렀다고 합니다.

희생양 만들기

오늘날 지라르의 이론은 인문학뿐 아니라 정치학이나 경제학
같은 사회과학 분야에서도 활발히 연구·인용되고 있습니다. 그
의 사상을 한마디로 줄인다면 '모방적 욕망과 희생양 만들기'라
고 할 수 있겠습니다. 즉, 파국과 새로운 생성을 되풀이하는 인간
사회의 구조적 메커니즘을 욕망과 희생이라는 연속적 드라마로
해석한 겁니다.

한 사회가 형성되어 일정 기간이 지나면 위기가 옵니다. 왜 오
는가? 개개인들의 욕망 때문이라는 겁니다. 이 욕망은 어떤 욕망
인가? '모방적 욕망'이라 했습니다. 즉, 남이 가진 것을 나도 탐
내는 욕망입니다. 남이 가진 것, 내가 가지지 못한 것을 탐내는
욕망은 서로가 서로에게 적용되고 감염되는 것이기 때문에 전방
위적으로 모두가 남의 것을 탐내는 방식으로 욕망하게 됩니다.
이것을 그는 '만인에 대한 만인의 투쟁'이라고 표현했습니다.

이와 같이 욕망이 모방을 통하여 증대되고 확산되다가 어느 단계에 오면 포화상태에 이르게 됩니다. 왜냐하면 욕망은 끝이 없지만 욕망의 만족이란 제한적이기 때문입니다. 그래서 한 사회의 모방적 욕망이 포화상태를 넘어 임계점에 이르면 그 갈등과 긴장은 필연적으로 폭발하게 됩니다. 어떤 폭발일까요? 혁명이나 전쟁 같은 폭력으로 귀결되는 겁니다. 그러니까 혁명이나 전쟁 같은 극단적 폭력사태는 몇몇 정치지도자들이나 야심가들에 의해서 기획되는 것이라기보다는 임계점에 이른 전체 사회집단의 욕망의 포화상태가 해소점을 찾아서 폭력적인 방식으로 분출되는 것이라 하겠습니다.

그러나 그렇게 되면 사회는 파국을 맞게 되고 욕망의 본질적 속성인 끝없는 욕망의 추구도 계속 유지될 수가 없습니다. 그래서 파국을 면하기 위한 집단 무의식적이고 암묵적인 공공의 음모가 베풀어진다는 겁니다. 그것이 '희생양 만들기'입니다. 즉, 심판을 받아야 할 것은 사회집단 전체의 죄와 악 곧 욕망이지만, 그 전체적 욕망 자체가 심판을 받게 되면 더 이상 욕망할 수가 없게 됩니다. 그래서 집단의 심판 대신 집단 가운데 개인이나 소수의 희생양을 선택하게 됩니다. 그리고 모두가 그 희생양을 죽이는 데 가담함으로써 자기들의 집단적 갈등의 위기와 히스테리(저주)를 그에게 쏟아붓는다는 겁니다. 지라르는 이러한 희생양 메커니즘을 통해 기독교의 그리스도의 희생이라는 희생양 모델을 재발견하게 되는 것입니다.

그중의 한 사람 그해의 대제사장인 가야바가 그들에게 말하되 너희가 아무것도 알지 못하는도다. 한 사람이 백성을 위하여 죽어서 온 민족이 망하지 않게 되는 것이 너희에게 유익한 줄을 생각하지 아니하는도다 하였으니 이 말은 스스로 함이 아니요 그해의 대제사장이므로 예수께서 그 민족을 위하시고 또 그 민족만 위할 뿐 아니라 흩어진 하나님의 자녀를 모아 하나가 되게 하기 위하여 죽으실 것을 미리 말함이러라(요 11:49-52).

지라르는 그의 여러 저술 가운데서 이 구절을 상당히 의미심장한 고리로 다룹니다. 대제사장 가야바는 예수를 죽일 것을 모의하는 과정에서 '한 사람이 백성을 위하여 죽어서 온 민족이 망하지 않게 되는 것이 너희에게 유익한 줄을 생각하지 아니하는도다'라고 선동합니다. 한 사람을 희생시켜 모두가 죽지 않는 것이 최선의 해결책이라는 겁니다. (여기서 '모두'라는 표현은 정확히 말하자면 이 집단욕망에 가담한 사람들 전체를 가리킵니다.)

그렇지 않으면 어떻게 된다는 거지요? 파국이 일어나 온 민족이 망하게 된다는 자체적 협박입니다. 흥미로운 것은 요한이 가야바의 발언을 기술하는 방식입니다. 요한에 따르면 가야바는 자기가 무슨 말을 하는지도 모르고 이 말을 했다는 겁니다. 물론 가야바가 이 말을 한 이유는 예수를 어떻게든지 제거하여 그가 몰고 올지도 모를 자신들의 파국을 미연에 방지하자는 취지였습니다. 그래서 예수는 죽게 되는 겁니다. 그러나 요한은 "그것은 그 민족을 위하시고 또 그 민족만 위할 뿐 아니라 흩어진 하나님의 자녀를 모아 하나가 되게 하기 위하여 죽으실 것을 미리 말함이었다"라고 결과적 주석을 붙입니다.

지라르는 문화인류학적 관점에서 구약성서의 십계명이라든가, 희생양으로서 메시아 도래의 예언이라든가, 신약성서의 그리스도의 희생과 부활의 복음을 이러한 '욕망(탐심)과 희생양 만들기 메커니즘'으로 새롭게 조명합니다. 즉, 그리스도의 희생은 본래 인간 사회 속에 내재되어 있는 희생양 시스템을 전복(뒤집기)한 결과를 낳았다는 겁니다. 본래 시스템이란, '모방적 욕망에서 시작하여 모방적 경쟁을 거쳐 욕망의 위기 또는 파국의 위기로 치닫다가 마침내 희생양의 희생으로 끝나게 되는 과정'이라 할 수 있습니다.

그러나 그리스도의 희생은 전형적인 희생제의로 끝나지 않고 부활하심으로써 지금까지 끊임없이 되풀이되어온 희생양 죽이기를 종식시키는 최후의 희생, 마지막 희생, 최종적 제사가 되셨다는 겁니다. 희생이라는 시스템 자체를 고발하고 성찰케 하는 희생으로서, 다시는 희생이 일어나지 않게 하는 희생입니다. 그러므로 그리스도의 복음은 욕망을 충족시키기 위해 누군가를 끝없이 희생시키는 방식, 사회를 유지하기 위해 누군가를 끝없이 희생시키는 시스템, 그 음모를 항상 고발함으로써 그를 따르는 그리스도인으로 하여금 거기에 가담하지 않게 하고, 반대하게 하는 새로운 삶의 질서, 생명의 질서를 제시하는 것입니다. 이것은 '그리스도인이 누구냐, 어떤 사람이어야 하느냐' 하는 문제를 근원적으로 다시 묻는 겁니다.

무고한 희생임을 폭로하는 희생

지라르의 이론이 강조해주는 가장 중요한 점은 욕망이 모방적이라는 사실입니다. 모방한다는 것은 사람들이 자기 욕망의 모델이 된 대상의 욕망을 욕망한다는 겁니다. 이 관계는 선망하면서도 질투하는 관계입니다. 그리고 결과적으로는 모두를 욕망의 경쟁관계로 몰아넣습니다. 그 결과 나중에는 처음 욕망했던 내용마저 사라지고 오로지 경쟁에서 이기는 것만이 목적으로 남게 됩니다. 신앙이나 목회도 이쯤 되면 욕망의 경쟁이 되겠지요?

이를테면 《목적이 이끄는 삶》도 결과적으론 욕망이 이끄는 경쟁이 되는 식입니다. 제자훈련도 욕망이 이끄는 '누가 누가 잘하나?'의 경쟁이 되고 맙니다. 즉, 모방적 욕망이라는 것은 서로가 적대적 경쟁관계이면서 욕망한다는 한 가지 측면에서는 공범이고 한패라는 의미를 가집니다. 이걸 뭐라고 표현해야 할까요? 세월호 이후 우리 사회가 자주 대하는 말이 있잖습니까? '마피아, 관피아, 해피아, 언피아, 교피아' 같은 것들이 그 연대를 칭하는 말들일 겁니다.

최근 어느 재벌 회장님의 자살 사건을 헤아려보면 이해가 빠를 겁니다. 거기에 연루된 인사들은 본래 같은 욕망을 가졌던 사람들이지만 결국은 그 욕망 안에서도 각기 경쟁관계였음이 드러났습니다. 질투와 적대로서 공생하고 협력해왔던 것입니다. 욕망이 위기에 몰리게 되자 그들 가운데 한 사람이 희생양으로 지목됐습니다. (그가 법적으로 무죄라는 의미가 아닙니다.) 그는 그 절망에 직면했을 겁니다. 자신이 희생양으로 지목됨으로써 더 이상 그 욕망의 그룹에 자기가 낄 수 없게 됐다는, 욕망의 연대로부터 강제로 배제당했음을 확인한 절망이라 할 수 있을 겁니다. 그러면 왜 희생양으로 그가 선택되었을까요? 저의 짐작이지만 그 가장 큰 이유는 아마도 그가 초등학교밖에 나오지 못한 사람이었기 때문이라고 생각합니다. 그가 만일 명문대학을 나왔거나 태생적 재벌이었다면 그를 희생양으로 지목하기는 어려웠을 겁니다.

그는 그가 속했던 권력의 멤버들 가운데서 뭔가 취약함이 발견되었고, 인정되었고, 거기서 암묵적 동의가 형성되었습니다. 여러분은 그가 아무런 대가도 바라지 않고 억대의 호의를 척척 베풀었다는 인사들에게 구명을 호소했을 때, 그들 가운데 실제적으로 그를 위해 나선 사람이 단 한 명도 없었다는 사실을 기억하실 겁니다. 바로 여기에 그를 희생시키려는 집단의 암묵적 동의가 들어 있다고 보아야 할 겁니다.

지라르는 공동체의 위기를 해소하는 방식으로 이와 같이 공동체 구성원이 만장일치로 지목한 희생양을 살해하는 것이 그 해결책이었음을 환기시킵니다. 집단의 폭력을 임의로 선택된 공동체의 한 구성원에게 집중적으로 쏟아붓는 것입니다. 이 점에서 신화나 고대의 종교들은 희생양을 대하는 관점이 동일했습니다. 곧, 위기의 원인(죄)을 희생양에게 전가하고, 그를 모든 죄의 근원으로 몰아 희생시키는 겁니다. 그런 다음 공동체의 평화를 되찾아주었다는 이유로 희생양을 다시 신적인 존재로 숭배한다는 겁니다.

가령, 그 재벌 회장님이 폭로의 방식이 아니라 조용한 자살로 생을 마쳤다면 그는 지금처럼 과거의 절친들에게 한결같이 부정을 당하지는 않았을 겁니다. 지금 그들은 입을 모아 '나는 그를 도무지 모른다'고, 세 번이 아니라 하루에도 수십 번이나 고인을 부인하고 있지 않습니까? 나중에 닭이 울 때 그들이 베드로처럼 통곡을 할는지는 모르겠습니다. 아무려나 그들은 지금 철저히 모른다는 부정으로 일관하고 있습니다.

만일 고인이 이 잔혹한 희생을 자기의 운명으로 받아들이고 깨끗이(?) 죽어버렸다면 이런 사태는 일어나지도 않았고, 그 전에 문제가 된 자원외교 비리 사건도 그것으로 끝났을 것입니다. 그랬다면 모두는 안심했을 겁니다. 물론 양심에 거리낌은 남았겠지요? 바로 거기서 반전이 일어났을 겁니다. 즉, 회장님은 그들을 끝까지 안심케 해준 안타까운 희생양으로, 좋은 친구로, 훌륭하신 인격자로 기억됐을 게 분명합니다. 그러니까 고대의 종교나 신화의 희생양 메커니즘은 죽여놓고 그의 공로를 칭송하는 식으로 끝난다는 겁니다. 이 점이 중요한 핵심입니다. 죽여놓고,

희생시켜놓고, 안타깝다, 영웅이었다, 용감한 사나이였다, 정직한 인간이었다, 아까운 인재였다, 의로운 인물이었다… 하는 식으로 칭송한다는 겁니다. 이게 예언자들의 무덤을 꾸미고 비석을 세우고 기념사업을 벌이는 행태입니다.

> 화 있을진저 외식하는 서기관들과 바리새인들이여 너희는 선지자들의 무덤을 만들고 의인들의 비석을 꾸미며 이르되 만일 우리가 조상 때에 있었더라면 우리는 그들이 선지자의 피를 흘리는 데 참여하지 아니하였으리라 하니 그러면 너희가 선지자를 죽인 자의 자손임을 스스로 증명함이로다. 너희가 너희 조상의 분량을 채우라. 뱀들아 독사의 새끼들아 너희가 어떻게 지옥의 판결을 피하겠느냐(마 23:29-33).

죽일 땐 언제고 왜 이러는 걸까요? 그가 죽음으로써 계속 욕망을 이어갈 수 있게 되었기 때문입니다. 그는 희생양이지만 다른 의미에서 메시아인 셈입니다. 이제는 그걸 부각시켜야 합니다. 자기들이 죽어 마땅한 거지만 그가 죽어줌으로써 자기들이 살게 된 거니까요. 만일 그가 죽지 않았거나 죽더라도 물귀신처럼 물고 늘어져 함께 죽으려 했다면 그는 희생양은 희생양이되 메시아는 아닌 셈입니다. 여기서 일반 사회의 보편적 시스템으로서의 희생양 제의와 그리스도의 대속적 희생의 변별점이 발생합니다.
그리스도는 이스라엘 공동체 전체의 이름으로 죽임을 당했지만 진실을 말한다면 그렇게 전체 집단에게 미움을 받아야 할 이유가 없었습니다. 그리스도의 복음은 당시 사두개인이나 바리새인 같은 부자나 권력자들에겐 모르겠지만 적어도 가난한 사람들이나 온갖 고통을 당하는 자들에겐 환영할 만한 것이었습니다. 그럼에도 불구하고 그리스도는 공동체의 만장일치로 십자가에 못 박혀 죽게 됩니다. 즉, 그리스도의 희생은 바로 그 희생이 무고한 희생이었다는 비밀을 폭로하는 희생입니다. 그 죽음은 가해자들을 고발합니다. 심지어 그의 제자들까지도 이 광범위한 모방 욕망에 굴복해 그를 부인하고 도망쳤습니다. 그는 실로 모든 자들을 고통과 고난에서 해방시키려다 그 모든 고난과 고통을 대신 짊어지고 희생당한 겁니다(사 53장).

그러므로 당시의 일부 그를 죽이려던 자들을 제외하곤 누구도 그를 비난할 수가 없습니다. 아니지요. 그를 죽이려 안달했던 자들이라 할지라도 진실에 있어서는 그를 비난할 수가 없는 겁니다. 빌라도나 헤롯이나 가야바에게 예수는 다만 불운한 정치적 희생양이었던 셈입니다.

그런데도 그리스도는 자신의 죽음을 기꺼이 받아들였습니다. 왜 그랬을까요? 희생양 체제의 종식을 위해서입니다. 희생양을 만들어내는 인간 사회의 희생양이 됨으로써 옛 성전제사에 희생되었던 점 없고 흠 없는 어린양과 같이 되신 겁니다. 곧, 무죄하신 몸으로 모든 현재적 죄악의 근원이라는 오명의 십자가를 혼자 짊어지시고 처형되셨습니다. 양의 침묵으로써. 그 결과 하나님 앞에 그 자신의 무고함이 인정되셨고, 부당한 죽음으로부터 부활하셨고, 그로써 새로운 생명의 질서를 가진 세상을 여신 겁니다. 단 한 번의 제사로 그리스도는 마지막 희생양이 되신 겁니다. 세례 요한이 그를 처음 만났을 때 했던, "보라, 세상 죄를 지고 가는 하나님의 어린양이로다"(요 1:29)라는 말이 이루어진 겁니다.

지라르는 이런 말로써 전통적 기독교 전도가 아닌 새로운 방식의 전도를 보여줍니다. "우리는 언제나 진정으로 개종할 수 있기 때문에 자유롭다." 여기서 그가 말하는 개종이란 자신이 그리스도의 박해자라는 것, 즉 희생양 만들기라는 모방욕망에 의해 누군가를 희생시키는 세상질서에 협력하며 살아온 사람임을 인정하고, 타인이 가진 것을 탐하는 탐심으로서의 삶이 아니라 모든 탐심에 의한 희생을 끝내는 그리스도를 자신의 새로운 욕망의 모델로 선택한다는 의미의 개종입니다. 그리스도가 욕망하신 그것, 그 나라와 그 정의로움을 욕망하라는 겁니다. 분명 그 나라와 그 의를 향한 지향을 확고하게 가진 사람만이 진짜 그리스도인이라는 겁니다.

그리스도인에게는 분명한 입장이 요청된다

다윗의 시대에 해를 거듭하여 삼 년 기근이 있으므로 다윗이 여호와 앞에 간구하매 여호와께서 이르시되 이는 사울과 피를 흘린 그의 집으로 말미암음이니 그가 기브온 사람을 죽였음이니라 하시니라. 기브온 사람은 이스라엘 족속이 아니요 그들은 아모리 사람 중에서 남은 자라. 이스라엘 족속들이 전에 그들에게 맹세하였거늘 사울이 이스라엘과 유다 족속을 위하여 열심이 있으므로 그들을 죽이고자 하였더라. 이에 왕이 기브온 사람을 불러 그들에게 물으니라. 다윗이 그들에게 묻되 내가 너희를 위하여 어떻게 하랴. 내가 어떻게 속죄하여야 너희가 여호와의 기업을 위하여 복을 빌겠느냐 하니 기브온 사람이 그에게 대답하되 사울과 그의 집과 우리 사이의 문제는 은금에 있지 아니하오며 이스라엘 가운데에서 사람을 죽이는 문제도 우리에게 있지 아니하니이다 하니라. 왕이 이르되 너희가 말하는 대로 시행하리라. 그들이 왕께 아뢰되 우리를 학살하였고 또 우리를 멸하여 이스라엘 영토 내에 머물지 못하게 하려고 모해한 사람의 자손 일곱 사람을 우리에게 내주소서. 여호와께서 택하신 사울의 고을 기브아에서 우리가 그들을 여호와 앞에서 목매어 달겠나이다 하니 왕이 이르되 내가 내주리라 하니라.

그러나 다윗과 사울의 아들 요나단 사이에 서로 여호와를 두고 맹세한 것이 있으므로 왕이 사울의 손자 요나단의 아들 므비보셋은 아끼고 왕이 이에 아야의 딸 리스바에게서 난 자 곧 사울의 두 아들 알모니와 므비보셋과 사울의 딸 메랍에게서 난 자 곧 므홀랏 사람 바르실래의 아들 아드리엘의 다섯 아들을 붙잡아 그들을 기브온 사람의 손에 넘기니 기브온 사람이 그들을 산 위에서 여호와 앞에 목매어 달매 그들 일곱 사람이 동시에 죽으니 죽은 때는 곡식 베는 첫날 곧 보리를 베기 시작하는 때더라. 아야의 딸 리스바가 굵은 베를 가져다가 자기를 위하여 바위 위에 펴고 곡식 베기 시작할 때부터 하늘에서 비가 시체에 쏟아지기까지 그 시체에 낮에는 공중의 새가 앉지 못하게 하고 밤에는 들짐승이 범하지 못하게 한지라. 이에 아야의 딸 사울의 첩 리스바가 행한 일이 다윗에게 알려지매 다윗이 가서 사울의 뼈와 그의 아들 요나단의 뼈를 길르앗 야베스 사람에게서 가져가니 이는 전에 블레셋 사람들이 사울을 길보아에서 죽여 블레셋 사람들이 벧산 거리에 매단 것을 그들이 가만히 가져온 것이라. 다윗이 그곳에서 사울의 뼈와 그의 아들 요나단의 뼈를 가지고 올라오매 사람들이 그 달려 죽은 자들의 뼈를 거두어다가 사울과 그의 아들 요나단의 뼈와 함께 베냐민 땅 셀라에서 그의 아버지 기스의 묘에 장사하되 모두 왕의 명령을 따라 행하니라. 그 후에야 하나님이 그 땅을 위한 기도를 들으시니라(삼하 21:1-14).

기브온 사람들은 여호수아가 가나안을 정복할 때 자청해서 항복한 아모리족입니다(수 9장). 그들은 항복의 조건으로 여호수아로부터 하나님을 두고 맹세하여 죽임으로부터 구원받을 것을 보장받았습니다. 여호수아는 그 맹세대로 그들이 이스라엘 경내에서 함께 살도록 허락했습니다. 그러나 세월이 흘러 사울이 이스라엘의 왕이 된 다음 일종의 배타적 민족주의 정책으로 이스라엘을 휘어잡으려 했습니다. 그는 기브온 사람들을 학살했습니다. 그리고 다시 세월이 흘러 다윗이 집권한 다음입니다.

3년 동안 기근이 있었고 그 이유를 궁구한즉 사울이 여호수아가 하나님의 이름으로 맹세한 약속을 깨뜨리고 기브온 사람들을 학살한 억울함 때문이라는 결론이 났습니다. 그래서 기브온 유가족들이 원하는 바를 따라 사울의 자손 일곱을 목매어 죽이게 했습니다. 그랬더니 하늘에서 비가 쏟아졌습니다. 이에 사울의 첩 리스바는 비를 맞으며 울면서 시체를 지킵니다. 그 애기를 듣고 다윗은 드디어 사울과 그 아들 요나단의 시체를 가져다가 목매어 죽인 자들의 시체를 합해 정중히 장사지냈다는 겁니다. 그리고 그 모든 조치가 끝나자 하나님이 그 땅을 위해 다시 기도를 들어주신 것으로 이야기는 마무리되고 있습니다.

첫째로, 이 기록은 다윗 집권기의 정치적 안정, 곧 민심수습을 위한 일종의 '과거사 정리'가 이루어졌음을 말하고 있습니다. 3년 동안의 기근이라는 배경은 그다지 중요한 일이 아닐지도 모릅니다. 문제는 사울의 시대가 끝나고 다윗의 시대가 왔음을 알리는 증거였습니다. 그것을 다윗은 정의의 수행으로 공표합니다. 우리가 지금 읽고 받아들이기에는 정서적으로나 법적으로 어려운 부분이 분명 있겠지만, 이 정서와 법이라는 것을 학살당한 기브온 자손의 입장에서 생각해본다면 충분히 납득할 만한 것이라 할 수 있을 것입니다.

문제는 정의의 구현입니다. 사울은 기브온 사람들을 이민족으로 몰아 학살했습니다. 그들을 학살하는 것으로써 이스라엘 공동체에 대한 자신의 권력을 공고히 결집시켰습니다. 폭력으로써 권력을 구축한 겁니다. 거기에 기브온 사람들이 희생양으로 선택되었습니다. 왜 선택되었는지는 설명 안 해도 아실 겁니다. 다윗은 이 폭력에 의한 지배라는 방식을 뒤집어 정의에 의한 지배라는 새로운 방식을 선포합니다. 복수에 의한 정의라는 수단으로 말입니다.

그런데 이야기가 여기서 끝나지를 않습니다. 사울의 첩 리스바의 행적이 그 반전의 단초를 감지케 해줍니다. 그녀 역시 억울한 겁니다. 리스바는 졸지에 자신의 아들들이 정치적 희생양으로 교수형에 처해지는 참극을 맞았습니다. 그래서 그 억울함과 항의의 표시로 왕의 명령으로 처형당한 시체를 밤낮으로 지킵니다. 굵은 베를 동이고 때마침 쏟아지는 비를 맞으면서 말입니다. 다윗이 그 소식을 들었습니다. 그러자 다윗은 이제 다른 태도를 보입니다. 사울과 그의 아들 요나단의 방치된 유골을 수습해 자기가 목매어 죽인 자들을 합쳐 정중한 장례를 치러준 겁니다. 이렇게 해서 두 가지 정의를 다 만족시켰더니 하나님께서 그 땅의 기도를 들어주셨다는 것입니다.

모든 희생양 제사를 끝내는 그리스도의 희생과 다윗의 이 정의에 의한 지배 선포는 어떻게 연관되는 걸까요? 가령 '세월호 고의침몰 의혹 사건'(저는 아직 세월호 사건을 어떻게 규정지어야 할지 모르겠습니다)이 터졌을 때 교계의 한 원로는 "하나님이 (세월호를)

공연히 이렇게 침몰시킨 게 아닙니다. 나라가 침몰하려고 하니 하나님께서 대한민국은 그래선 안 되니 이 어린 학생들, 이 꽃다운 애들을 침몰시키면서 국민들에게 기회를 준 것입니다. 무슨 누구 책임, 이런 식으로 수습하지 말고 온 나라가 다시 한 번 반성하고 애통해하고 눈물 흘리고 우리 잘못이라고 생각하면서 새로운 전기를 만들어야 되는 것입니다. … 우리나라도 선진국의 꿈을 가지고, 이번에 (하나님이) 추락시킨 실종된, 침몰한 세월호와 함께 … 다시 한 번 일어나는 기회가 만들어졌으면 합니다"라고 설교한 바가 있었습니다.

이것은 저 대제사장 가야바의 말과 매우 닮아 있고 논리상 같은 맥락의 말입니다. 이분은 세월호 사건 후 민심수습용 청와대 모임에도 기독교 대표로 갔던 그 사람입니다. 희생양을 희생시킴으로써 그가 바라는 결과는 무엇일까요? 관피아, 해피아 같은 마피아들의 연대를 계속 유지시키는 겁니다. 왜냐하면 분야는 다를지라도 자신도 그 욕망의 대열에 한몫으로 가담하고 있기 때문이지요. 그래서 세월호에서 죽어간 아이들의 목숨을 대할 때마저 희생자들의 고통과 유가족들의 비통에 공감이 머물고 거기로부터 메시지를 얻기보다, 자신이 속한 공동체의 안녕을 먼저 근심하는 것입니다. 희생당한 학생들을 다시 희생시키는 것. 그게 바로 부활하지 못하도록 무덤을 돌로 막는 것과 같은 행위가 아니겠습니까.

그러나 기독교적으로 말한다면 세월호에서 죽어간 학생들과 선생님들과 선원들과 승객들이 희생당함으로써 보여준 것은 우리 시대의 광범위한 악의 연대입니다. 집단욕망의 공고함입니다. 그것이 얼마나 악의적인지, 얼마나 견고한지, 얼마나 집요한지, 그래서 세월호는 아직도 바닷속에 갇혀 있는 것이고, 희생자들에 대한 진실은 표류하는 것이고, 유가족과 진실에 대한 정부와 기득권의 이상한 적대와 투쟁만이 계속되는 겁니다. 이런 점에서 세월호 사건은 우리 사회뿐 아니라 한국 교회사적으로도 매우 중요한 이정표라 생각됩니다.

세월호 이전과 이후 모든 기독교도는 자신의 입장을 분명히 할 필요가 생겼습니다. 진실은 여기서 우리들을 둘로 나눌 겁니다. 양과 염소의 비유처럼. 두 개의 파당을 짓자는 게 아니라 진리의 존속을 위한 불가피한 믿음 때문입니다. 그렇다고 우리는 다윗이 한 것처럼 일곱 사람의 생목숨을 목매달거나 하지는 않습니다. 그것이 요구하는 것은 명명백백함입니다. 곧, 우리(그리스도인)에게 요구되는 것은 분명한 입장입니다. 진리에 대한 입장, 정의에 대한 입장, 이것이 세월호가 요청하는 실질적 믿음의 증거일 겁니다.

반면 아무리 주님의 이름을 높이 부르고 하나님을 위하여 온갖 사업에 열심을 낸다 해도 이 진리에 대한 입장과 이 믿음에 대한 분명한 입장을 갖지 못한다면 그는 실질적으로는 하나님의 편이 아닌 겁니다. 왜냐하면 희생자를 계속 희생시킴으로써 여전히 그리스도를 십자가에 다시 못 박는 결과를 만들고 있기 때문입니다.

희생을 끝내는 새로운 생명의 질서에는 반드시 정의가 요청됩니다. 그것은 희생자를 적대함으로써 그들을 다시 희생시키는 폭력의 종식까지 포함합니다. 세월호 고의침몰 의혹 사건을 제대로 끝내고, 그들을 진정한 희생자로 우리 사회의 구원으로 승화시키려면, 우리에겐 정의가 필요하고 진실이 필요하고 심판이 필요합니다. 그리고 지금은 그것이 모두 막혀 있습니다. 이 시대 그리스도인의 진리의 싸움이 어떤 싸움일 것인지, 사탄이 무엇인지, 누구인지, 분명히 지목해주는 대목입니다.

왜 로마 교황을 적그리스도라 분명히 지목했던 종교개혁 시대의 교회가 오늘에 와서는 추상화된 적과 관념 속에서만 싸우는 신앙으로 변질된 것일까요? 진리의 이름으로 하나님의 이름으로 그리스도의 이름으로, 우리는 중단 없이 이 세계의 진실과 정의를 요구해야 합니다. 그렇지 않다면 그 폐해는 이 땅과 모든 백성이 고통과 고난으로 계속해서 받게 될 겁니다. 세월호를 포함한 우리나라 근현대사의 모든 무고한 희생자들과 유가족들에게 주님의 위로와 진리의 용기가 함께하시기를 빕니다. 또한 우리들에게도 신앙의 의미와 삶의 소명을 환기시켜주는 계기가 되기를 바랍니다.

왜 기독교인은 자라지 못할까

마가복음 4:26-29

신앙, 기도, 영성이란
나를 초월한 내 이야기의 주인에게
내 이야기를 시작하는 의식적 행위입니다.

맥락이 닿지 않는 말들

지난 2014년 4월 17일 라틴아메리카 현대 문학의 거장 가브리엘 마르케스(1927-2014)가 87세로 세상을 떠났습니다. 당시 우리나라에선 너무나 기막힌 일이 벌어지고 있던 터라 언급할 경황도 없었을 겁니다. 이분이 남긴 대표작이 1982년 노벨문학상을 수상한 《백 년 동안의 고독》(혹은 《백 년의 고독*Cien años de soledad*》)(1967)인데, 제가 가끔 써먹는 '백 년 동안의 짜증'이니, '백 년 동안의 무식(無識)'이니 하는 농담이 거기서 빌려온 겁니다.

흔히 '환상적 리얼리즘', '마술적 리얼리즘'이라고 그의 작품 세계를 표현합니다. 그러나 이런 수사는 다 공허한 말잔치이고 중요한 것은 그가 진정한 의미에서 작가였음을 인정한다는 사실뿐이라 하겠습니다. 그는 노골적으로 정치 담론을 주장하려 한 것도 아니고, 선생노릇으로 대단한 알은체를 하거나 그걸로 대중을 가르치려 한 것도 아니었습니다. 즉, 대중 속에 이미 들어 있는 진부하고 속물적인 경향에 영합해 그것을 문학이라는 기술로 옷 입혀 상품으로 내놓은 게 아니었습니다. 그 대신 이것이 진짜 중요한 것이라 하겠는데, 자신의 상상력을 통해 구태의연한 말로는 이해시킬 수 없고 동의를 구할 수도 없게 되어버린 세계와 인생의 운명에 관한 자기의 직관과 통찰과 지혜를 《백 년 동안의 고독》이라는 생생한 이야기에 담아냈습니다.

작품의 줄거리를 간단히 줄여본다면 '마콘도'라는 가공의 지역을 무대로 한 '부엔디아 일족'의 긴 역사를 그린 겁니다. 마치 창세기부터 계시록까지가 먼저 주어지고, 그것을 해독하는 과정과 그 속의 기록된 역사가 함께 진행되는 구조입니다. 고독이라는 공통의 정신적 질환을 유전해가는 부엔디아 가문 인물들의 역사와 그 역사의 결말을 기록한 양피지가 해석되는 과정이 병행되는 현란한 이야기입니다. 그래서 마술적이고 환상적인 리얼리즘이라 부르는 겁니다.

마르케스는 스페인어로 쓴 이 소설로 '콜롬비아의 세르반테스'라는 명성을 얻었다고 합니다. 모름지기 아직 읽지 않으신 분들도 한번 읽어보시면 경이로운 재미와 함께 깊은 영성과 근원적 사색, 그리고 우리들 인간의 현실과 운명에 관하여 작가가 들려주는 진실 그 자체에 붙들리게 되실 겁니다.

왜 이런 말씀을 드리는지 짐작하실 분들이 계실 줄 압니다. 2015년 4월 16일 우리나라 대통령이 콜롬비아를 방문하셨잖습니까? 그날이 어떤 날인지 아마 콜롬비아 사람들은 우리처럼은 몰랐을 겁니다. 그것만이 다행이라고 해야 할진 모르겠군요. 아무튼 우리 대통령이 거기서 그 나라 대통령하고 만찬을 하는 자리에서 가브리엘 마르케스의 한마디를 인용했습니다. "가슴을 가진 사람에게 망각은 어렵다(Olvidar es dificil para el que tiene corazon)"는 말이었습니다. 한국전쟁 때 콜롬비아가 5,100여 명의 젊은이들을 파병해 도운 일을 가슴 깊이 간직하겠다는 뜻을 전달했다는 것입니다.

이 말을 스페인어로 했다고 하는데, 저는 좀 상상이 안 됩니다. 어떻게 했을까요? "제가 스페인어로 한마디 해볼 테니 들어보세요" 하고 학예회 나온 학생처럼 암송을 했을까요? 또 그런 외국인이 암송하는 자기 나라 말을 들으며 그들이 어떤 표정을 지었을지 상상이 잘 안 됩니다. 정말 감사했을지, 흐뭇해했을지, 혹은 그냥 웃었을지 모르겠습니다. 왜냐하면 말이라는 것은 정황이 있는 것이고 맥락이 있는 것이기 때문입니다. 어떤 말은 그 말을 쓰는 사람 자신을 웃음거리로 만드는 경우가 있는 것인데, 이 경우가 그 경우라고 해야겠습니다. 워낙 우리 대통령의 지성이나 화법의 독특함은 유명했지만 이건 정말 부끄러운 수준이라고밖에 말할 수 없는 일입니다.

제가 말씀드리려는 첫째로 중요한 요점은 이겁니다. 맥락 실종, 어의(語義) 상실. 이런 일이 너무나 자주 일어나고 있다는 사실 말입니다. 즉, 닿지 않는 맥락의 말로써 감동했다고 하고, 감동을 전한다고 하고, 감동을 받았다고 하는 식입니다. 분명 받긴 받았습니다. 분명 감사한 것 같습니다. 그런데 무슨 감사고 무슨 기억일까요? 그것이야말로 '백 년 동안의 공허'가 만들어낸 수사법이 아닐까요? 경우에 닿지 않는 스페인어 한마디가 감사의 진정성마저 공허하게 만들어버린 게 아닐까요?

마르케스가 평생 동안 문학적 화두로 삼은 주제는 라틴아메리카 민중의 역사입니다. 콜롬비아에서는 19세기 여덟 차례의 내전을 치르는 100년 동안만 약 20만 명에 달하는 인명이 무고하게 희생됐습니다. 마르케스가 남긴 '망각할 수 없는 가슴'이란 그런 아픔과 고통의 역사가 다시금 망각과 환멸의 공허로 돌아가지 않게 하려는 기억의 투쟁을 말하는 것입니다. 잊을 수 없고, 잊지 않아야 하고, 잊어서는 안 되는 역사. 그런데 현실의 세월이 그것을 망각하게 하는 겁니다. 잊어서는 안 되는데 잊어버리고 맙니다. 마술과도 같고 환상과도 같이 슬프고 기가 막힌 설명 불가의 이 현실을 깨우칠 수 없습니다. 마치 절망한 부엔디아 대령 (주인공의 한 사람)이 연금술의 세계로 돌아가 물고기 형상을 만들며 고독 속에 묻혀버리는 것. 그 공허를 마르케스는 자신의 소설을 통해 일깨워주려 했다고 생각됩니다.

6·25 전쟁에 참전해준 것이 고맙지 않다는 말은 아닙니다. 그 말이 적확치 못한 것이라면 감사조차 희극의 대사처럼 우스꽝스럽다는 말입니다. 4월 16일, 그날이 어떤 날이었습니까? 우리나라가 도대체 어떤 나라였습니까? 지금도 무슨 일이 벌어지고 있습니까? 저는 짧은 발표문도 자주 깜빡하곤 하는 대통령이 그 나라 대통령 만날 때 써먹으려고 스페인어 문장을 외웠을 생각을 하면, 가브리엘 마르케스가 타계했을 때 콜롬비아 대통령이 트위터에 남겼다는 짧은 조의문을 떠올리지 않을 수가 없습니다. "천년 동안의 고독과 슬픔을 느낀다."

왜 우리는 맥락에도 닿지 않은 말을 임의로 사용하고, 그 말들이 맥락에 닿지 않음에도 불구하고 아무렇지도 않게 받아들이는 걸까요? 지난해 어떤 국회의원은 부패에 연루돼 온갖 변명을 하다가 마침내 사퇴한 총리를 황희 정승에 비유하기도 했습니다. 왜 이리 뻔뻔한 걸까요? 지성의 문제만은 아닌 것 같습니다. 민족성의 한 부분이랄까요? 스스로를 비하할 의도는 없습니다만, 어느 틈에 그런 습성이 몸에 밴 게 아닌가 하는 의구심이 생깁니다.

옛말에 '입은 비뚤어져도 말은 바로 하라'고 했지 않습니까. 거기엔 분명 이유가 있을 겁니다. 진실이나 사실을 어물쩍 비켜가려는 의식적, 무의식적 태도들 말입니다. 그것은 진실에 직면하지 않으려는 의지에서 나오는 회피의 방식이고, 그런 회피가 필요한 이유는 진실을 두려워한다는 그 한 가지 외에는 없을 겁니다. 여기서 제가 말씀드리는 진실은 우리의 진정한 실력, 양심, 출신과 과거, 그것들과 끝없이 충돌을 일으키는 우리의 현실, 그것이 만들어가는 우리의 미래에 관한 진실이고 그 두려움입니다. 이것이 제가 오늘 생각해보려는 주제입니다. 곧, 진정한 기독교적 변화란 무엇이고 어떤 변화를 말하는 것인지, 그리고 그 변화에 도달하기 위해 우리(교회)가 쓰는 방식에 관한 반성입니다. 그것은 당연히 말, 언어, 설교로 이어지는 맥락이고, 그 도구가 신·구약 성서라고 해야겠습니다.

가장 정직한 이야기 속에 신비가 들어 있다

《백 년 동안의 고독》 얘기를 좀 더 하고 싶습니다. 저는 이 책을 스무 살 무렵 재미작가 안정효 선생이 옮긴 문학사상사 판 (1977)으로 읽었는데, 그 첫 문장이 아주 선연해 지금도 그대로 기억하고 있을 정도입니다.

몇 년이 지나서 총살을 당하게 된 순간에, 아우렐리아노 부엔디아 대령은 오래전 어느 오후에 아버지를 따라 얼음을 찾아 나섰던 일 이 생각났다.

여기서부터 이야기가 마콘도 마을의 창세기로 거슬러 올라가 는 겁니다. 제가 스페인어를 모르기 때문에 정확한 의미를 찾아 보려다가 몇 개 번역을 비교해놓은 글을 발견했습니다.

수많은 세월이 흐른 후 총살대에 선 아우렐리아노 부엔디아 대령 은 어릴 적 아버지를 따라 얼음 구경을 나섰던 그 아득한 오후를 생각했을 것이다(임호준).

많은 세월이 지난 뒤, 총살형 집행 대원들 앞에 선 아우렐리아노 부엔디아 대령은 아버지에 이끌려 얼음 구경을 갔던 먼 옛날 오후 를 떠올려야 했다(조구호).

단 한 줄의 문장도 이렇게 다양한 의미의 자장을 거느리고 있 습니다. 사전을 의지해 원문의 의미까지 추적해봤다면 더욱 재미가 있었을 겁니다. '몇 년이 지나서'와 '수많은 세월이 흐른 후', '많은 세월이 지난 뒤'는 같은 말이지만 뒤에 이어지는 내용과 연결할 때 분위기를 아주 달라지게 합니다. 또 '총살을 당하게 된 순간에'와 '총살대에 선', '총살형 집행 대원들 앞에 선'도 마찬가지입니다. 그다음, 얼음을 찾아나섰던 '오래전 어느 오후'나 '그 아득한 오후', '먼 옛날 오후'는 더욱 그렇습니다. 게다가 '생각났다'와 '생각했을 것이다', '떠올려야 했다'라는 종결어미에 이르면 이건 완전히 다른 방식의 이야기들이 됩니다. 그래서 제가 만들어낸 조합이 이겁니다.

몇 년이 지나서 총살형 집행 대원들 앞에 선 아우렐리아노 부엔디아 대령은 아버지를 따라 얼음을 찾아나섰던 그 아득한 오후를 떠올리게 되었지.

이 문장은 누군가 저에게 이제 막 들려주기 시작한 아주 긴 얘기의 서막처럼 흥미진진하고 상상력을 자극합니다. 그런데 처음을 뭉텅 잘라내고 중간부터 불쑥 시작하는 겁니다. 그건 이 얘기가 이미 수도 없이 들었던 얘기일지도 모른다는 느낌을 줍니다.

요컨대 지금 우리가 이렇게 세상을 살면서, 대한민국에 존재하면서 직면한 2015년의 현실이라는 것은 우리가 이미 알고 있는 이야기입니다. 그래서 처음부터든 중간부터든 어디서 시작하든 상관없이 이야기의 맥락이 이해되고 소통 가능한 겁니다. 그런데 우리는 이러한 소통 가능과 이해 가능이 아주 꽉 막힌 현실의 답답함을 안고 살아간단 말입니다. 다시 말해 누구나 다 알고 있고 이해 가능한 이야기를 공유하면서도 우리는 서로의 이야기를 도무지 이해할 수 없다고 말하고, 도저히 이해가 불가능하다고 말합니다.

주의를 기울여 생각해보면 우리는 각자 자기의 이야기를 이미 알고 있습니다. 그것은 이해 가능하고 설명 가능한 이야기입니다. 그것들이 뭉친 게 역사입니다. 아무리 유구한 역사라 해도 그것은 관점이나 세계관의 차이 이전의 정직한 공통의 이야기인 겁니다. 그러니 우리는 무엇보다 우선 그러한 정직한 이야기를 가진 사람 대 사람으로 만나서 이제부터 자신이 수도 없이 들어서 이미 잘 알고 있는 그 이야기들을 파헤쳐보는 겁니다. 우리가 누구인지, 어디서 왔는지, 어디로 가는지, 무슨 생각과 현실로 살아가고 있는지, 알면 아는 대로 모르면 모르는 대로 정직히 고백하고 그 속에 무엇이 들어 있는지 알아가는 겁니다.

이것을 저는 신앙생활이라 부르고, 종교라 부르고, 영성이라 부르는 거라고 봅니다. 곧, 가장 정직한 이야기는 그 자체로 가장 진실한 목적을 드러낸다고 하겠습니다. 왜냐하면 거기엔 가미되거나 조작되지 않은 고백이 담기기 때문입니다. 그 고백의 내용 속에 신비가 들어 있고, 신비의 작용이 계속되고 있습니다. 그것을 신비라 부르는 이유는 그 신비가 나의 의지와 생각과 부단한 연관을 가지면서도 궁극적으로는 우리들 자신을 초월해서 작용하기 때문입니다.

'왜'와 '무엇을 위해서'의 차이

신앙, 기도, 영성이란 나를 초월한 내 이야기의 주인에게(그 앞에서) 내 이야기를 시작하는 의식적 행위입니다. (의식적이라는 게 중요합니다!) 기독교는 특히 그 주인을 인격적 하나님, 창조의 아버지, 운명의 최종 의탁자로 섬깁니다. 곧, 하나님 앞에서 그를 의식하며 나의 이야기, 우리들의 이야기를 털어놓는 사람이 기독교인입니다. 그리고 그 방식과 형태는 조금 전 우리가 읽어본 《백 년 동안의 고독》의 첫 구절과 같이 이미 서로가 알고 있는 오래된 이야기의 회고이자 고백입니다.

여기서 말하는 '백 년의 고독'이란 유전적 정신의 질병인 '공허'를 말합니다. 흔히 우리가 '인생의 본질은 공허다'라고 말할 때의 그 공허. 연전에 출판된 생물학자 최재천 선생이 쓴 책에서 말한 대로 '모든 생명의 본질은 공허'라 했을 때의 그 공허. 전도서의 말씀처럼 인간이 짧은 유아 시절, 혹은 십 대 청소년 시절, 혹은 청년 시절, 혹은 70-80세를 산다고 할 때 그 매일매일의 온갖 생각과 행위와 분투의 최종적 유익이 공허라는 말입니다.

그러나 공허에 매몰된 공허는 아닙니다. '백 년 동안의 고독'이라 했을 때는 공허는 공허이되 그 공허의 본질을 성찰하는 태도,

이해하는 입장이 제기됩니다. 그 의식적 성찰을 기독교적 용어로 바꾼다면 '자기부인'이고, '십자가'입니다. 즉, 우리가 살면서 하는 일들을 성찰함으로써 우리는 한 가지 진실에 도달할 수 있고, 거기 이르렀으면 그때부터는 그 진실에 입각하여 삶이 전환되는데, 그 하나의 진실이 공허라는 겁니다. 공허를 인식한 다음 그 인식 위에 세워지는 삶은 여전히 공허이긴 하지만 이전과는 분명히 달라집니다. 그래서 이젠 공허가 아니라고까지 말할 수 있는 겁니다. 그러나 헷갈려서 착각하면 안 되겠지요? 이전과 달라진 것은 무엇입니까? 진리를 향한 목적입니다.

우리는 어려서부터 '왜'에만 매달려 사는 삶에 익숙해 있습니다. '왜 그런지 아느냐?'가 우리들의 신앙입니다. '이래서 그런 것이다, 저래서 그런 것이다, 이렇게만 한다면, 저렇게만 한다면, 너는 이렇게 될 것이다' 같은 식의 설교에 익숙해져 있습니다. 끝없이 우리가 실패하는 이유들만을 찾는 겁니다. '왜 나는, 왜 너는, 왜 우리는…' 설교자들은 늘 이런 식으로 청중의 실패를 분석하고 판단을 내리고 처방을 내려줍니다. 청중은 청중 나름대로 계속해 '왜'라는 이유를 찾아내려 애를 씁니다. '왜 나는 안 되는가, 왜 우리는 안 되는가, 이것 때문이다, 저것 때문이다, 이렇게 해야 한다, 저렇게 해야 한다.' 그러나 결과는 언제나 도루묵입니다.

그러나 이와는 달리 어떤 사안에 대해 자연적인 시간이 경과되었을 때, 자연스러운 깨침이 생기는 경우들이 많습니다. 수년의 세월이 흐른 뒤 자기 자신을 뒤돌아볼 때면 자기가 그때 당시 얼마나 눈뜬장님이었는지를 깨닫고 탄식하게 됩니다. 모든 것이 분명히 이해되고 확실하게 알려집니다. 무엇보다 초연하고 정직하게 바라볼 수 있게 됩니다. 그럴 때, 거기선 변화라는 것도 애쓸 필요가 없도록 확실합니다. 노력한 결과가 아닙니다. '왜'가 아니라 '무엇을 위해서'라는 목적이 거기에 확실히 있었음을 알게 됩니다. 그 목적이 우리를 이끌어온 겁니다.

무슨 차이일까요? 그토록 변화되고자 안달을 하고, 온통 변화를 주제로 설교를 하고, 신앙이든 개혁이든 발전이든 진보든 삶의 전 내용이 변화에 관한 것이었다 할 만한데도 그 변화를 이룰 수 없었습니다. 그런데 이제 우리는 확실히 변화되어 있는 자신을 보는 겁니다. 누가 언제 우리들을 변화시킨 걸까요? 어떤 과정을 통해 어떻게 변화된 걸까요? 이런 변화의 경험을 통해 우리가 이제 깨우침을 얻을 수 있는 의식적 변화란 무엇이고 어떤 의식화된 방식이어야 할까요?

비유 이해하기

또 이르시되 하나님의 나라는 사람이 씨를 땅에 뿌림과 같으니 그가 밤낮 자고 깨고 하는 중에 씨가 나서 자라되 어떻게 그리 되는지를 알지 못하느니라. 땅이 스스로 열매를 맺되 처음에는 싹이요 다음에는 이삭이요 그다음에는 이삭에 충실한 곡식이라. 열매가 익으면 곧 낫을 대나니 이는 추수 때가 이르렀음이라(막 4:26-29).

이런 비유는 대단히 심원한 의미를 가졌음이 분명합니다. 예수께서 오셔서 하신 일은 한마디로 천국 복음을 전파한 것인데, 그 하나님의 나라에 대한 설명을 이런 비유로 하신 겁니다. 하나님나라라 할 때 그것은 시공을 초월해 현존하는 하나님나라이면서, 시공 속으로 육박해오는 하나님나라이기도 합니다. 이해하기에 따라서는 죽어서 가는 천국 식으로 생각할 수도 있고, 살아서 이룩하는 천국이라 주장할 수도 있고, 죽어서 가는 천국을 위한 지상의 분투로 설명해도 좋고, 죽음과 상관없는 이 현존하는 역사 속의 천국을 의미하는 것이라 여겨도 좋고, 또 그것도 저것도 아닌 비밀스러운 내면의 빛이라 고집해도 좋고, 순복음도 좋고 장로교도 침례교도 감리교도 에큐메니컬도 다 좋습니다. 왜냐하면 그 천국은 그런 식으로 주장되는 이 세상, 곧 의식의 세계에서처럼 '딱 요것이다, 똑 요것이어야 한다'고 설명될 수 있는 성질의 것이 본질적으로 아니기 때문입니다.

이 비유에선 두 가지 특성이 제시됩니다. 하나는 "그가 밤낮 자고 깨고 하는 중에 씨가 나서 자라되 어떻게 그리 되는지를 알지 못하느니라"이고, 다음은 "땅이 스스로 열매를 맺되 처음에는 싹이요 다음에는 이삭이요 그다음에는 이삭에 충실한 곡식이라"입니다. 곧 '알지 못하는 가운데 이루어지는 것이다'라는 게 그 하나요, '성숙해가는 단계가 있다'는 것이 두 번째입니다.

그러면 한 가지 의문이 생깁니다. 어차피 알지 못할 것이고 파악하지 못할 거라면서 단계가 있다는 건 무슨 말입니까? 그러나 잘 헤아려보면 이건 모순이 아닙니다. 부지불식간에 이루어지는 것도 단계가 있는 것도 사실입니다. 또 이것은 개인들에게 하시는 말씀이면서 전체 인류에게 해당되는 말이기도 합니다. 동시에 당대 사람들에 해당되는 비유이기도 하고 오고 오는 모든 세대에게 해당되는 것이기도 합니다. "열매가 익으면 곧 낫을 대나니 이는 추수 때가 이르렀음이라." 아직 열매가 익지 않은 걸까요? 혹은 여러 번 이미 낫을 대고 추수한 걸까요? 아니면 자라고 열매 맺는 것과 추수라는 것이 전체로 다 비유여서 언제나 그런 일이 그렇게 있으리라는 말씀일까요?

비유에서 가장 중요하게 요구되는 것은 '이해력'입니다. 굳이 비유로 설명하는 이유입니다. 부지불식간에 이루어져 파악할 수 없다고 하면서 동시에 그 파악할 수 없는 자라남과 단계들을 설명하시는 겁니다. 비유를 깨달은 사람은 자신이 파악할 수 없는 하나님나라의 여러 단계들을 거쳐 가는 어떤 과정 가운데 있음을 성찰할 수 있게 될 겁니다. 자신 안에서 일어나고 있는 모든 일들, 우리 사회 안에서 일어나고 있는 모든 일들, 그것은 전부 다 어떤 징조들이고 표지이고 꿈이고, 비유입니다. 무엇의? 하나님나라. 밭에 감추인 보물! 그걸 깨달은 사람은 비유나 비유로 설명하시는 이유를 알아차린 사람입니다. 반대로 비유를 듣고도 그걸 깨닫지 못하는 사람은 비유를 논할 자격이 없는 겁니다. 마치 논술 시험을 보기 위해 시험관들도 안 읽었을 문학책들을 열심히 읽는 학생들의 처지와 비슷하다고 하겠습니다.

속는 것은 은혜가 아니다

이해하는 사람에게는 불분명한 것이 없습니다. 그러나 이해 못한 사람에게는 자기를 둘러싼 모든 일들이 온통 불투명하고 혼란스럽게 보일 겁니다. 왜냐하면 그 사람은 이해를 못하는 게 아니라 이해하는 방식을 모르기 때문입니다. 그런데 더욱 사태를 악화시키는 난제는 이해하는 방식을 몰라 이해할 수 없다고 혼란스러워하는 사람들을 앉혀놓고 자신도 이해를 못한 사람이 '당신들을 이해시키겠다'고 기염을 토하는 것입니다. 그런 선생들은 자신의 몰이해에 관한 실존적이고 정직한 고백이 도무지 없는 사람들입니다. 정확히 말한다면 그들은 그런 말이 무엇을 의미하는 것인지도 모를 겁니다. '염불에는 관심 없고 젯밥에만 관심 있더라'고, 그런 사람들은 나쁜 의미의 정치적 술수만 터득해가는 사람들입니다.

그러니 그럴듯한 구절들을 성경에서 찾으면 그 말의 맥락이고 흐름이고 다 잘라버리고 자기의 술수에 알맞은 논리로 얼렁뚱땅 둔갑시킵니다. 이런 무식함이 하나의 전통을 이루고 전형성을 획득하면 그것은 이제 움직일 수 없는 하나님의 말씀에 관한 유일한 해석으로 고정됩니다. 그다음엔 누구나 내용도 없는 말을 상투적으로 반복하게 되는 겁니다. 이거야말로 '백 년의 고독' 속으로 스스로 기어 들어가는 격이라고 해야겠습니다.

우리 시대의 모든 기독교인이나 종교적 선생들에게 가장 중요한 것은 모든 사람을 이해시키겠다는 만용을 버리는 일입니다. 그것은 결국 모든 사람에게 이해를 받겠다는 욕망에 다름 아닌데, 그럴 필요가 도무지 왜 생겨난 걸까요? 모두에게 이해를 받는다는 것은 지극히 위험하기까지 한 일인데 말입니다. 그런 선생들에게 배운 사람들은 자기들도 만인을 이해시키는 방식으로 만인에게 자기를 이해시키려고 애를 쓰며 살아가게 됩니다. 그 무익한 고집을 열정이라 칭찬하고 비전이라 과대 선전을 합니다. 그러다 보니 가장 많이 드러나는 게 거짓말이고, 가장 많은 피해가 사기꾼들의 거짓말에 계속 속아서 당하는 수탈입니다.

"씨가 나서 자라되 어떻게 그리 되는지를 알지 못하는" 것이고, "땅이 스스로 열매를 맺되 처음에는 싹이요 다음에는 이삭이요 그다음에는 이삭에 충실한 곡식"입니다. "열매가 익으면 곧 낫을 대나니 이는 추수 때가 이르렀음"입니다. 곧, 자신이 알지 못하는 '스스로 되어감'을 때마다 통찰하는 이해력과 지혜를 요구하는 겁니다. 제발 다 아는 척 안다고 하지 말고, 모르는 것을 성찰함으로써, 그 모름 속에 들어 있는 앎을 깨달으라 요구합니다. 그런데도 온통 나는 알고 당신들은 모르니 내가 가르쳐주겠다고 법석을 떠는 게 우리들 목사들의 설교입니다. 여러분은 이 나라의 99퍼센트의 목사들이 표절을 한다는 기사를 읽어보신 적이 있는지 모르겠습니다. 이것은 틀린 답을 쓰고 있는 동료의 답안지를 베끼는 것과 같습니다. 자기도 몰라서 남의 것을 표절하면서 남에게 설교를 하고 있다는 겁니다. 그의 설교를 듣는 사람들은 뭘까요?

저는 지금까지 많은 사람들로부터 자기네 교회의 담임 목사님이 성경을 틀리게 해석하는 게 분명한데 그래도 거기서 은혜를 받는다고들 하니 그것이 정상적인 거냐고 묻는 질문을 자주 받아왔습니다. '개떡같이 말해도 찰떡같이 알아들으면 된다'는 말이 있으니 그럴 수는 있을 겁니다. 그러나 그것은 이런 비상한 성찰을 요구하시는 비유의 말씀을 남기신 그리스도께라면 성립될 수 없는 말입니다. 틀린 말에서 얻는 은혜라면 그것은 은혜가 아니라 어리석음이지요. 어리석음을 알았으면서 그게 좋아 거기 머물러 있다면 그것은 필시 하나님의 말씀이나 그리스도의 은혜 때문은 아닐 겁니다. 저는 하여간 성경을 맥락에 닿지 않게 설교에 끌어다 붙이는 목사에게서는 떠나는 게 참신앙이라고 대답을 해줍니다. 왜냐하면 이런 사람들이야말로 닿지 않는 맥락을 건너뛴다는 의미에서 마술사들이고 환상적인 속임수를 쓰는 신비주의자들이기 때문입니다. 어떻게요? 전통이 되어버린 엉터리 해석들의 권위가 그것을 가능케 해주는 겁니다. 평신도들이 공부하지 않으면 결국 돌팔이 의사의 신비에 자기를 맡길 수밖엔 없을 겁니다.

 우리나라 기독교인들은 대개 목사의 신비에 의지하고 그럼으로써 목사들을 허영심에 빠지게 합니다. 그런 척을 하니까 진짜 그런 줄을 압니다. 이를테면, 연전 돌아가신 어느 목사님의 생애를 다큐 영화로 만들어 그가 한국 교회의 병폐를 질타했다, 진정한 한국 교회의 설교자였다, 하는 식으로 추모를 넘어선 추앙을 합니다. 그걸 보니 감동적이고 그걸 통해 뭔가 회개가 이루어진 것 같습니까? 그러나 그런 방식으로는 한국 교회를 개혁할 수가 없는 겁니다. 살았을 때도 그 말이 안 먹혔는데 돌아가신 다음에 그게 가능하겠습니까? 그분이 인간적으로 나쁘다는 말을 하려는 게 아닙니다. 그보다는 예컨대 그런 질타를 하신 바로 그분이 세워놓은 후계자의 문제로 한국 교회가 얼마나 한심한 처지에 떨어졌는지를 이야기해야 하는 겁니다. 왜 그토록 훌륭하신 분에게서 그런 곤란한 결과가 빚어졌는지 말이지요. 좀 야박한 평가 같지만, "못된 열매 맺는 좋은 나무가 없고 또 좋은 열매 맺는 못된 나무가 없느니라. 나무는 각각 그 열매로 아나니 가시나무에서 무화과를, 또는 찔레에서 포도를 따지 못하느니라"(눅 6:43-44) 하는 말씀이 생각납니다. 중요한 것은, 실천적 방법론에서 신비주의로 돌아갈 수밖에 없는 경우 그 주장이 개혁이든 은혜든 결국 현실감각을 잃어버리고 감상적 감정이입에 빠지게 된다는 겁니다. 거기선 인격의 변화가 아니라 유치한 청승밖에 나올 게 없습니다. 다시 말해 통찰과 직관이라는 진일보한 의미의 성숙을 기대할 수가 없는 겁니다.

오늘날 한국 기독교인들은 교회의 설교를 통해 진실을 배워서는 안 됩니다. 아마도 저의 이 설교까지 포함해서 그 말들은 오직 성도들의 머리에 호소할 뿐입니다. 자기의 일로 자기의 가슴을 울리는 경험이 아니기 때문에 아무리 망각을 안 하겠다고 다짐해도 그 말과 동시에 망각이 일어날 수밖에 없습니다. 자기가 무슨 말을 하고 있는지도 모르는 유체이탈이 필연적으로 일어납니다. 이제부터 모든 그리스도인들은 각자 자기의 진실이라는 것을 향해 성장해가야 합니다. 그 부지불식간에 이루어지는 과정과 각 단계에 대한 성찰과 이해력이 날마다 해야 할 자기부인이고, 지고 가야 할 각자의 십자가입니다. 그것과 상관없는 설교들을 무시해버려야 합니다. 그렇게 될 때 우리는 타인의 진실한 마음에 도달하는 길도 자연히 알게 될 겁니다. 그럴 때 우리들의 교회의 기독교적 호소는 기독교적 수사(修辭)가 아니라 가슴을 가진 인간의 공통된 경험으로써 타인의 마음에 도달해 그와 소통하고 그에게 강력하게 작용하는 능력을 회복할 수 있게 될 겁니다.

한마디로 줄이겠습니다. 왜 오늘날 한국 기독교인들은 자라지 않는가? 마술적 수단이라고밖엔 할 수 없는 설교들 때문입니다. 마술은 그럴듯하지만 실제로 일어나는 일이 아닙니다. 속고 있음도 은혜라고 스스로를 속이지 마십시오. 지금이야말로 평신도들이 깨어나야 할 때입니다.

4

비유인가 암시인가

마태복음 13:10-15

비유의 효과는 보다 근본적인 방식의 현실 환기에 있습니다.
그것은 단지 지금 이야기된 단편적 에피소드에 그치는 게 아니라
'우리 자신이 누구인가', '어떤 사람인가', '어떻게 살고 있나'라는
근원적 질문을 던짐으로써 파문을 일으킵니다.

이제 아셨지요? 예, 잘 알고 있습니다

1980년대의 시인들 중에 김영승이라는 시인이 있습니다. 〈반성〉이라는 제목으로 희극적이면서도 의미 깊은 연작시를 써서 인기를 끌고 주목을 받았었습니다. 그중에 제가 가끔 인용하는 이런 시가 있습니다.

건너 테이블엔 두 사나이가 앉아 있었다. 한 사람은 목에 힘을 준 채 나직이 말하고 있었고 한 사나이는 숙연히 듣고 있었다. 그들은 여자 하나를 놓고 폭력을 주고받은 선후배 간이었다. 야 임마, 영국 수상까지 지낸 윈스턴 처칠이 왜 그 수많은 유태인을 죽였나? 선배는 그렇게 말했고 후배는, 예 잘 알고 있습니다, 그렇게 말했다. 뚝배기 속의 순대와 돼지 허파를 젓가락으로 뒤척이며 그 여자를 생각했다. 영국과 독일과 윈스턴 처칠과 히틀러가 순대와 돼지 허파처럼 섞였어도 먹을 만하면 그냥 먹어 버리는 그 여자의 식성을 생각했다. 두리뭉실 배고프면 먹어 버리는 우리네를 생각했다. 맛있게 잘 먹고 또 소주를 마시고 있는 배고픈 나를 생각했다.

_김영승 〈반성 71〉《반성》, 민음사, 2007〉

이 시의 핵심은 "야 임마, 영국 수상까지 지낸 윈스턴 처칠이 왜 그 수많은 유태인을 죽였나?"라는 선배의 질문과 그에 대하여 "예 잘 알고 있습니다"라고 대답하는 후배의 서문동답(?) 내지는 우문우답에 있습니다. 말하자면 하나도 제대로 된 게 없는 겁니다. 제대로 된 게 없는 이 사람들의 정신 상태는 여자 하나를 놓고 폭력을 주고받는 현실이 말해줍니다. 여자가 무슨 물건도 아닌 담에야 이런 일 자체가 가능하지도 않았겠지요.

그런데 재미있는 것은 이 선배의 질문입니다. 그냥 처칠도 아니고 '영국 수상까지 지낸 윈스턴 처칠'입니다. 그렇게까지 정확한 지식을 가진 사람이 그다음 전혀 엉뚱한 말을 천연덕스럽게 이어가는 겁니다. 영국 수상까지 지낸 윈스턴 처칠이 '왜 그 수많은 유태인을 죽였나?' 잠시 이 상황을 상상해보십시오. 후배는 '예 잘 알고 있습니다'라고 대답했습니다. 왜 그랬을까요? 후배 역시 유태인들을 학살한 괴물이 처칠이 아니라 히틀러라는 사실을 몰랐을 수도 있고, 너무나도 잘 알지만 분위기상 감히 그런 말을 못하고 '개떡 같은 질문에 찰떡같은 대답'을 한 것일 수도 있을 겁니다.

그러나 결과는 마찬가지라고 해야겠습니다. 어떤 면에서는 알면서 그렇게 대답한 것이 더 큰 문제이기도 합니다. 왜냐하면 모르는 것은 어쩔 수 없지만 알면서 모른 척 용인한다는 것이야말로 반성을 요하는 중대한 진실의 문제이기 때문입니다. 이때 진실이란, 그렇게 살아가는 인생 전체의 진실의 문제가 되는 것이고, 그런 인생이 만들어가는 삶의 진실의 문제가 되기도 합니다.

본론으로 들어가기 전에 시 얘기를 하는 이유는 이런 시가 오늘 주제인 '비유($\pi\alpha\rho\alpha\beta o\lambda\acute{\eta}$)'에 관해 설명하는 데 적절한 도움이 되기 때문입니다. 이 시가 그대로 하나의 전체적인 비유이기도 합니다. 비유의 효과는 보다 근본적인 방식의 현실 환기에 있습니다. 그것은 단지 지금 이야기된 단편적 에피소드에 그치는 게 아니라 '우리 자신이 누구인가', '어떤 사람인가', '어떻게 살고 있나'라는 근원적 질문을 던짐으로써 파문을 일으킵니다. 즉, 파문과 동요가 비유의 목적입니다. 그러므로 비유를 듣고 아무런 파문도 동요도 일어나지 않는다거나, 비유 자체가 아무런 파문도 동요도 일으키지 않는 것이라면 그것은 비유가 잘못됐거나, 듣는 사람이 비유를 알아듣지 못했거나 둘 중 하나에 해당할 겁니다.

또 다른 이야기를 하나 더 해드리겠습니다. 이건 실제 있었던 일화로 제가 그 교회에 다니던 사람에게 직접 들은 이야기입니다. 어느 교회의 담임목사님은 교인들이 자신의 뜻에 반대하거나 의견 조정이 안 될 때, 당회든 제직회든 무슨 모임이든 구성원들을 주일날 예배 시작 바로 직전에 소집한다는 겁니다. 그러고는 시계를 보면서 '시간이 없지만 하나님 앞에서 주일예배를 드리기 전에 그간의 갈등을 끝내야겠다, 믿는 우리들이 이렇게 살아선 안 된다, 지금부터 간단하게 말씀 한 구절을 보고 기도하겠다' 하고 엄숙히 선언을 합니다. 그 다음 성경 몇 장 몇 절을 펼치라고 요청(명령)을 합니다. 또 누군가를 지목해 읽으라고 합니다. 지목을 받은 사람은 당황스럽겠지만 바로 그 때문에 얼떨결에 찾은 구절을 읽겠지요? 읽고 나면 잠시 뜸을 들였다가 목사님이 한마디 하는 겁니다. "이제 아셨지요?" 대답을 원하는 질문은 아닙니다. 곧바로 이런 말이 이어지지요. "그럼 시간이 없으니까 제가 기도함으로 마치겠습니다. 이제 후로는 더 이상 이 일에 관하여 교회가 분열되지 않기를 바랍니다." 그러고는 회개와 반성과 결단을 촉구하는 것인지, 자기가 전부 대신하는 것인지 알 수 없는 기도로써 타인들이 해야 할 회개와 반성과 결단까지를 다 해버리는 겁니다.

그런데 이 이야기의 핵심은 그다음입니다. 그 얘기를 저에게 들려준 사람이 이렇게 말해주었던 겁니다. "진짜 중요한 것은, 그날 읽은 성경 말씀과 우리들 사이의 문제가 무슨 관련이 있는 것인지, 왜 목사님께서 그 구절을 펼쳐 읽도록 하셨는지, 우리들 가운데 누구도 아는 사람이 없다는 사실입니다."

이 이야기는 비유는 아닙니다. 현실의 한 일화입니다. 여기서 중요한 것은 맥락이 실종된 목사님의 성경 구절이 어떻게 성도들을 제압하는 무기로 작동하느냐 하는 문제입니다. 저는 이것을 '암시'라는 말로 설명해보려고 합니다.

카를 융(1875-1961)은 그의 정신 치료 기법을 설명하는 글에서 암시에 관해 이야기합니다. 암시란 쉽게 말해 의사 자신이 원하는 것을 환자에게 암시해서 환자가 그 암시에 부응하기 위해 무의식적으로 긍정적으로 변화되는 것을 말하는 겁니다. 의사가 환자를 치료할 때 사용하는 암시의 기법은 단기적으론 매우 효과가 크다고 합니다. 의사들이 암시의 유혹을 많이 받는 이유라

했습니다. 그러나 아무리 단기적으로 긍정적인 효과가 나타났다고 할지라도 이러한 암시에 의한 치료는 위험한 것이라고 융은 단호히 반대합니다. 왜 그럴까요?

암시는 환자 자신의 독립적인 자유와 직관의 가능성과 능력을 현저하게 파괴해버려 그를 더 위태롭게 만든다는 겁니다. 그것은 환자를 현실과 연결시켜주고 회복시켜주는 게 아니라 오로지 의사 자신에 대한 기대와 의존을 높이는 결과를 만들어냅니다. 그 결과 의사는 점점 무책임해지고 자기 편의적으로 환자를 다루게 되고, 환자는 더욱 미궁에 빠지게 된다는 겁니다. 암시에 관한 카를 융의 설명은 오늘날 교회의 목회자와 성도가 놓인 목회 현실에 대해 많은 것을 생각나게 해주는 바가 있다 하겠습니다.

비유로 말하는 까닭

내가 또 주의 목소리를 들으니 주께서 이르시되 내가 누구를 보내며 누가 우리를 위하여 갈꼬 하시니 그때에 내가 이르되 내가 여기 있나이다 나를 보내소서 하였더니 여호와께서 이르시되 가서 이 백성에게 이르기를 너희가 듣기는 들어도 깨닫지 못할 것이요 보기는 보아도 알지 못하리라 하여, 이 백성의 마음을 둔하게 하며 그들의 귀가 막히고 그들의 눈이 감기게 하라. 염려하건대 그들이 눈으로 보고 귀로 듣고 마음으로 깨닫고 다시 돌아와 고침을 받을까 하노라 하시기로(사 6:8-10).

하나님이 이사야를 불러 소명을 주시는 장면인데 주목을 끄는
것은 예언자로서 이사야가 펼쳐야 할 소명의 방식입니다. "하나
님이 나에게 이렇게 말씀하셨다. '가서 이 백성에게 이렇게 말해
라. 너희가 듣기는 들어도 깨닫지 못할 것이요 보기는 보아도 알
지 못하리라 하고 말해라. 그래서 이 백성의 마음으로 둔하게 하
며 그 귀가 막히고 눈이 감기게 해라. 왜 내가 이렇게 하는지 아
느냐. 그들이 눈으로 보고 귀로 듣고 마음으로 깨닫고 다시 돌아
와서 고침을 받을까 염려하기 때문이다.'" 이렇게 말하라고 합니
다. 여기서 우리는 꽈배기처럼 꼬여 있는 말의 방식, 말하는 방식
에 주목하게 됩니다. 이사야의 선포 방식과 하나님 명령의 진의
는 무엇일까요?

복음서에 오면 이사야의 이러한 선포 방식은 예수의 복음 선
포 형식에 그대로 인용되고 적용됩니다. 예수는 "이 모든 것을
무리에게 비유로 말씀하시고 비유가 아니면 아무것도 말씀하지
아니하셨"(마 13:34)고, "다만 혼자 계실 때에 그 제자들에게 모
든 것을 해석하"(막 4:34)셨다고 합니다. 이렇게 기록해놓은 예수
의 제자들도 마찬가지라고 해야겠지요? 그들은 왜 자기들과 함
께 계실 때 해석해주셨다는 내용은 정작 기록하지 않고 아직 해
석되지 않은 날것 상태의 비유를 기록해놓은 걸까요? 아마 복음
서에 기록된 횟수보다 실제로는 훨씬 더 빈번히 사용하셨을 것

이라 짐작됩니다만, 실제로 예수는 자신의 복음, 특히 복음을 설명하는 비유에 관해 여러 번 이사야의 이 구절을 인용했습니다.

하나님나라의 비밀을 너희에게는 주었으나 외인에게는 모든 것을 비유로 하나니 이는 그들로 보기는 보아도 알지 못하며 듣기는 들어도 깨닫지 못하게 하여 돌이켜 죄 사함을 얻지 못하게 하려 함이라(막 4:11-12).

다른 사람에게는 비유로 하나니 이는 그들로 보아도 보지 못하고 들어도 깨닫지 못하게 하려 함이라(눅 8:10).

다음 본문에는 그 이유가 좀 더 자세히 기록되어 있습니다.

제자들이 예수께 나아와 이르되 어찌하여 그들에게 비유로 말씀하시나이까. 대답하여 이르시되 천국의 비밀을 아는 것이 너희에게는 허락되었으나 그들에게는 아니되었나니 무릇 있는 자는 받아 넉넉하게 되되 없는 자는 그 있는 것도 빼앗기리라. 그러므로 내가 그들에게 비유로 말하는 것은 그들이 보아도 보지 못하며 들어도 듣지 못하며 깨닫지 못함이니라. 이사야의 예언이 그들에게 이루어졌으니 일렀으되 너희가 듣기는 들어도 깨닫지 못할 것이요 보기는 보아도 알지 못하리라. 이 백성들의 마음이 완악하여져서 그 귀는 듣기에 둔하고 눈은 감았으니 이는 눈으로 보고 귀로 듣고 마

음으로 깨달아 돌이켜 내게 고침을 받을까 두려워함이라 하였느니
라(마 13:10-15).

결론을 서둘러 말하자면 일종의 반어(反語, Irony)지요? 뜻을 강
조하기 위해 '비꼼' 같은 방식의 말투를 쓰는 겁니다. '내가 이렇
게 말할 정도로 이 백성은 부패한 상태에 있다. 그러한 상태에
있다는 것까지 강조를 해준다고 해도 이 백성은 도무지 깨닫지
못할 것이다', 그런 말입니다. "그러므로 내가 그들에게 비유로
말하는 것은 그들이 보아도 보지 못하며 들어도 듣지 못하며 깨
닫지 못함이니라"(13절)라는 말씀은 반어가 아닌 서술문으로서
반어법을 쓰는 이유를 설명하신 대목이라고 할 수 있을 겁니다.
　왜 직접 말하지 않고 비유로 말하는가? 거기에는 비유의 속
성, 비유의 효과, 비유의 작용 과정에 대한 성찰이 동시에 요구
됩니다. 비유가 환기시키려는 현실은 비유라는 방식과 불가피하
게 관련된다는 겁니다. 왜냐하면 현실이 심각히 뒤틀려 있기 때
문입니다. '귤이 회수를 건너면 탱자가 된다'는 말처럼 환경이나
분위기가 기본적으로 부패한 상태에서는 무엇을 말한다 해도 즉
시로 그 부패에 함몰되어버린다 이 말입니다. 때문에 뭔가를 직
접 이야기해주기보다 그 부패가 어떤 상태인지를 먼저 일깨워주
어야 합니다. 곧, 이사야의 반어처럼 즉시로 알아듣기 어려운 비
유로써 도무지 알아듣지 못하는 청중의 상태를 깨닫게 해주려는
겁니다. 좀 더 구체적으로 해석을 해준 적도 있었지만 그런 것은

기록할 필요가 없는 겁니다. 만일 그 해석까지 기록해놓았다면 오해만 더 커졌을 테니까요.

이것은 일테면 이런 비유로 설명될 수 있을 겁니다. 소크라테스의 말 중에 '너 자신을 알라'는 명언이 있지 않습니까. 스승이 '너 자신을 알아야 한다'라고 말하니까 제자가 '예, 잘 알겠습니다. 그러면 제 자신을 알기 위해서 무엇을 해야 하겠습니까?'라고 묻는 식입니다. 혹은 이걸 가지고 설교를 하는 거지요. '여러분, 소크라테스가 너 자신을 알라고 말했습니다. 그러므로 우리는 우리 자신을 알아야 합니다. 우리 자신을 알기 위해서 무엇을 해야 할까요? 첫째, 둘째, 셋째….'

구체적 설명을 해주어야만 알아들은 것처럼 고개를 끄덕이는 사람은 대개는 오해한 사람일 가능성이 높습니다. 진짜로 알아들은 사람은 구구한 설명이 필요 없이 첫 번에 벌써 알아듣는 겁니다. 그런 사람에겐 구체적이고 부가적인 설명은 자기를 무시하는 잔소리가 됩니다. 그건 사람을 어린아이로 취급하는 것이고, 타인의 자기 결정권을 함부로 침해하는 행위입니다. 그럴 때 그 사람이 지시하는 내용이란 사실 온통 자기가 원하는 것들일 뿐이죠. 그럴듯한 대의명분을 내세워 자기가 원하는 것을 온 사람에게 필요한 것처럼 역설하는 이런 말쟁이들이 많습니다. 그러나 어린아이 같은 청중은 조삼모사(朝三暮四)냐 조사모삼(朝四暮三)이냐에만 신경을 쓰지, 이 상황의 진실을 통찰하지 못합니다.

이와 같이 구체적인 행동 강령을 제시해주어야만 알아들은 것처럼 여기는 청중은 사실은 못 알아들은 겁니다. 이미 '마음으로 둔하게 하며 그 귀가 막히고 눈이 감기게' 된 겁니다. 그가 진정 어른이 되고 어른 대접을 받으려면 그 상태를 벗어나야 합니다. 그렇지 않다면 그는 기껏해야 남이 시킨 남의 일을 자기 일로 하는 사람일 뿐입니다.

물론 어른이 된다는 것보다는 어린아이 상태로 머물러 있는 편이 속 편한 측면이 많지요. 그러나 그것이 지혜로운 길이라 여겨 일부러 어린아이 상태에 머물러 있는 경우는 없을 겁니다. 대부분은 권위 있는 타인을 추종하는 편이 편안하고 대세를 따라 타인들의 인정에서 소속감과 안전감을 느끼기 때문입니다. 그 결과 남에게 인정받고자 하는 이 소망은 항상 두 가지 선물을 받게 됩니다. 채찍과 당근, 율법과 은혜. 그 사이에서 스스로 독립적으로 성장하지 못하고 방황하는 사람의 취약함이 이와 같다고 할 수 있을 겁니다.

유감스럽게도 교회는 오랫동안 하나님의 말씀의 권위를 빙자하여 성도들의 순종과 복종을 강조해왔기 때문에 대부분이 이런 사람들을 양산해냈습니다. 개신교도를 프로테스탄트(Protestant, 반항하는 사람들)라 부르지만 사실 한국 교회 안에서 프로테스탄트 정신은 거의 찾아보기 어렵게 됐습니다. 비정상의 정상화라고 할까요?

이건 사실 기독교의 문제만도 아닙니다. 사회 전체가 '합리성'이라든가 '민주주의'라든가 '자유', '평등', '정의', '진실' 같은 말을 금기시하고 적대적으로 대하는 환경에 놓여 있습니다. 이런 근본적으로 뒤틀린 환경, 부패한 의식 상태에서 그것을 일깨워 주는 말하기 방식이 비유입니다. 깨닫는 사람은 첫 번에 무슨 말인지 깨달을 것이요, 못 깨닫는 사람은 그동안 뭔가 가졌다고 여기던 그것까지 헷갈려 빼앗기게 되는 원리가 여기에 있습니다.

지금 한국 교회 성도들은 분명히 잘못되었다고 느끼면서도 무엇이 잘못인지, 그게 어떻게 자기에게까지 소급되고 적용되어 그 잘못을 고치기 위해서라면 내가 어떻게 나아가야 하는지를 밝혀내지 못하고 있습니다. 그래서 자기는 의롭다 여기고 교회나 세상이 잘못됐다 개탄하면서 여전히 거기에 속해 있거나 그 자리에 머물러 있습니다. 매주 설교를 통해 뭔가를 새로 얻어도 시원찮을 텐데, 매주 뭔가(적어도 시간)를 빼앗기고 있으면서도 '있는 것조차 빼앗기고 있는 자기 현실'을 깨닫지 못하는 겁니다. 그런 사람이 계속해서 자신이 회의(懷疑)하는 교회에 헌금을 하고 이런저런 모양으로 참여를 하겠지요? 그것을 자기는 나름대로의 실천이고 주님을 위한 봉사라 편리하게 생각할 겁니다. 이게 현재 소위 대형교회 프레임에 갇힌 한국 교회와 성도들의 자기모순입니다.

이러한 시스템 속에서 거기에 순종하는 사람은 십중팔구 이 비유의 반대편에 서 있는 사람이 됩니다. 가장 충성스러운 신념가가 실상은 가장 '안티'의 기여자가 되는 셈입니다. 어떤 구체적 사례로써 설명할 수 있을까요? 그러나 저의 이 말 역시 어떤 사례를 들어 구체적으로 설명한다면 그것은 오해를 사거나 적대자를 낳거나 잘못된 판단이 될 수 있을 겁니다. 그러나 저의 이 말을 알아들은 사람이라면 이 말이 무엇을 의미하는지 알 겁니다. 다시 말하면 비유라는 방식은 항상 구체적 행동과 실천 이전의 성찰이나 인식, 태도, 자세, 관점과 먼저 관련된다는 것입니다. 거기서 진정한 행동이 출발합니다.

그러나 비유로 환기시키는 그리스도의 방식을 거부하는 세상은, 비유를 사용하지 않습니다. 그보다는 암시를 선호합니다. 그것은 마치 관객으로 하여금 생각하게 하는 철학적이고 심오한 예술영화가 대중들에게 거부되고, 모든 것을 영상 속에서 다 처리해주는 할리우드 영화가 잘 팔리는 현상과 비슷하다고 할 겁니다. 관객은 가만히 있기만 하면 됩니다. 모든 것을 영화가 다 알아서 해주듯이, 만능이 된 설교자가 전능한 방식으로 어떻게 생각해야 한다는 판단과 무엇을 해야 한다는 지침까지 일일이 암시해주는 겁니다. 물론 여기서 중요한 것은 '무엇을 해야 하느냐'가 아니라 '하지 말아야 하느냐'겠지요? 그러면 다시 청중은 더 생각할 필요가 없이 딱 거기까지 순종하기만 하면 되는 식입니다.

암시를 사용하는 설교자들은 비유를 사용하지 않습니다. 암시는 언제나 독립적이고 자유로운 존재론적 성찰이나 직관, 태도, 자세, 관점 같은 것들의 중요성을 인식하지 못하게 하거나 차단하고 단절시킵니다. '비유를 사용하지 않는다, 사용할 줄 모른다'

는 말은 그들에게는 비유라는 형식의 이유와 불가피성이 필요치 않다는 말입니다. 그러면 무엇이 필요할까요? 단도직입으로 말씀드리자면 즉물적 욕망, 프로이트 식의 '끝없는 소망 충족', 아들러 식의 '권력의 의지'만이 필요하다고 하겠습니다. 그러나 이것 역시 직접적으로 말하기는 곤란하기 때문에 암시를 사용하는 겁니다.

중요한 것은 하나님의 말씀과 접했을 때 영적인(본질적이고 근원적인) 인식의 변화와 자각이 일어났느냐 아니냐의 문제입니다. 비록 기독교적 용어로 포장되어 있을지라도 인식상 아무런 변화가 일어나지 않았다면 복음이 말씀하는 비유에 삶으로 값할 수 없을 겁니다.

오늘날 한국 교회 설교자들의 문제는 비유로서의 그리스도의 말씀을 전체적으로 부정하고 파괴해버리는 데 있습니다. 비유를 아주 해체시켜버립니다. 어떻게요? 즉각적인 자기 멋대로의 소망과 권력의지에 입각해 '이건 이거, 저건 저거'를 말하는 것이라고 유권해석을 내림으로써 그렇게 합니다. 유권해석(authoritative interpretation, 有權解釋)이란 국가기관이 권력에 의지해서 내리는 공권적이고 강제적인 해석을 말하는 겁니다. 그렇게 결론 내리면 누구라도 그것을 아니라고 부정하고 무시할 수 없게 되는 겁니다.

한 교회의 담임목사의 설교라는 행위는 하나님의 말씀을 풀이한다는 가장 중요한 측면에서 일종의 그 교회 안의 유권해석이라고 해야 할 겁니다. 대개 어떤 사회적 사건이 터졌을 때 유명하다고 하는 설교자들이 내놓는 설교들을 들어보면 곧바로 그들이 그 사건에 관해 내리는 유권해석을 알 수 있습니다. 일테면 세월호 사건에 관하여 '침묵하고 회개하며 기도하라'는 설교 같은 것들이 그것입니다. 그것은 동시에 성도들에게 이 현실(비유)이 주는 동요와 파문을 차단하고 그 대신 이렇게 결론 내리라는 암시를 줍니다.

문제는 그들이 성서와 복음이라는 전체적 비유의 원관념(현실)을 어찌나 그렇게 즉각적으로 매번 꿰뚫어내는지, 경이로울 정도입니다. 그들의 태도를 보면 언제나 자기들은 이 모든 말씀이 가리키는 모든 실상의 완성태를 즉시로 이미 다 완전히 알고 있는 듯 말들을 합니다. 남들은 하나님 말씀을 도무지 깨닫지 못하고 있다고 주장하면서, 자기들만은 깨달았다는 겁니다. 그래서 이건 이렇게 하라는 말씀, 저건 저렇게 하라는 말씀, 그러므로 첫째, 둘째, 셋째… 하는 식으로 일목요연하고 일사불란한 유권해석을 내립니다.

가끔 어떤 설교자들은 자기만이 알고 있는 주님의 뜻이 얼마나 드높은지, 그것을 깨닫지 못하는 철없는 교인들이 불쌍하다고 울기까지 합니다. 물론 그것은 자기 말에 따를 것을 촉구하는 설득 방식에 다름 아닙니다. 그렇게 한 다음, 예를 들어 금번 교회가 주님을 위하여 제2성전을 지으려고 하는데 한 사람도 빠짐없이 동참해달라고 촉구하는 식입니다. 이렇게 되면 청중들은 어찌되는 걸까요? 이러한 행태들은 암시일까요 비유일까요? 그 것으로 과연 현실을 환기시키는 복음이라는 이 비유의 목적은 달성될 수 있는 것일까요?

그리스도인들은 비유를 보고, 깨닫고, 말하는 사람

지난 보궐선거를 기억하실 것입니다. 선거 결과를 두고 말들이 분분했는데, 가장 보편적이고 많이 공유되는 얘기는 어떻게 이런 결과가 가능한지 이해하지 못하겠다는 겁니다. (제가 특정 정파를 지지하려고 하는 말은 아니니 오해는 마시기 바랍니다.) 선거 직전까지 벌어지고 있던 현실들을 생각할 때 현 집권 새누리당은 도저히 선거 승리를 보장할 수 없었습니다. 사실을 말할 것 같으면 세월호 사건이나 성완종 리스트 하나만 가지고도 유럽의 선진국이었다면 벌써 국민소환이나 도편추방이 아니라 사법 처리를 당해도 마땅했을 겁니다. 그런데도 그들이 현실에서는 여전히 승리를 하는 겁니다. 제 딸의 친구인 여학생이 저에게 이렇게 묻는데는 할 말이 없었습니다. "왜 사람들은 욕하면서 새누리당을 찍는 거죠?" 그래서 새삼 왜 그럴지를 생각해보았습니다. 그리고 한 가지 결론을 얻기에 이르렀습니다.

저의 결론은 이것은 어쨌든 우리를 짓누르는 거대한 '암시'라는 겁니다. 이 암시는 샘이 깊은 물, 뿌리 깊은 나무처럼 아주 오래된 것으로 여하한 현실을 환기시켜주고 진실을 일깨워주려는 일체의 비유(징조, 사건, 현실)를 아예 알아듣지 못하게 단절시키고 차단합니다. 어떠한 성찰도 깨우침도, 그에 따르는 행동도 원천 봉쇄합니다. '가만히 있으라'는 말은 정말 대단한 암시의 상징성을 지닌 말이라 할 것입니다. 이 암시는 일체의 비유(사건) 속에서 우리의 인격을 드러내서는 안 된다는 암시를 줍니다. 고작 정세 분석이나 하고 대세와 여론의 추이에 따라 왈가왈부하는 게 전부입니다. 왜 사람들은 세월호 같은 사건을 통해서조차 자신의 인격을 드러내지 못하게 된 걸까요?

그 암시의 핵심 단어를 말하라 한다면 저는 현재는 '종북'일 거라는 생각이 듭니다. 아주 기원이 오래된 이 무시무시한 암시는 거의 모든 국민을 알아서 기게 만들어왔습니다. 이 암시의 위력이 얼마나 오래갈지 장담도 할 수 없을 겁니다. 물론 이런 상황이 우리나라의 건강하고 밝은 미래를 위해 유익하다고 여길 사람은 아무도 없습니다. 그러나 그 폭력성이 맥락에 닿느냐 닿지 않느냐의 문제는 전혀 문제가 되지 않는 겁니다. '왜 영국 수상까지 지낸 윈스턴 처칠이 유태인을 죽였나?' 하면 '예, 알아서 기겠습니다' 하고 대답해야 하는 식입니다. 아무 구절이나 펼쳐 읽고 '이제 알아들었습니까?' 하면, 왜 그 구절인지는 몰라도 '예, 무조건 아멘입니다' 해야 하는 식입니다.

무엇보다 아주 현실적으로 우리 시대의 그리스도인들 가운데 세월호 문제에 종북을 운운하거나 그런 암시를 성경 해석에 이용하는 경우를 본다면 그런 교회나 목회자로부터는 단호히 떠나야 합니다. 그들은 가장 질 나쁜 암시를 사용하는 선생들입니다. 현실이 봉쇄돼 있기 때문에 비유로 말하는 것인데 현실은 지금 비유조차 차벽 같은 암시에 가로막혀 있습니다. 그리고 봉쇄된 문들이 열릴까, 부활의 무덤들이 열릴까 두려워 지키는 사람들조차 스스로를 독실한 기독교인이라고 부르고 있습니다. 그러나 비유가 원천 봉쇄된 상황에서도 그리스도인들은 비유를 보고 비유를 깨닫고 비유에 관하여 말하는 사람입니다. 무엇보다 오늘날 현실이라는 비유의 의미를 깨달은 그리스도인이라면 이 현실의 비유성에 대하여 자각해야만 할 때입니다.

또 무리에게 이르시되 너희가 구름이 서쪽에서 이는 것을 보면 곧 말하기를 소나기가 오리라 하나니 과연 그러하고 남풍이 부는 것을 보면 말하기를 심히 더우리라 하나니 과연 그러하니라. 외식하는 자여 너희가 천지의 기상은 분간할 줄 알면서 어찌 이 시대는 분간하지 못하느냐. 또 어찌하여 옳은 것을 스스로 판단하지 아니하느냐(눅 12:54-57).

율법주의인가 허무주의인가

마태복음 12:38-45

제가 말씀드리려는 요지는
우리가 하나도 달라진 것이 없다는 복음적 진단에
끝없이 아멘 해야 한다는 것입니다.

발등에 불이 떨어진 것은 우리 자신이다

최근 여러 곳에서 발표되는 사회비평이나 시론(時論)들을 읽어보면 유난히 과거로의 '회귀'니 '퇴행'이니 하는 말들을 자주 접하게 됩니다. 맥락을 짚어보면 그동안은 비록 느리고 답답할망정 앞으로 진전되는 역사의 흐름이라는 것을 감지할 수 있었는데, 지금은 그것이 거꾸로 가고 있다는 진단입니다.

한때 '잃어버린 10년'이라는 말을 AIG보험 광고만큼이나 반복적으로 들었던 시절이 있었습니다. 그 말이 이제 성취되는 판국입니다. 그러나 진짜 발등에 불 떨어진 것은 사회가 아니라 우리들 자신입니다. 민주주의든 인권이든 복지든 언론 자유든 법 앞에 평등이든 정의의 실현이든 매일매일 강제로 과거로 회귀되고 퇴행되는 주체는 사회가 아니라 우리들 자신입니다. 이것을 사회의 문제로 인식하는 한 우리는 강 건너 불 보듯 정세를 분석하거나 미세한 입장 차이 같은 것으로 탄식의 날을 보낼 뿐입니다. 그러는 가운데 너무나 막대한 고통과 희생을 치르면서 이룩한 역사의 과거 회귀와 퇴행은 계속될 겁니다.

우리는 무엇보다 이러한 제 문제들도 취업이나 여행, 행운과 불행처럼 우리들의 자서전에 속하는 내용이라는 것을 인식해야겠습니다. 우리가 만나고 경험하는 모든 일들은 우리들의 자서전입니다. 자서전을 쓸 때 가장 핵심적인 게 무엇이겠습니까? 정직입니다. 예를 들어 《대통령의 시간》 같은 자찬 자서전 같은 것이어선 비평을 위해서가 아니라면 진정한 독서물로서는 쓸모가 없을 겁니다. 과거로의 회귀든 퇴행이든 그 주체와 대상은 사회가 아니라 나 자신입니다.

마찬가지로 교회와 신앙의 문제 역시 같은 관점에서 한국 교회의 문제가 아니라 나 자신의 문제입니다. 대형교회의 문제나 부패와 비리의 문제나 이단과 저질의 문제는 '그들'의 문제가 아니라 '나'의 문제입니다. 그것은 실제로 나의 교회와 신앙의 정직한 자서전적 내용을 이루고 있기 때문입니다. 또한 이것이 우리들 자신의 문제가 될 때 이 문제는 진리의 문제도 되고 복음의 문제도 되고 하나님의 말씀의 문제도 될 겁니다. 그리고 그렇게 될 때 우리는 이러한 문제들에 관하여 흔들리지 않는 어떤 입장을 가지게 됩니다. 만일 그 입장을 가졌다면 그다음 우리의 자서전은 필연적으로 달라질 수밖에 없을 겁니다.

지속적이고 일관된 삶의 방식이 메시지다

프랑스의 사상가 자크 엘륄(1912-1994)은 《뒤틀려진 기독교》라는 그의 저서에서 기독교 복음이 한 문화집단이나 개인에게 전래될 때 거기서는 필연적으로 충돌과 저항, 파괴와 교체가 일어난다고 했습니다. 과거의 문화전통, 철학과 감정, 삶의 내용과 방식이 부정되고 새로운 것으로 교체된다는 겁니다.

전혀 이색적인 주장이라 할 순 없겠습니다. 또 반드시 기독교만이 여기에 해당한다고 생각할 수도 없습니다. 불교도나 이슬람교도나 힌두교도들도 이러한 주장을 할 수 있을 겁니다. 아무튼 그 격변의 여파를 긍정적으로 보거나 부정적으로 보는 논쟁은 있을지언정 역사적 경험으로 보건대 우리도 이 견해에 동의할 수 있을 겁니다.

그러나 엘륄이 여기서 강조하는 바는 과거의 유교적 관념으로 살던 사람이 기독교인이 되고, 샤머니즘이 지배하던 사회가 기독교 사회가 되는 따위의 가시적 변모에 있는 게 아닙니다. 그가 진정 기독교적인 문제로 주장하는 바는 그 변모의 질적 내용입니다. 외면적 변화뿐 아니라 영적으로(본질적 혹은 실질적으로) 과거의 것이 파괴된 빈자리에 필연적으로 새것이 와야 한다는 겁니다. 가령 파스칼(1623-1662)처럼 '나는 몇 년 몇 월 며칠 몇 시에 구원받았다'라는 중생의 체험적 고백을 가질 수는 있지만, 그것이 생활과 삶과 인생을 어떻게 바꾸어놓았는가, 정말 바꾸어놓았는가 하는 문제에서는 전혀 그렇지 않을 수도 있다는 겁니다.

이 '전혀 바뀌지 않았다'는 말에 주목해야겠습니다. 선량하냐 악의적이냐와 상관없이, 깊이 생각하는 데 장애가 있고 심화된 이해력이 요구될 때 소통이 불가능해지는 사람들이 너무 많습니다. 이는 배움의 문제도 아니고 지식의 문제도 아닙니다. 착하고 나쁘고의 문제도 아닙니다. 한마디로 무언가에 의해 자기 자신의 사고범주 안에서 꽉 막힌 상태라고 해야겠습니다. "미련한 자를 곡물과 함께 절구에 넣고 공이로 찧을지라도 그의 미련은 벗겨지지 아니하느니라"(잠 27:22) 하는 말씀처럼, 도무지 말이 통하지 않게 하는 '미련'이란 것은 무엇일까요?

그들은 '전혀 바뀌지 않았다'는 진단에 대해 이렇게 반박할지 모릅니다. "나는 4대째 기독교인이다." "나는 교회 직분자다." "나는 목사(선교사)다." "우리 교회는 매 주일 수만 명이 모인다." "우리 교회는 이러저러한 사회적 봉사와 기여를 하고 있다." 거기에 조금 더 보태자면 "우리는 과거에 이런저런 무지한, 불행한, 불운한, 불량한, 부패한 사람이었으나 기독교인이 되어서 이렇게 긍정적으로 변화되었다." 이런 말들은 다 같이 목소리를 높여 이렇게 반문하는 겁니다. "이래도 우리가 전혀 바뀌지 않았다는 말인가?"

복음서에 보면 예수께서 '너희는 도무지 내 말을 알아듣지 못한다'고 꾸짖는 장면이 여러 차례 나옵니다. 여북 답답했으면 이런 말씀도 했습니다. "이 돌 위에 떨어지는 자는 깨지겠고 이 돌이 사람 위에 떨어지면 그를 가루로 만들어 흩으리라"(마 21:44). 하나님의 말씀이란 누구에게든지 예외 없이 공평하게 그를 깨뜨립니다. 이것을 '진리' 혹은 '절대 언어'라고 부를 수 있을 겁니다. 그런데도 사람들은 우리를 깨뜨리고 가루로 만들어 흩어버리려는 절대 언어를 오히려 깨뜨리고 가루로 만들어버리려 합니다. 이거야말로 본질에서 전혀 바뀐 게 없다는 '제1번' 증거로 삼아야 할 겁니다.

엘륄의 말로 돌아가서, 과거의 것이 파괴된 빈자리에 새것이 왔다면 그 증거는 과거의 답습이 사라진 것이라 하겠습니다. 기독교 100년의 역사를 가진 우리의 예를 들자면 기독교 이전과 기독교 이후 100년의 모습이 외면이나 언어뿐 아니라 삶의 방식과 내용에서 새로운 복음적인 것으로 교체되었어야 마땅했으리라는 겁니다. 곧, 100년의 추구로써 기독교인들은 물론 기독교가 속해 있는 한국 사회가 복음의 열매를 맺었어야만 했습니다. 그리고 그것은 가장 먼저 그 자체가 복음 전파의 동력으로 기능하는 그런 것입니다. 사영리(四靈理) 같은 복음 제시가 아니고 '예수천당 불신지옥' 같은 복음 선포가 아니라도 교회와 기독교인이 존재 자체로 복음의 표본과 모델이 되어서 온 사회 구성원들에게 복음이 이해되는, 그런 과정이 곧 교회의 역사를 이루었어야 했다는 겁니다.

만일 엘륄의 이론이 실현되었다면 약간의 상식이 있는 사람이라면 누구나 교회를 생각할 때 복음을 떠올리게 되었을 겁니다. (혹 그런 인식이 불가능한 사람이라 할지라도 그 혜택만은 누릴 수 있었을 겁니다.) 이것은 기독교인들의 복음적 일관성의 문제라고 말할 수도 있겠습니다. 모든 사람의 태도와 방식은 그 자체로 하나의 메시지이겠지만, 특히 지속적이고 일관된 삶의 태도와 방식은 그 주체를 규정하고 전파하는 하나의 고유하고 개성적인 메시지입니다.

그러나 일관성이 없을 때, 표면적으로는 기독교적으로 변화된 것처럼 보이지만 본질적으로 바뀐 게 없을 때, 그것은 메시지가 되지 못합니다. 먼저는 본인 스스로 자기모순에 빠지게 됩니다. 마치 '샘이 한 구멍으로 단 물과 쓴 물을 내고 무화과나무가 감람 열매를, 포도나무가 무화과를 맺는' 식입니다(약 3:9-12). 그런데 정작 본인은 자신의 이러한 모순을 깨우치지 못하고, 이 모순을 자기주장으로 삼고, 심지어는 이런 모순된 주장을 기독교 복음으로 설교하기까지 이르게 됩니다. 그럴 때 그것을 변화되었다고 보아야 할까요? 혹은 전혀 바뀐 게 없다고 진단하는 것이 과한 걸까요?

'가다가 아니 가면 간 만큼 이익'이라는 식으로, 그래도 이만큼한 것을 인정하고 칭찬해주어야 한다고 주장하는 긍정과 관용의 견해들이 교회 안에는 항상 있는 줄 압니다. 그러나 도무지 지금 그런 상황, 그런 말을 할 계제가 아닌데 여전히 말귀를 알아듣지 못하고 온갖 착한 핑계를 대면서 '아니라'고만 거부하는 겁니다. 정말로 아멘을 해야 될 데 가서는 하지 않는 이건 정말이지 답답한 노릇입니다. 이 긍정주의자들의 완고한 부정성! 저는 가끔 영화 〈명량〉의 이순신 장군처럼 절규하고 싶을 때가 있습니다. "제발 된다고 말하게!"

건너갈 수 있는 방식이 제시되어야 한다

제가 말씀드리려는 요지는 우리가 하나도 달라진 것이 없다는 복음적 진단에 끝없이 아멘 해야 한다는 것입니다. 이것이 자기부인이고 변화의 원동력이자 근거입니다. "또 무리에게 이르시되 아무든지 나를 따라오려거든 자기를 부인하고 날마다 제 십자가를 지고 나를 따를 것이니라. 누구든지 제 목숨을 구원하고자 하면 잃을 것이요 누구든지 나를 위하여 제 목숨을 잃으면 구원하리라"(눅 9:23-24). 자기부인이란 게 뭘까요? 제 목숨을 구원하고자 한다는 건 어떤 태도와 방식을 말하는 걸까요? 자기 목숨을 버리는 것은 어떤 방식으로 가능해지는 걸까요? 왜 우리는 자기를 부인해야만 할까요? 진리에 입각해 자기 목숨을 버리게 되면 어떤 상태가 된다는 걸까요? 무엇보다 우리는 이것에 관해 명쾌한 이해를 구하지 않으면 안 되겠습니다. 이런 말씀을 곧바로 알아들었다는 듯이, 나는 이미 그런 사람이라는 식으로, 벌써 그렇게 살고 있다는 태도로, 감상주의적 구호나 감동적인 설교로 바꾸어버리면 안 됩니다.

사람이 의롭게 되는 것은 율법의 행위로 말미암음이 아니요 오직 예수 그리스도를 믿음으로 말미암는 줄 알므로 우리도 그리스도 예수를 믿나니 이는 우리가 율법의 행위로써가 아니고 그리스도를 믿음으로써 의롭다 함을 얻으려 함이라. 율법의 행위로써는 의롭다 함을 얻을 육체가 없느니라. 만일 우리가 그리스도 안에서 의롭게 되려 하다가 죄인으로 드러나면 그리스도께서 죄를 짓게 하는 자냐. 결코 그럴 수 없느니라. 만일 내가 헐었던 것을 다시 세우면 내가 나를 범법한 자로 만드는 것이라. 내가 율법으로 말미암아 율법에 대하여 죽었나니 이는 하나님에 대하여 살려 함이라. 내가 그리스도와 함께 십자가에 못 박혔나니 그런즉 이제는 내가 사는 것이 아니요 오직 내 안에 그리스도께서 사시는 것이라. 이제 내가 육체 가운데 사는 것은 나를 사랑하사 나를 위하여 자기 자신을 버리신 하나님의 아들을 믿는 믿음 안에서 사는 것이라. 내가 하나님의 은혜를 폐하지 아니하노니 만일 의롭게 되는 것이 율법으로 말미암으면 그리스도께서 헛되이 죽으셨느니라(갈 2:16-21).

주로 20절 부분만을 발췌해서 애용하는 이해력으로는 심각한 왜곡과, 왜곡에 근거한 은혜와 충성의 설교만이 공허하게 반복될 겁니다. 그것은 사도 바울이 여기서 매우 정교하고 과학적으로 이론화하고 있는 복음의 맥락을 깨뜨려 가루로 만들어 흩어버리는 결과가 됩니다. '반역(半譯)은 반역(反逆)이 된다', 이 말입니다.

바울이 강조하는 복음의 대의는 율법에 의거한 삶을 끝내는 새로운 삶의 방식으로서의 십자가입니다. 율법도 십자가도 다 존재하는 태도이고 삶의 방식입니다. 그러므로 십자가란 다른 어떤 게 아니라 율법에 의거한 삶에 대한 부인(성찰과 거부)을 말하는 겁니다. 곧, 전혀 새로운 삶을 말한다기보다는 인식상의 새로운 성찰과 각성을 통하여 매순간 계속적으로 자기를 부인하는 삶, 깨어 있어 통찰하는 삶, 그러한 자기부인과 통찰을 통해 보다 높은 차원으로 제고(提高)되는 삶을 말한다고 보아야 합니다. 이것이 과거와 전혀 달라진 삶이고 삶의 방식이고 존재와 사유의 방식입니다.

여기서 '방식(method)'이라는 말은 실현 가능성을 말해줍니다. 영적인 세계도 자연과학의 세계와 마찬가지로 과학적 법칙과 원리가 작동합니다. 예를 들어, 집 밖에서 집 안으로 들어갈 때 그냥 벽을 통과해 들어갈 순 없습니다. 문을 열고 들어가야 합니다. 이게 방식이고 과학입니다. 또 물을 건너가려면 '건너가야 한다'는 설교만으로는 안 됩니다. 물의 이름이라든지 깊이라든지 발원지라든지 하는 식의 부질없는 지식으로 논의를 확산시키는 것으로는 소용이 닿질 않습니다. 건너갈 수 있는 방식이 제시되어야만 합니다. 다리를 놓는다든지 배를 이용한다든지 해서 건너갈 수 있는 방식이 제시될 때 우리는 그것을 과학이라 부릅니다. 목적은 물론 강을 건너는 것이고, 방식의 타당성이란 강 건너기의 가능성 여부입니다.

지금 한국 기독교의 문제는 복음의 실현 가능한 이론과 방식이 완전히 실종되고 당위의 윤리도덕 설교만 난무하는 현실이라 할 수 있겠습니다. 매 주일마다 모든 교회의 강단에서 선포되는 메시지들은 분명 십자가와 자기부인의 설교라 할 수 있을 겁니다. 그것은 사도 바울의 설명에서 보았다시피 율법으로부터의 십자가의 죽음, 자기부인이라는 영적 통찰의 방식으로 획득된 자유의 복음입니다. 그런데 율법으로부터의 자유와 해방이란 메시지가 다시 구태의연한 율법으로 회귀, 퇴행하고 있는 겁니다. 말할 것도 없이 이런 율법으로는 구원에 이를 수가 없습니다. '~해야만 한다'는 윤리적 당위의 강조만으로는 변화가 일어날 수 없습니다.

각성이 일어나려면 당위성이 아니라 방법론적 가능성이 제출되어야 합니다. 하지만 악의적인 선생이 아닌 다음에야 일부러 가능의 방법을 안 가르쳐주지는 않을 겁니다. 자신도 모르고, 모르기 때문에 불가능한 당위의 열매를 맺으라고 설파하고 있는 현실입니다. 어떻게 이것이 가능할까요? '도덕은 힘이 세다'는 그 한 가지 권위에 기대어 있기 때문입니다. 권위에 기대면 아무리 한심한 인물이라도 그럴듯한 설교를 할 수 있게 됩니다. 그러나 불가능한 당위를 요구하는 것이 교회의 설교라면 필시 교인들을 바리새인이나 위선자로 만드는 사역이 될 수밖엔 없습니다.

자크 엘륄은 기독교 복음이 과거의 것을 파괴한 빈자리에 필연적으로 새것이 와야 하는데 그 자리에 새것이 오지 않았을 때 그 빈 공간에는 두 가지 형태의 기독교적 병증(?)이 나타난다고 했습니다. 그 첫째는 '율법주의'요 둘째는 '허무주의'입니다. 여기서 빈자리에 새로운 것이 들어와야 한다는 말은 새로운 방식과 그에 따르는 새로운 내용을 말하는 겁니다.

이 대목에서도 제가 강조하고픈 것이 새로운 '방식'입니다. 방식이란 가능성이 아니라 '가능함'을 말하는 겁니다. 이 가능한 방식이 제출되지 못한 상태에서 복음의 열매만을 강조한다는 것은 마치 기지도 못하는 사람에게 걸으라고 요구하고, 걷지도 못하는 사람에게 뛰라고 부추기는 것과 같습니다. 그런데 이때 기지도 못하는 사람에게 걸어야만 한다는 설교, 걷지도 못하는 사람에게 뛰어야만 한다는 식의 설교가 필연적으로 율법주의와 허무주의를 낳게 한다는 겁니다.

엘륄이 말하는 율법주의란 쉽게 말해 바리새주의를 말하는 것입니다. 허무주의란 말 그대로 공허, 곧 무의미를 가리킵니다. 한 번 믿음을 고백하고 기독교인이 되었는데 왜 위선자로 변질되고 왜 의미 없는 공허의 인생으로 되돌아갔을까요? 율법주의와 허무주의는 '뫼비우스의 띠'처럼 앞뒤가 서로 연결되어 있습니다.

율법주의는 실현 가능한 방식이 제출되지 않았기 때문에 방법론적으론 신비주의가 됩니다. 실천이 가능한 방식이 없으니 실제 삶의 국면으로 가면 어쩔 수 없이 기왕의 세속주의와 같이 갈 수밖에 없습니다. 곧 "바리새인들은 돈을 좋아하는 자들이라"(눅 16:14) 하는 기록처럼, 사는 내용은 별반 다를 바가 없으면서 입으로는 계속 율법의 당위만을 강조하는 식입니다. 곧, 지식이나 이데올로기를 주장하는 것으로 마치 자기 삶이 그러한 듯이 착각하는 태도입니다. 이 모순에서 바리새인이 태어납니다.

허무주의란 이러한 율법주의에 대한 실존적 절망이라고 할 수 있을 것입니다. 말하자면 요즘 논의되는 '가나안(안 나가) 성도'처럼 교회에 절망한 겁니다. 여기서 핵심은 나가고 안 나가고의 문제가 아닙니다. 현실적으로 옛 방식을 대체한 새로운 방식을 찾을 수 없었다는 점, 그러나 과거로 돌아갈 수도 없다는 점, 그럼에도 달리 어쩔 수 있는 가능함이 없다는 점에서 율법주의나 다를 바가 없다는 사실이 이 허무주의적 절망의 핵심입니다. 말하자면 기독교 복음이 비록 과거의 것을 파괴하는 데는 성공했지만 새로운 것이 오지 않은 겁니다. 새로운 것이 오지 않았으니 어쩔 수 없이 과거의 것을 다시 가져다 쓸 수밖에 없습니다. 이게 율법주의입니다. 그리고 그 율법주의에 대한 절망이 허무주의입니다. 곧, 이 둘은 인식(의 방식)상 변화된 것이 하나도 없음을 말해주는 것입니다.

역사를 통해서도 깨닫지 못하면 더 이상의 표적은 없다

그때에 서기관과 바리새인 중 몇 사람이 말하되 선생님이여 우리에게 표적 보여주시기를 원하나이다. 예수께서 대답하여 이르시되 악하고 음란한 세대가 표적을 구하나 선지자 요나의 표적밖에는 보일 표적이 없느니라. 요나가 밤낮 사흘 동안 큰 물고기 뱃속에 있었던 것같이 인자도 밤낮 사흘 동안 땅 속에 있으리라. 심판 때에 니느웨 사람들이 일어나 이 세대 사람을 정죄하리니 이는 그들이 요나의 전도를 듣고 회개하였음이거니와 요나보다 더 큰 이가 여기 있으며 심판 때에 남방 여왕이 일어나 이 세대 사람을 정죄하리니 이는 그가 솔로몬의 지혜로운 말을 들으려고 땅 끝에서 왔음이거니와 솔로몬보다 더 큰 이가 여기 있느니라(마 12:38-42).

서기관과 바리새인들은 예수께 표적(sign)을 보여줄 것을 요구하고 있습니다. 여기서 말하는 표적은 예수의 복음이 하나님께로부터 온 것이라는 증거를 말하는 겁니다. 이것은 그들이 예수의 말씀을(혹은 예수를) 어떻게 받아들이고 있는지를 말해줍니다. 복음서의 여러 곳에서 예수님은 이러한 요구를 받고 있는데 아마 실제로는 항상 이런 도전을 받으셨을 겁니다. 한마디로 말하면 '네 말은 못 믿겠다'는 겁니다. 왜 그럴까요? 예나 지금이나 예수의 말씀은 아카데미나 국가기관으로부터 공인된 가르침이 아닙니다. 오히려 그러한 일체의 권위에 대항하고 그 지배를 부정하는 측면이 강하다고 할 수 있습니다.

이 말씀 조금 앞에 보면 예수께서는 도무지 자기의 말을 받아들이려 하지 않는 세태의 적대와 악의에 대해 "독사의 자식들아 너희는 악하니 어떻게 선한 말을 할 수 있느냐" 하고 질타합니다. 말의 옳고 그름에 관한 시비 이전에 말을 듣는 대상들의 근본적 태도를 지적하시는 겁니다. '적선은 못할망정 쪽박은 깨지 말라'는 말처럼 사사건건 왜곡하고 뒤틀고 무시하고 훼방하는 인식상 꽉 막힌 독선과 아집의 문제를 비판하시는 것이라 하겠습니다. 그래서 제시되는 표적이 '선지자 요나의 표적'입니다.

 '요나의 표적'이란 죽음과 부활을 가리키는 것입니다만 여기서 보다 중요한 것은 그 표적이 아닙니다. 중요한 것은 그러한 죽음의 표적으로밖에 보여줄 수 없는 상태, 말과 이해력으로는 도저히 설득이 불가능한 정신상의 완고함과 악함에 대한 심판입니다. 그에 관해 두 가지 역사적 사례가 거론됩니다.

 첫째는 선지자 요나의 경고를 듣고 회개한 니느웨 사람들이고, 다음은 솔로몬의 지혜를 듣고자 불원천리 달려왔던 남방여왕입니다. 이 둘의 공통점은 그들이 예언의 말을 이해했고 알아들었고, 듣기를 사모해서 받아들이고 변화되었다는 겁니다. 그리고 이것은 역사 곧 표적입니다. 이 역사를 아는 유대인이라면 누구나 이 표적을 알고 있는 셈입니다. 우리 또한 역사를 통해 이미 이런 표적을 무수히 받았습니다. 역사는 우리들의 현실에 관한 거의 모든 진실을 말해주고 일러주지 않습니까? (반드시 국가적인 역사만을 떠올리지 마시고 개인적이고 자서전적인 과거사도 기억하시기 바랍니다.)

 그런데 지금 어떻다는 겁니까? 다시 표적을 요구하고 있는 겁니다. 그것도 악의적으로. 역사의 교훈이 모자라서 다시 되풀이하려는 걸까요? 역사의 희생이 모자라서 다시 희생을 요구하는 걸까요? 역사의 어리석음이 모자라서 다시 어리석음을 되풀이하려는 걸까요? 역사의 한풀이가 모자라서 다시 한풀이를 하려고 과거로 회귀하고 퇴행하는 걸까요? 아무리 고구려 시대가 황금시대라고 고구려로 돌아가겠습니까? 아무리 제3공화국이 경제부흥을 시켜주었다고 제3공화국으로 돌아갈까요?

더러운 귀신이 사람에게서 나갔을 때에 물 없는 곳으로 다니며 쉬기를 구하되 쉴 곳을 얻지 못하고 이에 이르되 내가 나온 내 집으로 돌아가리라 하고 와 보니 그 집이 비고 청소되고 수리되었거늘 이에 가서 저보다 더 악한 귀신 일곱을 데리고 들어가서 거하니 그 사람의 나중 형편이 전보다 더욱 심하게 되느니라. 이 악한 세대가 또한 이렇게 되리라(마 12:43-45).

무엇이 문제였을까요? 더러운 귀신이 나간 사람에게 그 집이 비고 청소되고 수리되었다는 말은 무슨 말일까요? 그것은 요나의 전도와 니느웨 사람들의 회개와 솔로몬의 가르침과 남방여왕의 사모함 같은 역사를 말하는 것이 아니겠습니까? 그런데 그러한 역사의 표적을 통하여 비고 청소되고 수리된 현실 가운데 무엇을 채워 넣었습니까? 변한 것이 있었습니까? 시골 출신의 젊은 랍비 예수의 말씀은 무시하고 경멸하면서 그들은 다시 표적을 요구하고 있습니다. 요나보다 심각하고 무서운 경고, 솔로몬보다 더 큰 지혜를 가르쳐주는 것임에도 불구하고 그들은 그리스도를 깔보고 무시합니다. 더구나 그들은 서기관들이고 바리새인들입니다. 그들에게는 율법이 있고 도덕이 있고 그것들은 힘이 셉니다. 그러나 그들의 실제 삶을 이루는 내용은 다시 되풀이

되는 공허와 무의미, 곧 허무주의일 뿐입니다. 역사의 표적을 통해서도 깨닫지 못한다면 더 이상의 표적은 없습니다. 더 악한 귀신 일곱이 들어와 전보다 형편이 더 심하게 될 미래가 있을 뿐입니다.

문제는 일관성

성경과 복음은 관성적으로 살고 사유하는 인생은 멈추어야 한다고 말합니다. 멈춘다는 것은 새롭게 출발하기 위한 것입니다. 중생(重生), 곧 거듭남입니다. 그것은 단지 몇 가지 과거의 잘못을 회개하는 것이 아니고 생활 방식, 존재와 사유의 방식 자체를 문제로 삼는, 전체에 걸친 근원적이고 혁명적인 인식의 변화를 말합니다. 그것은 방법적 변화이고 현실적 변화이고 실용적 변화이기도 합니다. 만일에 이러한 근원과 실천을 구현하지 못하는 변화라면 그것은 필시 바리새적 위선과 사두개적인 세속적 욕망의 사이에서 방황하다 자신이 어디서 출발했는지조차 잊어버린 허무주의의 공허로 귀결되고 말 것입니다.

과거나 지금이나 인간의 조건이란 우리의 부단한 의식적 활동 속에 필연적으로 왜곡되고 거부되고 억압되고 눌려 있는 상태로 쌓여가는 숙제가 있다는 점입니다. 우리 속에 쌓인 문제들은 우리의 의식적 현실과는 완전히 무관한 것입니다. 개인이든 국가든 진실과 무관한 가짜들이 진실을 찍어 누르며 지배하고 있습니다. 의식과 무의식, 거짓과 진실 사이의 갭(gap)이란, 일테면 에베레스트 산 바로 옆에 비티아즈 해연이 자리 잡고 있는 위태로움과 같다고 비유할 수 있을 겁니다. 개인이든 집단이든 그 진실과 허상의 갭 사이에서 문제가 발생합니다. 그것이 심리적인 것이든 의학적인 것이든 생물학적인 것이든 영적인 것이든 어떤 문제가 발생했을 때 우리가 우리의 심혼을 고치려 하고 삶을 수정하려 하고 인생을 개선하려 한다면 우리는 무엇보다 이 진실에 관하여 인식해야 할 겁니다.

기독교 복음은 존재의 진실과 인식의 진실 사이의 무한한 갭에 관한 근원적 성찰을 요구합니다. 만일 우리가 자신의 의식적 고집이나 욕망을 포기하지 않으면서 우리의 온갖 고통의 문제를 치료해보려 노력한다면 그것은 애초부터 소용없는 일이 됩니다. 또한 병증을 더 쌓아 치료를 더욱 곤란하게 만드는 길이기도 합니다. 그러나 우리가 이 갭에 대하여 각성하고 깨우쳐 매 순간 자기부인의 십자가의 방식에 익숙해지면 우리는 모든 종류의 고통의 질곡으로부터 점차 해방되는 경험을 갖게 될 겁니다. 그것이 무엇일까요? 어디서부터 시작해야 할까요?

예수께서 대답하여 이르시되 진실로 진실로 네게 이르노니 사람이 거듭나지 아니하면 하나님의 나라를 볼 수 없느니라. 니고데모가 이르되 사람이 늙으면 어떻게 날 수 있사옵나이까. 두 번째 모태에 들어갔다가 날 수 있사옵나이까. 예수께서 대답하시되 진실로 진실로 네게 이르노니 사람이 물과 성령으로 나지 아니하면 하나님의 나라에 들어갈 수 없느니라. 육으로 난 것은 육이요 영으로 난 것은 영이니 내가 네게 거듭나야 하겠다 하는 말을 놀랍게 여기지 말라. 바람이 임의로 불매 네가 그 소리는 들어도 어디서 와서 어디로 가는지 알지 못하나니 성령으로 난 사람도 다 그러하니라(요 3:3-8).

예수님은 거듭난 사람의 존재방식이란 더 이상 육(정신, 의식)에 의해 제한받지 않는다고 합니다. 그것은 영(프뉴마, 바람)적 자각으로 다시 태어나고 영적 자각 안에서 사는 존재방식입니다. "바람이 임의로 불매 네가 그 소리는 들어도 어디서 와서 어디로 가는지 알지 못하나니 성령으로 난 사람도 다 그러하니라" 하는 말씀은 그 방식이 어떻게 가능한 것인지를 설명하고 있습니다. 바람(생각, 마음)은 임의로 불기 때문에 출처를 알지 못합니다. 그러나 현재적으로 바람 가운데 서 있는 사람이라면 지금 바람이 분다는 사실만은 분명히 알고 있습니다. 바람 속에서 바람과 직면하며 그것을 분별해내는 지성을 견고히 유지하는 것. 거듭남의 상태란 곧 자기 정신에 대한 자기 스스로의 깨어 있음(자각)을 말씀하시는 것입니다.

예수님은 복음서에서 거듭해 '주의하라', '깨어 있으라'고 말씀합니다. "너희도 아는 바니 집주인이 만일 도둑이 어느 때에 이를 줄 알았더라면 그 집을 뚫지 못하게 하였으리라"(눅 12:39). 깨어 있으면 도둑이 언제 들이닥칠지 알 수 있기 때문에 집을 지킬 수 있다는 말씀입니다. 이 말씀 역시 비유이지만 여기서 집주인은 누구고 도둑은 누구일까요? 집주인은 물론 자기를 가리키는 것이고 도둑은 그것이 무엇이든 본질로서의 자기(영혼)를 망각하게 하는 온갖 바람(영)을 말하는 게 아닐까요? 사도 바울이 "항상 기뻐하라. 쉬지 말고 기도하라. 범사에 감사하라"(살전 5:16-18) 한 것도 결국 같은 깨어 있는 정신의 태세를 강조한 말씀일 겁니다.

고도의 각성 가운데 살아가는 사람은 자기 정신에 매몰된 사람이 아니라 깨어 있어 매 순간 임의로 부는 혼돈의 바람을 인식하는 사람입니다. 그 바람 가운데 분별력을 가지고 주체적으로 존재합니다. 깨어 있음으로부터 그의 말과 행동이 나옵니다. 이처럼 각성된 인식상의 직면(直面)과 직시(直視), 그것이 십자가이고 자기부인입니다. 다시 말해 (자기에 대해) 정직하게 인식하고 확실히 이해하는 것이야말로 십자가가 제시하는 죽음을 통한 갱생(구원)의 방식인 겁니다. 십자가에 대한 오래고 광범위한 왜곡이 있어왔지만 십자가는 다만 고행의 형틀이 아니라 자유에 이르는 도구라 하겠습니다.

구원은 노력으로 받는 것이 아닙니다. 예수와 함께 십자가에 달린 행악자처럼 단 한 번의 깨우침과 성찰로도 구원은 가능의 비전을 순간적으로 열어줍니다. 가장 중요한 문제는 확실성과 일관성입니다. 확실성을 획득했다면 일관성이 있을 겁니다. 그러나 확실함이 없다면 일관성을 가지려야 가질 수가 없습니다. 또한 일관성이 없는 설교는 메시지가 될 수 없습니다. 필시 방법 없이 당위만 내세우는 혼돈의 메시지일 공산이 큽니다. "또 비유로 말씀하시되 맹인이 맹인을 인도할 수 있느냐. 둘이 다 구덩이에 빠지지 아니하겠느냐. 제자가 그 선생보다 높지 못하나 무릇 온전하게 된 자는 그 선생과 같으리라"(눅 6:39-40).

알아듣는 사람만이 그 알아들은 것에 의해 행동할 것입니다. '그런 사람이 얼마나 되겠느냐'고는 묻지 마시기 바랍니다. 그렇게 묻는 것은 지혜가 아닙니다. "지혜는 그 행한 일로 인하여 옳다 함을" 얻습니다(마 11:19). 진리의 입장에서 지금 우리 사회와 교회에 문제가 있는 것이 분명하다면 그러한 자신의 직관에 합당한 일관성이란 무엇일까요? 우리의 직관은 어떻게 우리의 메시지(전파)가 되고 있습니까? 어느덧 기독교인이 위선자의 상징처럼 인식되는 이 바리새주의의 시대에, 모두가 어쩔 수 없다고 말하는 이 허무주의의 시대에 여러분은 부디 "된다고 말하게!"라고 부르짖는 이순신 장군의 그 절박한 절규를 기억해주시기 바랍니다. 묻고 싶습니다. 당신은 율법주의입니까, 허무주의입니까? 우리는 어떤 기독교인입니까? 무엇을 하시렵니까?

깨달은 후에야 왕의 나라가 견고하리라

다니엘 4:9-27

그러니 문제는 우리가 우리의 꿈을 헛꿈으로 바꾸지 않고
그 메시지에 합당한 이해와 태도를
가질 수 있느냐 하는 것입니다.

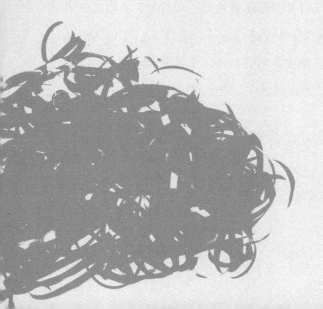

거짓 신으로부터의 해방

성경의 대주제, 곧 기독교 신앙의 대주제가 무엇일까요? 예수님이 세상에 나오셔서 하신 첫 말씀이 무엇입니까? "때가 찼고 하나님의 나라가 가까이 왔으니 회개하고 복음을 믿으라"(막1:15), 이거였습니다. '하나님나라'. 이게 성경의 대주제이고 기독교 신앙의 요체입니다.

하나님나라란 말이 무슨 뜻일까요? 어렵게 생각할 필요가 없습니다. 우리나라는 지금 누구의 나라입니까? 헌법 제1조 1, 2항에 무엇이라고 나옵니까? "제1조 ①대한민국은 민주공화국이다. ②대한민국의 주권은 국민에게 있고, 모든 권력은 국민으로부터 나온다." 이렇게 되어 있습니다. 그러니까 우리나라는 우리들 국민의 나라이고, 모든 권력은 우리들 국민에게서 나온다는 것입니다. 우리 민족의 역사를 5천 년이라고 하는데 우리가 언제부터 이런 나라였지요? 이걸 생각할 때 우리는 벅찬 감동과 감격과 자긍심과 더불어 조상들의 오랜 설움과 고통과 고난의 역사를 떠올리지 않을 수 없습니다. 이걸 이룩하기 위해 얼마나 무수한 사람들이 얼마나 무량한 희생과 노력을 했던가를 잊을 수가 없는 것입니다.

그러나 과연 우리나라의 주인은 우리들 국민이고 나라의 권력은 우리들에게서 나오는 것인가? 다시 이런 질문을 할 수 있는 거지요? 소위 '형식적 민주주의' 가지고는 모자란 겁니다. 또 여기에는 완성이란 게 없습니다. 정상적인 민주주의 국가라면 이런 질문을 계속해서 해나가야 합니다. 왜 그럴까요? 주인이 정체성을 잃어버리면 나라는 누구의 나라가 됩니까? 권력을 가진 사람들의 나라, 곧 힘센 인간들의 세계가 되지요? 나라뿐 아니라 개인도 마찬가지고 개인 안에서 자기를 결정하는 인격의 주체성도 마찬가지입니다.

하나님나라는 누구의 나라를 가리키는 것인가? 하나님을 믿는 사람들의 나라란 말일까요? 그렇게 생각하는 사람들도 많은 것 같습니다. 창세기가 무슨 책입니까? 출애굽기의 선(先)기록인가요? 혹은 창조론의 근거인가요? 거기 무슨 얘기가 나옵니까? 하나님이 세상을 창조하시고 인간을 대리통치자로 삼았습니다. 그런데 선악과 이후 인간이 어떻게 됐지요? 자기 야망의 왕국을 건설합니다. 어느 시인의 시구처럼 '신은 시골을 만들었지만 인간은 도시를 건설'했습니다. 이게 인류문명의 시작, 수메르 제국입니다.

물론 그보다 먼저 노아의 때에 대홍수 심판이 있었습니다. 왜 홍수로 심판한 겁니까? 네피림이라 불리던 거인족들의 삶의 행태 때문입니다. "때에 온 땅이 하나님 앞에 부패하여 포악함이 땅에 가득한지라"(창 6:11). 땅 위에 폭력과 학대와 학살이 만연돼 있었다는 겁니다. 오죽하면 하나님이 사람 창조한 걸 후회하며 슬퍼하셨다고 그랬습니다(6:6). 그래서 대홍수로 다 쓸어버리는 것입니다. 그런데 그 후에 살아남은 그들의 자손이 또 뭘 합니까? 바벨탑을 쌓았지요? '하늘이 다시 홍수 같은 심판을 내려도 우리의 권세와 권력과 문명은 영원할 것이다.' 그런 천리(天理)에 반역하는 탐욕의 결과, 언어가 혼란되어 모든 민족들이 각처로 흩뿌려집니다.

하나님은 그 제국들의 소용돌이 속에서 아브라함이라는 한 사람을 불러내 하나님나라의 씨를 뿌리십니다. 오랜 후 다시 이집트에서 야곱의 아들 열두 지파의 싹을 틔우시고 모세와 여호수아의 시대를 거쳐 이스라엘이라는 신정국가를 건설하게 합니다. 그게 다른 제국들과 구별되는 하나님의 나라 이스라엘의 의의입니다.

그동안 하나님의 나라에 반역한 인간 나라, 곧 세상 제국들이 한 일이 뭡니까? 인간을 노예로 삼아 수탈하고 착취했습니다. 그 방식이 대규모 건축이었습니다. 어느 민족의 역사나 마찬가지죠? 강대한 권력을 갖게 되면 반드시 대토목공사를 일으킵니다. 만리장성, 각 민족과 나라의 호화로운 궁전들, 사원들, 거대한 무덤들, 대규모 도시 건설. 그게 인간 문명의 위업입니다. 다 선주민들을 내쫓고 힘과 권세로 그 위에 세운 것들입니다.

예를 들어, 제정 러시아의 수도였던 상트페테르부르크는 본래 버려진 핀란드만(灣) 늪지대에 거대한 나무기둥들을 촘촘히 박아 그 위에 세운 도시입니다. 역사가 니콜라이 미하일로비치 카람진(1766-1826)은 그걸 '뼈 위에 세운 도시'라고 불렀습니다. 기록에 의하면 도시 건설에 동원되어 강제노동으로 혹사당하다 추위와 굶주림으로 죽은 사람이 약 6만 명이었다고 합니다(10만이라는 기록도 있습니다). 일하다가 죽으면 어떻게 했느냐? 늪지대에 그냥 던져버렸습니다. 그래서 페테르부르크를 뼈 위에 세운 도시, 그 지하에는 수만 구의 억울한 주검들이 묻혀 있어 자주 유령이 출몰하는 괴기스런 도시라 불렸던 겁니다.

성서의 내용은 그 시작부터 인간을 노예로 삼아 영원한 바벨탑을 쌓으려는 인간들의 꿈(야망)과 그들이 내세우는 우상, 그 욕망이라는 거짓 신에 대한 진짜 신 하나님의 투쟁의 기록, 자기 증명의 기록입니다. 그것은 주로 심판으로 나타납니다. 심판이 증명하는 것은 그것들이 가짜 신이고 거짓 신이라는 겁니다. 인간을 해방시키고 행복하게 하는 구원의 신이 아니라 인간을 영구적으로 노예화하는 거짓 신이라는 겁니다. 그러면 진짜 신인 하나님은 어떤 신입니까? 인간을 도구로 이용하고 물건으로 전락시키는 타락과 폭력으로부터 인간을 해방하고 구원하시는 신이라는 겁니다.

요즘 독서를 좀 한 식자층에 안티기독교가 많습니다. 그들이 주장하는 게 뭡니까? 구약성경, 창세기, 다 가짜라는 겁니다. 《길가메시 서사시》같은 고대 문서나 고대 근동의 신화들 가운데 다 나오는 얘기라는 겁니다. 그러면 기독교인들은 어떻게 대응합니까? "그건 다 세속적인 문서들이고 오직 성경만이 하나님이 직접 계시하신 문서다", 이럽니다. 그러니까 상대가 안 되는 겁니다.

고대의 신화들과 성서의 가장 본질적인 차이점이 무엇입니까?

신화의 중심은 왕과 영웅이고 성서의 주인공은 신화의 그늘에서 고난 받고 신음하는 민중이라는 점입니다. 신화는 인간의 죽음과 고통을 운명과 숙명으로 만들어 오로지 신적인 존재, 왕을 통해 그 굴레를 벗어날 구원을 의탁하는 겁니다. 왕, 왕비, 공주, 왕자, 고귀한 혈통의 시련, 왕가의 혈투, 왕의 결혼과 등극… 이런 얘기들입니다. 거기에 보통 인간 이상의 광휘로운 신성을 가탁하고, 그걸 보면서 보통 인간들은 위엄을 느끼고 존경과 찬사와 복종과 충성을 맹세케 하는 겁니다. 카를 마르크스가 말한 '인민의 아편'이란 바로 이런 가짜 신의 교리를 가리키는 것일 겁니다.

성서는 그러한 신화의 우상들을 거짓 신, 가짜 신으로 고발하고, 진정한 신, 정의로운 신은 신화의 굴레와 고통에서 신음하는 인간을 구원하시는 하나님이라 주장합니다. 그런데 지금 형편이 어떻습니까? 기독교인들이 오히려 하나님을 가짜 신으로 만들고 있습니다. 기독교인들이 고통에서 신음하는 이들을 위해 싸우는 사람들을 인본주의자라고 공격합니다. 그건 하나님의 방식이 아니라는 겁니다. 그러면 하나님의 방식은 뭘까요? 침묵하고 회개하고 기도하는 거라고 합니다. 그런 논리로 정의롭지 못한 권력을 비판하기는커녕 진실과 정의를 위해 분투하는 사람을 오히려 잘못된 신앙에 빠졌다고 손가락질합니다. 신앙에 대한 자부심들이 대단합니다. 그러나 정작 성경을 물어보면 자기모순에 앞뒤가 맞질 않습니다. '이해할 수 없기 때문에 믿는다'는 말처럼 자기도 자기가 무슨 얘기를 하는 건지를 모르는 경우들이 허다합니다.

다니엘서도 마찬가지입니다. 다니엘이 꿈을 가졌고 세 친구의 신앙심이 대단했다는 간증집이 아닙니다. 지상 제국들과 그들의 지배가 마치 세계의 전부, 곧 신의 뜻인 것처럼 보이지만 그렇지 않다는 겁니다. 하나님의 통치는 유대 왕국이 망했느냐 망하지 않았느냐의 문제에서 그치는 게 아니라는 겁니다. 제발 '꿈을 품은 다니엘', '불굴의 신앙을 가진 세 친구' 이런 식으로는 그만 우려먹었으면 좋겠습니다. 앞으로 그런 설교하는 분을 만나거든, 그런 유치한 설교는 그만두어주시라 전해주십시오. 그건 성도들을 기망하고 하나님 말씀을 자기만큼이나 유치하게 만드는 일입니다.

하나님나라의 입장에서 평가하는 것이 예언자들의 시각

구약성경은 한마디로 신정국가 이스라엘의 건설과 실패의 역사라고 할 수 있습니다. 하나님나라의 모델로서 건국된 이스라엘이 신정의 구현은커녕 삼류 세속국가로 전락하게 됩니다. 그 양상이 무엇이었을까요? 역시 부패와 강포함, 곧 타락과 폭력입니다. 예언자들의 비판에는 항상 가난한 자들에 대한 경제적 수탈과 권력자의 부정부패가 거론됩니다. 이스라엘이 우상숭배로 심판을 받았다고들 하는데 우상숭배란 다른 게 아니라 자기 자신이 자기에게 우상이 되는 것을 말합니다. 그 말은 참된 신학의 실종, 곧 부패한 시대정신이 만들어내는 총체적인 현실을 포괄한 말이지 단순히 우상을 섬겼다는 정도가 아닙니다.

신약에 오면 예수님은 하나님을 섬기는 것과 대조되는 일체의 우상을 '맘몬(mammon)', 곧 '돈'이라 하셨습니다(마 6:24). 왜 '돈'이라 직접 말씀하지 않고 '맘몬'이라는 재물의 신을 거론하셨을까요? 돈을 섬기는 행태를 하나의 신학, 곧 인격적 신을 섬기는 신앙 제의로 보는 겁니다. 그러한 관점에서 예수님은 심지어 하나님께 바친다고 하는 '고르반'조차 그들의 맘몬신앙을 보여준다고 비판하셨습니다(마 15:5-6).

지금까지도 왜 십일조 같은 게 문제가 될까요? 문제의 핵심은 내고 안 내고가 아닙니다. 그걸 '내야 된다, 말아야 된다' 하는 것 자체를 중대 문제로 삼고 있는 그게 바로 맘모니즘인 겁니다. 저는 항상 교회의 성숙한 성도라면 최소한의 공동체 유지를 위한 필요가 어느 정도인지 자기의 분량을 스스로 짐작한다고 말씀드립니다. 여기서 지나치면 안 됩니다. 교회에는 형편이 좋은 사람도 있지만 어려운 사람도 있게 마련입니다. 성숙한 짐작이란 곧 성실한 살림을 사는 검소한 사람 정도의 상식이면 그만입니다. 그 이상 헌금을 강조하는 사람들은 다 목적이 다른 데 있음을 아셔야 합니다. 참 종교의 초점에서 이탈한 돈 신앙이 만들어내는 게 타락과 폭력이고, 그게 곧 사회를 망하게 하는 부패의 근원입니다.

신정국가 이스라엘이 최종적으로 심판받을 때 등장하는 인물이 느부갓네살 왕입니다. 느부갓네살(기원전 630-562)은 오늘날 이라크의 티그리스 강변에서 흥기한 신(新)바빌로니아의 2대 국왕입니다. 느부갓네살은 유다를 멸망시켰지만 성경은 그를 포악한 침략자로 묘사하지 않았습니다. 예레미야나 에스겔은 오히려 그를 하나님의 정의로운 심판을 집행한 자라 했습니다. 이상하지 않습니까? 여기에 세속국가 이스라엘을 무조건 찬양하는 민족주의가 아니라 아무리 자기들의 나라라 할지라도 하나님나라의 입장에서 그것을 냉정히 평가하는 예언자들의 시각이 있는 겁니다.

한국 교회 안에서 '식민사관'이 문제가 되곤 합니다. 이 식민사관이라는 게 모순을 가졌습니다. 과거 일제의 식민지배나 민족분단은 하나님의 뜻이라고 제법 예언자적인 해석을 내리는 듯합니다. 그런데 지나간 과거가 아닌 현재 정부나 권력을 비판하고 나라를 걱정하는 예언자적 시각에 대해서는 한사코 하나님의 뜻이 아니라는 겁니다. 나라를 위해 기도하고 집권자를 위해서 협력해야 한다는 겁니다. "가이사의 것은 가이사에게 바치라"(마 22:21)는 말씀만 알지, "내 나라는 이 세상에 속한 것이 아니니라"(요 18:36)는 말씀은 알지 못하고, "위에 있는 권세들에게 복종하라"(롬 13:1)는 말씀만 알지 "그들이 평안하다, 안전하다 할 그때에 임신한 여자에게 해산의 고통이 이름과 같이 멸망이 갑자기 그들에게 이르리니 결코 피하지 못하리라"(살전 5:3)는 말씀은 알지 못하는 겁니다. 그러니 집권자가 무슨 짓을 하든 그런 건 묻지도 따지지도 말고 그들의 잘못까지 우리의 잘못으로 알고 우리가 회개해야 한다는 겁니다. 이게 무슨 모순된 논리인지 아마 그들 자신도 잘 모를 겁니다.

느부갓네살은 44년간(기원전 606-562) 바빌론 제국을 통치하면서 아시리아를 멸망시켰고, 두로를 정복했고, 남왕국 유다를 멸망시켰고, 이집트와 싸웠습니다. 그는 유대인들을 바빌론의 여러 변방으로 강제 이주시켰습니다. 다니엘은 그 정복 과정에서 포로가 된 유대의 귀족으로, 나중에 권력서열 제3위인 제국 최고행정관까지 올라간 사람입니다. 그런 그가 격동하는 시대를 하나님 나라의 입장에서 예언적으로 바라보고 기술한 내용이 다니엘서입니다. 거기에 느부갓네살의 꿈 이야기가 나오는 겁니다.

느부갓네살의 꿈

느부갓네살 왕은 정복과 통치가 무르익은 어느 날 생생하게 기억나는 한 꿈을 꾸고 번뇌에 시달립니다. 그리고 다니엘을 불러 꿈의 해석을 묻습니다. 꿈에서 왕은 한 나무를 봤습니다. 이 거대하고 무성한 나무가 왕 자신을 의미한다는 것은 누구나 금방 깨달을 겁니다. 아마도 왕의 신하들이 이 꿈을 해석하지 못한 이유는 감히 해석할 수 없었기 때문이지, 몰랐기 때문은 아닐 겁니다. 그러나 다니엘은 곧이곧대로 해석해줍니다. 곧, 왕이 꿈에서 본 나무는 의인화된 왕이라는 겁니다.

> 내가 본즉 땅의 중앙에 한 나무가 있는 것을 보았는데 높이가 높더니 그 나무가 자라서 견고하여지고 그 높이는 하늘에 닿았으니 그 모양이 땅 끝에서도 보이겠고 그 잎사귀는 아름답고 그 열매는 많아서 만민의 먹을 것이 될 만하고 들짐승이 그 그늘에 있으며 공중에 나는 새는 그 가지에 깃들이고 육체를 가진 모든 것이 거기에서 먹을 것을 얻더라(단 4:10하-12).

그러나 곧 이 나무에 대한 하늘의 심판이 내립니다.

> 또 본즉 한 순찰자, 한 거룩한 자가 하늘에서 내려왔는데 그가 소리 질러 이처럼 이르기를 그 나무를 베고 그 가지를 자르고 그 잎사귀를 떨고 그 열매를 헤치고 짐승들을 그 아래에서 떠나게 하고 새들을 그 가지에서 쫓아내라. 그러나 그 뿌리의 그루터기를 땅에 남겨두고 쇠와 놋줄로 동이고 그것을 들풀 가운데에 두어라. 그것이 하늘 이슬에 젖고 땅의 풀 가운데에서 짐승과 더불어 제 몫을 얻으리라. 또 그 마음은 변하여 사람의 마음 같지 아니하고 짐승의 마음을 받아 일곱 때를 지내리라. 이는 순찰자들의 명령대로요 거룩한 자들의 말대로이니 지극히 높으신 이가 사람의 나라를 다스리시며 자기의 뜻대로 그것을 누구에게든지 주시며 또 지극히 천

한 자를 그 위에 세우시는 줄을 사람들이 알게 하려 함이라 하였느니라(단 4:13하-17).

누가 들어도 곧바로 의미를 알아차렸을 이 꿈을 느부갓네살이 스스로 해석하지 못했다는 것은 사람이 자신의 진실을 깨닫기는 어렵다는 말이 될 것 같습니다. 다니엘은 "내 주여 그 꿈은 왕을 미워하는 자에게 응하며 그 해석은 왕의 대적에게 응하기를 원하나이다"라는 말로써 자신의 외람된 입장을 밝혀놓고 꿈을 직설적으로 풀이해줍니다.

왕이여 그 해석은 이러하니이다. 곧 지극히 높으신 이가 명령하신 것이 내 주 왕에게 미칠 것이라. 왕이 사람에게서 쫓겨나서 들짐승과 함께 살며 소처럼 풀을 먹으며 하늘 이슬에 젖을 것이요 이와 같이 일곱 때를 지낼 것이라. 그때에 지극히 높으신 이가 사람의 나라를 다스리시며 자기의 뜻대로 그것을 누구에게든지 주시는 줄을 아시리이다. 또 그들이 그 나무뿌리의 그루터기를 남겨두라 하였은즉 하나님이 다스리시는 줄을 왕이 깨달은 후에야 왕의 나라가 견고하리이다. 그런즉 왕이여 내가 아뢰는 것을 받으시고 공의를 행함으로 죄를 사하고 가난한 자를 긍휼히 여김으로 죄악을 사하소서. 그리하시면 왕의 평안함이 혹시 장구하리이다(단 4:24-27).

다니엘의 결론이 재미있습니다. '왕께서 이것을 깨달은 다음에야 왕에게 나라가 다시 돌아갈 것입니다. 그런즉 왕이시여, 제 조언이 당신을 기쁘게 해드리기를 바랍니다. 당신의 죄를 의로운 일로 씻어내시고 가난한 자들에게 자비를 베푸셔서 당신의 죄악을 씻어내시면 아마 당신의 평안이 연장될 것입니다.'

'하나님이 다스리시는 줄을 왕이 깨달은 후에야', '혹시' 같은 다니엘의 표현이 상당히 재미롭습니다. 그러나 더 중요한 것은 느부갓네살이 자신의 죄를 씻는 방식입니다. 의로운 일, 곧 가난한 자들에게 자비를 베푼다, 이게 뭡니까? 제국주의적 통치방식을 수정하라는 겁니다.

느부갓네살은 과연 꿈꾼 대로 됩니다. 열두 달이 지난 어느 날 궁궐 옥상의 동산을 거닐던 그는 자아도취에 빠져(우상이 되어) 이렇게 중얼거리게 됩니다. "이 큰 바벨론은 내가 능력과 권세로 건설하여 나의 도성으로 삼고 이것으로 내 위엄의 영광을 나타낸 것이 아니냐." 이 말이 채 끝나기도 전에 하늘에서 큰소리가 들려오는 겁니다. "느부갓네살 왕아 네게 말하노니 나라의 왕위가 네게서 떠났느니라. 네가 사람에게서 쫓겨나서 들짐승과 함께 살면서 소처럼 풀을 먹을 것이요 이와 같이 일곱 때를 지내서 지극히 높으신 이가 사람의 나라를 다스리시며 자기의 뜻대로 그것을 누구에게든지 주시는 줄을 알기까지 이르리라"(단 4:31하-32). 느부갓네살은 즉시 그 말대로 정신이상이 되어 7년을 광야에서 짐승처럼 지내게 됩니다.

느부갓네살의 꿈 이야기가 다른 역사에 기록된 바는 없습니다. 그러나 이 이야기가 말해주는 것은 분명합니다. 다니엘의 해석이나 기록자의 의도도 분명합니다. 제왕적 망상은 정신장애와 같고, 제정신을 못 차릴 때 인간은 동물이 된다는 겁니다. 이 말은 인간이 본래 동물로부터 발전한 존재임을 말해주기도 합니다. 스스로 우상이 된 동물, 동물의 정신과 마음, 그걸 증명해주는 게 꿈이기도 한 겁니다.

헛꿈 꾸는 정신, 무지에 찬 현실

꿈은 수면을 방해합니다. 꿈이 수면을 방해한다는 것은 곧 무의식이 수면을 방해한다는 겁니다. 무의식의 무엇이 그렇게 하는 걸까요? 본래 무의식이 의식을 보호하듯, 꿈은 수면을 보호합니다. '꿈꾸는 것 같다'는 표현은 보호받는 의식의 안전감을 나타냅니다. 그러나 무의식이 더 이상 의식을 성공적으로 보호해줄 수 없는 때가 있습니다. 곧, 괴로움이나 심리적 부담이 너무 커서 적당한 무의식의 보호 속에 감추어둘 수가 없을 때 무의식은 꿈을 통해 그것을 분출합니다. 일종의 무의식의 보상적 반란 같은 거겠지요? 수면을 방해하도록 강렬한 꿈을 통해 잠(망상)을 깨우는 겁니다.

우리가 인식 가능한 의식과 마찬가지로 무의식에도 인식할 순 없지만 나름의 목적과 지향이 있습니다. 이 둘은 결코 협조적이질 않고 무관심하고 무관합니다. 각자 자기의 사업에 몰두하는 겁니다. 느부갓네살 얘기로 돌아오면, 그의 내면에서 의식과 무의식은 서로 대조를 이룹니다. 제왕으로서의 의식적 태도는 불도저처럼 오로지 한 방향으로만 치달립니다. 지금 제왕 느부갓네살은 한 인간으로서의 느부갓네살을 위험하게 만들고 있습니다. 한 인간의 범주를 넘어선 제왕으로서의 야망이 말입니다. 그래서 무의식은 합목적적 방어수단으로 꿈을 사용해 자신에게 경고합니다.

꿈의 기능에 관하여 카를 융은 보상적 기능과 예시적 기능으로 나누어 설명한 바 있습니다. 보상은 의식에 대한 무의식의 자가조정과 통합이라고 설명했고, 예시는 의식의 활동을 앞질러 그 결과를 미리 보임으로써 사전에 경고한다는 것입니다. 그는 꿈의 예시적 기능은 지금 현재 갈등을 해결하려는 무의식의 설계도라고 표현했습니다(〈꿈의 특성에 관하여〉, 《융 기본 저작집 1: 정신요법의 기본 문제》, 솔, 2001, 206쪽 참조).

이것은 꿈이 미래를 예언한다는 말과는 전혀 다른 겁니다. 예언하는 게 아니라 일어날 일들의 확률을 결합하는 또 다른 의식적 활동이라는 겁니다. 그렇다면 누가 이런 일을 하는 걸까요? 무의식이란 그냥 자연의 일부일까요, 영혼의 존재증명일까요? 톨스토이(1828-1910)는 꿈이야말로 인간에게 영혼이 있다는 증거라고 했습니다.

여기서 중요한 것은 꿈을 '미래의 예언'으로 보는 것이야말로

'꿈꾸는 얘기(잠꼬대)'라는 겁니다. 다시 말하면 헛꿈을 꾸는 정신이야말로 미래를 품는 게 아니라 영혼의 메시지를 알아듣지 못하는 무지이고, 그 무지가 만들어내는 신념에 찬 현실이야말로 현실이 아니라 하나의 망상, 곧 꿈이라는 겁니다.

느부갓네살의 꿈은 제왕의 뱃속에 제왕이 아니라 동물이 있음을 말해줍니다. '왕후장상의 씨가 따로 있느냐(王侯將相 寧有種乎)'라는 말과도 통하는 바가 있다고 하겠습니다. 세상이 모두 대단하다고 숭배하는 사람, 심지어 세상이 다 자기를 대단하다고 칭송하니 자기도 자기를 대단하다고 여기는 사람의 뱃속에도 소처럼 풀을 뜯어먹는 동물이 들어 있습니다. 그대로 놔두면 머리는 치렁치렁 하늘 이슬에 젖고 손톱 발톱은 새 발톱처럼 길어질 겁니다. 너무도 당연하죠? 이 꿈은 느부갓네살이 지금 보이고 있는 높은 모습이 사실은 수준 이하의 상태일 뿐이라는 그 자신의 인격상의 불일치를 보여줍니다. 이런 불균형은 낮은 사람에게서는 나타나질 않는 거지요? 오히려 실제보다 부풀려진 사람, 과장된 인간에게서 나타나는 불균형입니다.

표면적으로 이런 사람들의 자존감 넘치는 당당한 태도는 세상을 능동적으로 살아간다는 점에서는 유리하고 우월한 것으로 각광받을 수 있습니다. 단지 태도나 처세의 우월함 덕분에 운 좋게도 개인적 능력을 넘어서 본래 자기 능력보다 현저히 높게 올라간 사람들이 많습니다. 내면에 가진 것과 외면에 보이는 것이 비교할 수 없을 정도로 차이가 나는 사람. 바로 여기에서 불균형과 위태로움이 발생하는 것이겠지요?

톨스토이는 《이반 일리치의 죽음》에서 이런 유의 인물들을 거론합니다. 출세란 게 무엇이냐? 단지 그 자리에 오래전부터 있었다는 이유만으로 계속해서 더 높은 직위를 얻는 것이라고 했습니다. 이 경우 그들의 업적이 있느냐 없느냐는 논지의 핵심이 아닙니다. 누가 그를 그 자리로 이끌었지요? 누가 그를 계속 높은 곳에 올려놓았지요? 자기 자신입니까? 아닙니다. 그들의 성과는 개인적 능력에 의해 만들어진 게 아닙니다. 심지어 그가 전에 없는 뭔가를 창조해냈다 할지라도 그것은 온전히 자기 홀로 창조해낸 게 아닙니다.

카를 융은 개인에게서 생산되는 것은 모두 집단의 암시에 의해 마치 어떤 집적된 창고 같은 데서 개인들에게 지급되는 것이라 설명합니다. 이에 따르면 어떤 사람의 출세는 집단이 그를 그렇게 밀어올린 겁니다. 왜 그랬을까요? 자기의 이익이나 미혹을 위해서 그렇게 한다는 겁니다. (우리는 지금도 이런 집단의 미혹에 의한 선택의 대가를 톡톡히 치르고 있지요!) 문제는 자신이 그 성공의 본질을 인식하지 못하는 겁니다. 갑자기 부자가 된 졸부를 생각하면 쉽게 이해가 갑니다. 졸부의 졸부다운 온갖 행태는 그의 내면의 공허와 가난을 드러낼 뿐입니다. 자신의 참모습과 그 불균형을 자각하지 못하는 한 그는 점점 위태로워질 것입니다.

느부갓네살의 불길한 꿈은 이럴 때 나타났습니다. 그것은 무의식이 보내는 부정적 보상이고, 빨리 균형 잡힌 인격을 회복하라는 자기 조정의 메시지이고, 미래를 예측하고 그 위험을 미리 경고하는 예시적 비전(묵시)이었습니다. 따라서 꿈은 그에게 미래를 상상하게 하고 의욕과 용기를 주어 도약하게 하는 게 아니라 반대로 그를 평가절하하고 끌어내리고 파괴하고 죽이는 겁니다. 꿈은 그의 평화로운 잠을 훼방하고 그를 소스라치게 놀라서 깨게 합니다. 이 꿈을 꾼 후 느부갓네살은 다시 잠들지 못하고 번뇌하며 괴로워하게 됩니다.

그러나 이런 꿈이 반드시 나쁜 꿈은 아닙니다. 꿈이란 예언이 아니기 때문에 반드시 그렇게 된다는 게 아닙니다. 그렇다고 '꿈은 반대라니까' 하면서 무시해버려도 좋다는 뜻이 아닙니다. 꿈의 느낌과 성찰이 우리의 태도에 가해질 때, 그것이 우리의 전체 인격을 붕괴시킬 정도로 타격하지만 않는다면, 자신을 위해 유익한 도움이 될 수 있습니다. 자신을 성찰하고 고칠 수 있기 때문입니다. 문제는 우리의 꿈을 헛꿈으로 바꾸지 않고 그 메시지에 부합하는 이해와 태도를 가질 수 있느냐 하는 것입니다. 왜냐하면 성찰이란 본래 어렵고 가장 어려운 것이기 때문입니다. 그것이 정말 어려운 이유는 우리의 의식과 무의식의 모습과 기능(보상과 예시)이란 게 수시로 바뀌기 때문입니다. 정해져 있지 않은 것, 그게 인간의 마음입니다. 자연의 변덕처럼 그것은 본질적으로 믿음의 대상이거나 믿을 수 있는 게 아닌 겁니다.

대개의 인간관계도 그렇지만 특별히 교회생활에 대해 제가 가끔 말씀드리는 두 가지가 있습니다. 첫째는 '서로 너무 가까이 지내지 말라'는 것이고 둘째는 '끼리끼리 놀라'는 겁니다. 오해하시면 안 됩니다. '서로 사랑하지 말자'거나 '배타적으로 놀자'는 게 아닙니다. 서로 미워할 혐의를 만들지 말고 정중한 거리를 두어 경계와 예의를 지키고, 부질없는 시기·질투·경쟁 같은 데 관심을 쏟으며 에너지를 낭비하지 말고, 가능한 한 친근하고 즐거운 데 몰두하라는 겁니다. 이것의 궁극적 목표는 평안입니다.

평안이란 안정과 고요를 말합니다. 평형상태, 균형상태, 안정적이고 균일한 상태를 말하는 겁니다. 왜 사람들은 아무 일도 일어나지 않았는데도 큰일들을 벌이는지 우리는 이 점을 아주 깊게 이해해야 합니다. 왜 아무 일도 벌어지지 않았는데 음모를 꾸미고 원수가 되는지, 아무 일도 벌어지지 않았는데 불안하고 의심하고 미워하고 분노하는지, 아무 일도 벌어지지 않았는데 잠을 못 이루며 괴로워하고 괴롭히고 슬퍼하면서 우울에 떨어져 삶의 의욕을 잃는지…. 속지 말아야 합니다. 신앙이란 바로 그러한 속음과 속임에 대한 벗어남의 비결이지 다른 것이 아닙니다. 벗어남이 곧 구원입니다. 어떤 해방이고 어떤 구원이지요? 본래 아무 일도 일어나지 않았음을 깨닫는 것입니다. 하나님이 주신 본래적 평안의 재선포입니다.

망상과 신앙

느부갓네살의 꿈 이야기는 제국들의 통치도 결국 한 인간의 내면으로부터 일어나는 심리적 현상과 연결되어 있음을 보여줍니다. 거기에는 자연과도 같이 평형을 맞추어 평화를 유지하려는 자기초월적이고 자기부인적인 영적 원리가 작동하고 있습니다. 악인이 심판을 받는 것, 독재자가 결국 불행해지는 것은 다 같은 자연의 법칙입니다. 하나님의 나라에서는 누구보다 더 잘난 사람도 없고 더 높은 사람도 없습니다. 자랑할 근거도 우쭐댈 이유도 없습니다. 반대도 마찬가지입니다. 열등감에 시달릴 이유도 절망에 빠질 이유도 없습니다. 진리 안에서 모두가 평화로운 배려, 예의와 사랑과 즐거움이 있을 뿐입니다. 그러나 제국의 정신, 제왕의 정신은 느부갓네살의 혼미와 동물성, 곧 미친 마음과 같습니다. 그것은 진짜 꿈이 말하는 존재의 위협을 알아듣지 못하고 헛된 꿈(망상)을 꾸게 합니다. 망상에 취한 자들이 여전히 자신들의 망상을 위대하고 원대하고 놀라운 꿈이라 신화화(신격화)하는 겁니다.

한동안 한국 교회가 꿈과 비전 이야기로 들썩이던 시절이 있었습니다. 꿈 이야기를 통해 유명해진 어떤 목사님이 그 후 완전히 망가져 비전을 상실하는 모습을 보기도 했습니다. 그야말로 꿈꾸는 사람이었고 잠꼬대하는 사람이라는 것을 증명해준 게 아닙니까? 다니엘은 말합니다. "그런즉 왕이시여, 당신의 죄를 의

로운 일로 씻어내시고 가난한 자들에게 자비를 베푸셔서 당신의
죄악을 씻어내시면 아마 당신의 평안이 연장될 것입니다. 왕께
서 이것을 깨달은 다음에야 왕의 나라가 다시 왕께로 돌아갈 것
입니다."

왜 십자가의 자기부인이 필요한가요? 자기부인(성찰과 각성)이
되지 않은 상태에선 어떤 결과가 나타나는 걸까요? 맹인이 맹인
을 인도하겠다고 나서는 격인 겁니다. 마치 전염병에 걸린 환자
가 전염병에 걸린 환자를 치료하고, 방황하는 친구가 방황하는
친구에게 조언해주는 격입니다. 그런 상태에서는 가장 신념에
찬 확신이 가장 위태로운 것인지도 모릅니다. 정직하지 않기 때
문입니다. 귀납법의 정당성이 여기서 나타납니다.

우리 한국 교회는 지난 100년 동안 규정된 신학적 전제 위에
서 연역적으로 사유하고 설교하고 말하고 행동하는 데 익숙해져
있습니다. 이것은 문제적 현실에 대하여 보상적이고 예시적인
차원의 해석이 되지 못합니다. 무지가 무지를 이끌어가고 있을
뿐, 문제 해결도 구원도 될 수 없습니다. 결과가 모든 것을 말해
주고 있지 않습니까? 지금도 꿈에서 현실로 깨어나지 못하고 현
실에서 잠든 채 꿈을 꾸는 사람들이 많다는 이야기입니다.

여러분은 다른 무엇이 아니라 여러분 자신에게서 무엇을 배울
것입니까? 우리는 이러한 우리들의 꿈속의 꿈에서 무엇을 볼 것
입니까? 언제까지 이런 상태를 계속 유지시킬 수 있을까요? 과
연 신앙은 무엇이며 우리에게 무엇을 가르쳐주고 우리를 어떤

방향으로 이끄는 것일까요? 깊이 숙고해보아야 할 때입니다. 인생도 신앙이라는 것도 결국 하나의 꿈이기 때문입니다. 그것은 그 자체로 좋은 것이 아니라 언제나 해석되기를 기다리는 하나님의 영적 메시지입니다.

대중의 취향에 '따귀'를 갈긴 예수

마태복음 11:15-19

'나'라는 존재가 안고 있는 문제적 요소는
내 삶의 내용이기도 하지만 근본적으로는 사는 방식 자체입니다.
존재하는 방식, 곧 인식의 방식 자체가 문제라는 겁니다.

루쉰의 수치

우리가 우리 자신에 대하여 혹은 세상에 대하여 어떤 입장을 가지고 어떤 말을 하고 어떻게 그것을 표현하며 살아가고 있든 지, 거기에는 자율화된(자동적) 내재적 삶의 원리가 작동하고 있습니다. 옳고 그름을 떠나 그것은 일단 대단히 편리한 것입니다. 만일 그런 것이 없었다면 우리는 매일 아침 하루를 어떻게 살아야 할지 매우 당황스러웠을 겁니다. 무의식적인 삶의 관성과 법칙과 원리에 따라 우리는 무엇을 해야 할지 난감해하지 않고 반(半)자동적으로 삶에 뛰어드는 겁니다. 전적으로 그런 것은 아니겠지만 이 자율화된 삶 가운데 우리를 곤경에 빠뜨리는 요소가 들어 있습니다. 미리 말씀드리자면 사실 이것이야말로 고여 있는 물처럼 부패의 온상이 됩니다.

'나'라는 존재가 안고 있는 문제적 요소는 내 삶의 내용이기도 하지만 근본적으로는 사는 방식 자체입니다. 존재하는 방식, 곧 인식의 방식 자체가 문제라는 겁니다.

언제까지 문제가 될까요? 무의식 가운데 자율화된 이 시스템이 우리의 건강한 삶을 갉아먹고 후려치고 배반하고 속이고 수탈하고 억압하고 위협하는, 쫓고 쫓김 당하는 시스템 자체를 끝내는 날까지 우리는 이렇게 살게 될 것입니다. 너무 절망적인가요?

제가 강조하려는 건 우리가 놓인 형편이 절망적이라는 부정적 주장이 아닙니다. 이 시스템이란 게 우리 마음이 느끼는 절망과는 아예 상관이 없이 돌아간다는 사실의 과학성입니다. 그게 자율입니다. 전적으로 나쁜 것도 아니지만 우호적이라고 할 것도 없이 냉정한 겁니다. 그러니 "주님이 다 해주시겠지. 다 잘될 거야. 믿습니다" 하면서 기도를 서너 시간씩 하는 것으로는 이 문제를 해결할 수 없습니다.

러시아 시인 마야콥스키(1893-1930)의 시에 〈마법사도 신도 신의 천사도 농부들을 돕지 않는다〉(1923)라는 게 있습니다.

사제들은 콧노래를 흥얼거리기 위해 / 신앙을 빌미로 사람들을 속인다. … / 이성으로부터 러시아를 몰아내려고 기를 쓰며 / 학문의 전당에 뿌연 안개를 일으키며 / 이브에 관한 / 아담에 관한 이야기를 떠들어대기 위해서. … / 동무, / 일어나시오! / 어째서 신 앞에 고개를 숙이고 있는 거요? / 오늘날 / 자유의 시대 / 과학의 시대에 / 사제와 마법사에게서가 아니라 / 학교에서 / 책 속에서 / 세계에 대해 / 인간에 대해 배우도록 하시오.

또 〈신의 이름으로 용서를 빌어도 가뭄에 아무 도움이 되지 않는다〉(1923)라는 시도 있습니다. 가뭄이 닥치자 러시아의 한 마을 농부들은 속수무책이었습니다. 결국 하나님께 구원을 요청해보자고 결론을 내립니다. 마을 사람들은 신자 행렬을 만들고 사제들은 행렬 앞에 서서 끊임없이 연기를 내뿜는 향로를 흔들어 댑니다. 그러나 다른 마을 사람들은 다른 방식으로 가뭄과 싸웁니다. 농업기사와 측량기사를 부릅니다. 그들은 어떻게 물을 끌어와야 하는지, 겨울 눈을 어떻게 저장해야 하는지, 비가 부족할 때는 어떤 작물들을 심어야 하는지를 설명해줍니다. 앞선 마을의 작물은 태양에 시들어가는데 이 마을의 작물은 가뭄 속에서도 푸르게 자라갑니다. 차이가 뭘까요?

이제는 분명하지요. / 기도란 / 가뭄에 / 아무 효험도 없다는 것이. / 매년 / 날이 가물면 / 비를 기다리며 / 일기를 / 스스로 다스려야 한다는 사실을 / 알아야 합니다.

우리 기독교인들은 자주 믿음은 과학을 초월한다고 말하기는 하지만, 그런 말을 할 때도 역시 과학의 지배 아래 있습니다. 물론 좀 더 현명한 사람이라면 종교와 과학은 대립되는 양 진영이 아니라는 조언을 하고 싶겠지만, 어리석기로 따지면 쌍방이 다 막상막하인 경우들이 현실에서는 부지기수입니다.

우리에게 주어진 시스템은 비우호적이고 자기 나름의 법칙과 원리와 과학성에 의해 반(半)자동적으로 이 세계를 지배합니다. 우리는 그걸 인식하지 못합니다. 그래서 심지어는 그러한 세상 원리에 투철하게 입각해 사는 사람들도 나타났습니다. 즉, 어떤 사람들은 진짜로(!) "약한 존재들, 힘없는 사람들, 가난한 사람들은 죽게 돼 있다. 그게 세상의 법칙이 아니냐. 그러니까 그들이 희생당하는 것은 당연하다" 같은 말을 아주 권위 있고 거만한 태도로 합니다. 이런 걸 '사회적 다위니즘'이라고 불러주는 것도 사치겠죠?《이기적 유전자》라는 책을 쓴 반(反)기독교 과학자 리처드 도킨스도 그런 말은 하지 않았습니다.

그런데 사람들이 헷갈려 하는 이유가 이 사람의 말이 정직히 말하자면 어느 정도는 타당하기 때문입니다. 세상은 실제로 약육강식 자연선택에 의해 돌아가니까요. 또 말은 그렇게 하지 않더라도 사람들이 실제로 그렇게 살아가고 있습니다. 여기가 바로 과학적 사유의 출발점이어야겠지요? 과학적 사유란 어떤 것일까요?

중국의 신문학 개척자 루쉰(1881-1936)은 본래 의사 지망생이었습니다. 이십 대 초반에 일본으로 유학 가 의학 수업을 들었습니다. 일본 제국주의에 대한 반감과 조국에 대한 애국심은 있었지만 현실을 타개해나갈 공부가 더 절실했던 겁니다. 그것이 자신을 위해서도 중국을 위해서도 좋은 일이라 여겼습니다. 아마 그가 계속 의학을 공부했더라면 성격상 현대성과 과학성을 신봉하면서 모든 봉건 잔재를 거부하는 소극적이고 개인주의적인 투쟁에 일생을 맡겼을 겁니다. 그러나 그는 의학 수업을 중도에 그만두고 중국으로 돌아와버립니다.

전쟁 시기였기 때문에 수업 중간에 환등기로 전쟁 상황을 방영해주곤 했다고 합니다. 그날도 전쟁 보도영상을 상영했는데 거기 중국에서 촬영한 장면이 나왔습니다. 일본군이 자기들에게 저항하는 중국인 애국자들을 처형하는 장면이었습니다. 루쉰은 그걸 보고 의학 수업을 그만뒀던 겁니다. 그를 아꼈던 일본인 교수는 루쉰이 학업을 계속하기를 바란다고 충심 어린 권고를 했습니다. 그러나 루쉰은 더 이상 의학 수업을 계속할 수 없었다고 쓰고 있습니다. 문제의 장면은 그에게 의학과 의업에 대한 절망을 느끼게 했던 것입니다.

애국자들이 처형되는 그 자리에 둘러선 중국인들의 모습 때문이었습니다. 자기 동포를 외국인들이 총으로 쏴 죽이고 칼로 목을 잘라 죽이는 살인의 현장에 동원된 그들은 마치 살아 있는 송장들 같았다고 그는 썼습니다. 한결같이 넋이 나간 듯 무감각한 얼굴들이었는데, 만세를 부르거나 박수를 치기도 했습니다. 중국인으로서 당황스럽고 충격적이고 수치스러운 경험이었습니다.

이 수치(羞恥), 사람을 바꾸는 가장 중요한 무의식적 경험은 수치입니다. 루쉰의 수치는 무엇에 대한 누구의 수치였을까요? 사람을 고치는 데는 의술만으로는 안 된다는 절망을 느꼈다고 했습니다. 그는 누구를 고치고 싶었을까요? 그가 문학으로 뜻을 바꾼 것은 오랜 수치의 나날을 거쳐서 내린 결론입니다. 귀국 후 그는 무기력한 실의에 빠져 오로지 옛 비문을 탁본해서 옮겨 쓰는 일을 했습니다. 무엇을 위해서 한 것도 아니고 그야말로 아무것도 할 일이 없었던 것입니다. 저는 그의 절망감을 이해할 수 있을 것 같습니다.

확실히 요즘 세상 돌아가는 형편을 보면 '루쉰적 수치'가 느껴집니다. 그가 이십 대에 겪었던 절망을 사십 대 후반에도 겪고 있는 저는 그래서 더욱 절망스럽습니다. 개인적으로 본다면 저의 이러한 목회나 설교도 루쉰이 비문을 옮겨 적었던 일에 비할 수 있을까요? 감히 말하자면 그렇다는 생각이 듭니다. 아무것도 할 수 있는 것이 없기 때문에 이렇게라도 해보는 것이지요. 동료 인간들의 죽음과 절망 가운데서 넋 나간 표정으로 이리저리 세태에 휩쓸려 박수를 치거나 만세를 부르는 것은《아Q 정전》에만 나오는 얘기가 아닌 겁니다.

우리의 생각을 다시 생각해야 한다

프랑스의 고등학교 졸업자격시험을 '바칼로레아'라고 한답니다. 졸업장이자 학위이고 시험 자체를 가리키기도 하는 말입니다. 그 시험지가 번역되어 인터넷상에 돌아다녔었는데, 첫 번째 항목은 이렇습니다.

1장 인간

Q1. 스스로 의식하지 못하는 행복이 가능한가?

Q2. 꿈은 필요한가?

Q3. 과거에서 벗어날 수 있다면 우리는 자유로운 존재가 될 수 있을까?

Q4. 지금의 나는 내 과거의 총합인가?

Q5. 관용의 정신에도 비관용이 내포되어 있는가?

Q6. 사랑이 의무일 수 있는가?

Q7. 행복은 단지 한순간 스치고 지나가는 것인가?

Q8. 타인을 존경한다는 것은 일체의 열정을 배제한다는 것을 뜻하는가?

Q9. 죽음은 인간에게서 일체의 존재 의미를 박탈해 가는가?

Q10. 우리는 자기 자신에게 거짓말을 할 수 있나?

Q11. 행복은 인간에게 도달 불가능한 것인가?

각항의 질문들을 대강 헤아려보면 그 대답은 전부 다 '그렇다'와 '아니다' 중 하나가 될 것 같습니다. '그렇다'는 대답은 전통적이고 모범적인 견해에 대한 지지라 부를 수 있을 것 같고, '아니다'는 반(反)전통적이고 창조적인 대답을 요구한다고 보입니다. 즉, 왜 그렇지 않은지에 관한 또 다른 논리를 요구하는 겁니다.

그런데 이 질문들을 읽어보면, 전적으로 그렇지는 않겠지만, '그렇다'라는 구태의연한 대답을 바라지 않는다는 시험관의 의지가 느껴집니다. 일부러 아니라는 대답을 유도하고 있는 것처럼 보입니다. 그러나 아니라고 대답하려면 자기 나름의 논리를 가져야 할 겁니다. 그 논리 또한 구태의연해서는 안 될 겁니다. 부단한 창조정신을 독려하는 프랑스 인문주의의 정신을 볼 수 있다고나 할까요.

함석헌(1901-1989) 선생의 〈생각하는 백성이라야 산다〉라는 유명한 글도 있지만, 도무지 생각이란 뭘까요? 생각하지 않는 사람은 없습니다. 그러니 '생각하는 백성이라야 산다'는 말에는 '자율적이고 관성적이고 무의식적이고 비우호적이고 냉정한' 우리의 생각이라는 것을 '다시 생각해야 한다'는 뜻이 담겨 있다고 해야 할 겁니다. 거기에는 도무지 다시 생각하지 않고, 고쳐 생각할 줄 모르는 백성의 무기력한 현실에 대한 선각자의 답답함과 고단함이 묻어납니다. 얼마나 오랫동안 생각할 줄 모르고 살아왔던가요? 그게 우리의 현실이고 역사라는 일깨움 아니겠습니까.

이 경우 생각할 줄 모른다는 것은 생각을 도무지 아니한다는 말이 아니라 고정된 생각, 규정된 대답, 프로그램화된 삶의 방식을 말하는 것이라 할 수 있을 겁니다. '다시 생각한다'는 새로운 창조 작업이 일어나지 않으면 그대로 지속될 수밖에 없는 삶의 무관심과 나태함과 몰이해성에 대한 것입니다. 바로 여기에 과학이 있습니다. 즉, 이러한 삶을 만들어내는 자율화된 삶의 원리와 그 메커니즘에 대한 성찰의 사유가 거기에 있습니다. 그 자율화된 메커니즘이 지금 우리 사회를 병들게 하고, 우리들의 마음을 무감각하게 하고, 세월호의 부모들을 거리에서 헤매게 하고, 모든 고통들을 그 상태 그대로 방치하면서 세월만 가라고 하고, 거꾸로 그 고통들을 향해 "이제 그만 좀 해라. 지겹다" 하는 식으로 우리의 풍속과 인심을 아주 몹쓸 것으로 만드는 겁니다. 자기가 지겹든지 어떻든지, 고통이 그만하란다고 그만해지는 겁니까? 그만둔다고 정말 그 원한과 고통이 덮어지는 것이겠습니까?

제가 신학교 1학년 때 헬라어를 가르쳐주셨던 신약학 교수님께서는 '목회자는 사상가가 되어야 한다', '목회자는 철학자가 되어야 한다'고 말씀하시곤 했습니다. 목회자만 그런 게 아니겠지요? 그러나 우리가 사상가나 철학자는 못되더라도, 사상이나 철학은 다 본래 지겨운 것들입니다. 그것들은 사상가나 철학자를 죽일 때까지, 심지어 그들이 죽어가면서도, 죽은 후에 책으로까지 살아남아서 지겹게 자기주장을 하는 것들입니다. 그게 사상이고 철학입니다.

이제 그만 좀 했으면 한다고 적당히 그만두는 건 사상도 아니고 철학도 아니고 시류일 뿐입니다. 아무리 사소한 것일지라도 끝까지 물고 늘어질 때 분명한 행위의 결과가 도출됩니다. 그래서 그게 법이 되고 원칙이 되고 사회의 공적 제도가 되는 겁니다. 그렇지 않으면 다시 관성에 따른 오류와 패착의 반복일 뿐인 것이고, 맹목적 미신과 간사한 아첨이 횡행합니다. 그런 게 법이 되고 원칙이 되고 제도가 되면 더 이상 기대할 게 없을 것입니다.

대중의 취향에 내갈긴 저주

귀 있는 자는 들을지어다. 이 세대를 무엇으로 비유할까. 비유하건대 아이들이 장터에 앉아 제 동무를 불러 이르되 우리가 너희를 향하여 피리를 불어도 너희가 춤추지 않고 우리가 슬피 울어도 너희가 가슴을 치지 아니하였다 함과 같도다. 요한이 와서 먹지도 않고 마시지도 아니하매 그들이 말하기를 귀신이 들렸다 하더니 인자는 와서 먹고 마시매 말하기를 보라 먹기를 탐하고 포도주를 즐기는 사람이요 세리와 죄인의 친구로다 하니 지혜는 그 행한 일로 인하여 옳다 함을 얻느니라(마 11:15-19).

여기서도 예수님은 '이 세대', 당 시대의 사람들이 살아가는 진실을 비유로 설명합니다. 비유도 아주 원색적인 비유이지요? 하는 짓들이 어린애들만도 못하다는 겁니다. 다음 문단을 보면 아주 불같은 분노를 터트리십니다.

화 있을진저 고라신아 화 있을진저 벳새다야 너희에게 행한 모든 권능을 두로와 시돈에서 행하였더라면 그들이 벌써 베옷을 입고 재에 앉아 회개하였으리라. 내가 너희에게 이르노니 심판 날에 두로와 시돈이 너희보다 견디기 쉬우리라. 가버나움아 네가 하늘에까지 높아지겠느냐. 음부에까지 낮아지리라. 네게 행한 모든 권능을 소돔에서 행하였더라면 그 성이 오늘까지 있었으리라. 내가 너희에게 이르노니 심판 날에 소돔 땅이 너보다 견디기 쉬우리라(마 11:21-24).

누구에게 내리는 저주며 누구에게 터트리는 분노입니까? 어린애들의 깨우침만도 못한 자기 멋(취향)에 취해 살아가고 있던 당

시대의 현대인들을 향한 것입니다. 취향이란 시대의 고유한 문화를 이루는 각자의 자기 멋들의 총화를 말합니다. 그건 일개인이 거부하거나 바꾸기가 어려운 겁니다. 세상이 정말 바뀌지 않는 이유는 이 취향에 대한 각별한 각성이 존재하지 않기 때문입니다. 그만큼 이미 취해 있는 게 취향이겠지요? 누가 뭐라든지 세계의 진실, 세상의 현실, 그런 건 난 모른다(알아도 어쩔 수 없다), 내일은 삼수갑산을 갈지라도 내 삶의 관성으로서의 내 취향(life style)은 바꿀 수 없다는 겁니다.

마야콥스키가 첫 번째 작품을 발표한 게 《대중의 취향에 갈긴 따귀》라는 작품집인데, 예수님의 이 말씀이야말로 대중의 취향에 갈기는 따귀 정도가 아니라 '대중의 취향에 갈긴 저주의 폭격'이라고 불러야 마땅할 겁니다. 그 배경에는 그만큼 철저한 외면이 하나의 삶의 취향으로 만연된 사회가 있었습니다. 예수님이 본래 침착하고 고요하신 분이지만 여기서만은 일부러라도 폭발하는 파토스를 발산하시는 겁니다.

비유란 그 속에 의미가 들어 있어서 그 의미를 발견해야만 그 다음 무언가를 할지 말지 결정할 수 있습니다. 그냥 표면에 나타난 액면 그대로가 아닙니다. 어떤 정신없는 사람들은 자꾸 비유 속의 비유를 끄집어내려고 하는데 이건 정말 해괴한 일입니다. 예수님은 이 비유로써 당 시대의 현실을 설명하신 건데, 해석을 하려면 다시 이 비유로써 오늘의 우리의 현실을 설명해야만 할 겁니다. 오늘의 우리 현실은 도외시하면서, 예수님의 비유이니 그 속에는 아직도 우리가 모르는 뭔가 대단한 비밀이 있을 것이라 하는 것은 대단히 영적인 것 같지만 실은 정말 약이 없는 취향의 독특함일 뿐입니다. 그것은 '아무도 모르는 곳에 가서 아무도 모르는 것을 가져오라'는 난센스와도 같은 겁니다.

또 현실을 해석한다고 할 때 어떤 충성된 분들은 이러한 비유를 모조리 교회에 대한 충성이라는 알약 한 알로 둔갑시키는 아전인수(我田引水)를 단행합니다. 신학교 시절 저의 은사이셨던 박영선 목사님께서는 이것을 무지개에 비유하곤 하셨습니다. 보통은 무지개를 '빨주노초파남보' 일곱 색깔이라고 하지요. 그런데 어떤 충성된 분들은 그게 맘에 안 드는 겁니다. 우리 교회는 오직 하나의 색깔만 가져야 한다. 그래서 그 동네 무지개는 '빨빨빨빨빨빨빨'이 된다는 겁니다. 소위 '깔때기 이론'입니다. 서론에서는 무슨 얘기를 했든지 간에, 성경 본문이 어떤 본문이든지 간에, 결론은 '네 시작은 미약했으나 나중은 심히 창대하리라'가 되는 겁니다. 중세기의 어느 여성 영성가는 말하길 "십계명을 한마디로 줄이면 돈을 더 많이 내라는 것이다"라고 했답니다. 단한 줄. 짧지만 정말 기막힌 설교지요.

세례 요한과 예수님의 메시지의 성격이 약간은 다르지만 그 기본 골자는 같습니다. 그것은 '회개하라. 천국이 가까이 왔다'(마 3:2, 4:17)라는 공동의 슬로건으로 표상됩니다. '메타노에이테(μετανοειτε)!'라는 헬라어 동사는 이인칭 명령형으로 '회개하시오!'라는 상당히 시급하고 급진적인 뉘앙스를 풍깁니다. 그것은 오직 전적인 전환을 촉구하는 종말론적 '절대언어'입니다. 그저 방법론적으로 호들갑을 떠는 게 아니라 지금까지 구태의연 가운데 놓여 있던 인간의 의식을 확 일깨워 발등에 불 떨어진 현실의 다급함을 환기시켜주는 겁니다. 지금이 이렇게 한가하게 침묵하고 회개하며 기도나 할 때가 아니란 말이지요? (하더라도 그런 정신으로 하는 게 아닙니다.)

아마 예수님 당시에 사람들이 예수께로 몰려들었을 때 유대교의 점잖으신 랍비들과 서기관들과 제사장들도 다들 그렇게 말했을 겁니다. "(예수의 설교에) 요동하지 말라. 하늘이 열린 이래로 세상은 언제나 돌아가는 법칙이 있다. 경거망동으로 자기를 망치지 말라." 그렇게 훈계했을 겁니다. 혹은 짜증을 부렸겠죠? "나는 예수가 싫다. 노란 리본도 싫다. 개혁이니 진보니 정의니 진실이니 하는 말들도 지겹다. 이제 다들 그만 좀 했으면, 다 서로 내려놓고 서로 용서하고 세상 좀 조용하게 해주었으면 좋겠다."

양비론적 편 가르기, 중립을 빙자한 은근한 디스(disrespect). 이런 게 다 비유지요? 해석할 메시지가 들어 있는 거지요? 바로 그런 겁니다. 지금 선포되는 하나님나라의 임박함과 시급함이라는 것도 그런 사람들에겐 그렇게 절실하지도 놀랍지도 심지어 듣고 싶지도 않은 겁니다. 왜 그럴까요? 이미 다 알고 있거든요. 세상이 어떻게 돌아가는지, 세상에서 어떻게 처신해야 하는지를 말입니다. 오늘 본문은 바로 그런 대중의 오랜 인습의 취향에 갈긴 폭격입니다.

어느덧 우리 한국 교회 안에서 하나님나라의 영적 급진성은 종교적 부흥의 레토릭으로 바뀌었습니다. 마치 철없는 아이들이 집안 살림에 꼭 필요한 물건을 몰래 가져다 달콤한 엿으로 바꾸어 먹듯이. 인식상의 급격한 전환을 방법론적 분위기로 전환시켜 감동적인 음악과 뜨거운 찬양이 흐르는 예배당의 열기로 환전해버렸습니다. 그런 의미에서 한국 교회의 부흥열은 저 조나단 에드워즈(1703-1758) 시대의 부흥과는 부합치 않습니다.

가장 먼저, 그것은 시대와 사회와 사람들의 현실에 구체적이고 결론적인 영감을 주는 데 실패했습니다. 에드워즈의 부흥운동이 미국의 현대 사상과 감정을 불러일으켜 민주주의적 공적 제도 창출에 기여했던 것과 같은 결과를 맺지 못했습니다. 이 점은 교회가 오히려 세상에 빚을 지고 있습니다. 미국의 부흥운동은 현실을 도외시하고 종교열에 휩싸였어도 결국 대중의 현실(취향)을 바꾸어놓았는데, 우리는 현실이 자신들의 비과학적 인습을 일깨워도 그것을 도외시하고 더욱 종교에만 열중하라고 독려하고 있습니다.

결국 다른 누가 아닌 기독교인들이 예수님의 비유에 나오는 어린애들같이 되어버렸습니다. 무감각. 피리를 불어도 춤출 줄 모르고, 애곡을 해도 가슴을 칠 줄 모릅니다. 불소통의 냉담함과 냉정함. 요한이 오면 금욕주의자, 사회생활 부적응자, 정신이상자라고 들어주질 않고, 예수가 오면 "옳지, 잘 걸렸다. 먹기를 탐하고 술이나 마시는 주제에, 몰려다니는 인간들은 하나같이 세리, 창녀, 죄인들뿐이니 저게 무슨 랍비냐" 하면서 거룩하게 외면하는 겁니다.

그 결과가 무엇입니까? 현상 그대로의 유지. 하나님나라의 급진성도 인식 변화의 급격함도 군중들의 엄청난 반향도, 거국적인 장례와 애도와 추모도, 끓어오르는 분노와 진실과 정의의 요구도, 날마다 되풀이되는 죽음과 고통의 문제들도, 교회와는 상관이 없고 교회는 교회 나름대로 할 일이 있는 겁니다. 교회가 세상을 바꿀 수 있다고 믿으십니까? "지혜는 그 행한 일로 인하여 옳다 함을 얻느니라." 결과가 모든 것을 말해준다는 말씀입니다.

문제를 인식한 사람의 사명

무의식적 꿈이나 환상이 그렇듯이 자각된 영으로 보면 이 세상 현실 역시 인식되지 못한 실제 상황의 자기표현이라고 할 수 있을 겁니다. 그것은 비우호적이고 냉담하지만 악한 것이라기보다는 자연의 일부 같은 겁니다. '자연(自然)'이 스스로 그러하듯이 그것은 자율적으로 무언가를 말하고 있습니다. 그러나 자연과 달리 우리의 현실이 말한다는 것은 특별히 요구한다는 겁니다.

사도 바울은 '자연의 탄식'이라는 말을 사용했지만(롬 8:22), 피조물의 탄식이란 사도 바울 자신이 갖는 인식이지요? 인식하면 4대강의 재앙 같은 자연의 탄식도 인간을 향한 메시지가 되지만,

인식하지 못하면 세월호 사건 같은 최악의 현실도 그저 자연의 일부가 돼버립니다. 그러나 우리가 그것을 인식한다면 그때부터 우리는 직접적이고 외부적이며 구체적인 해결이 아니면 안 되는 한 가지 요구에 직면하게 됩니다.

그것은 골방에 앉아서 침묵하고 회개하며 기도하는 방식으로 감 떨어지듯 알아서 해결되는 게 아닙니다. 그건 그냥 아무 일도 안 하고, 안 일어나고, 일어나도 모른 척하는 결과가 될 뿐입니다. 그런 해석, 그런 신학에서는 말은 어떻게 할지 몰라도 구태의 연한 기회주의와 통상적인 비겁과 개인주의적 게으름과 무감각이 양산될 뿐입니다. 혹은 현대의 목회자들은 성도들에게 그걸 요구하고 있는 것이기도 하겠지요. '교회로의 도피'라고 해야 할까요?

종교든 교회든 신학이든 목회든 결국은 '메시지로 말미암은 실천, 실천을 요청하는 메시지'입니다. 즉, 무언가를 하라는 것이지 하지 말라는 게 아닙니다. '회개하고 침묵하며 기도하라'가 아니라 '무언가를 하라'는 것입니다. (그 무언가를 저에게 묻지는 마십시오. 그 대답은 여러분에게 있는 것이지 저에게 있는 게 아닙니다. 제게는 저의 마실 잔이 있는 거겠지요? 물론 우리가 서로를 참고할 수는 있을 겁니다.) 다만 '아무것도 하지 말고 기다리라'가 아니라 무언가를 즉각적으로 시급하게 '하라', '해야 한다'는 요구입니다. 그렇지 않으면 이 메시지는 거부되고 무시되는 겁니다.

과연 그 실천의 길을 가르쳐주는 구체적 인도함이란 또 어디에 있는 것일까요? 그것 역시 매 순간 하나님나라의 급진성과 인식상의 급격함, 그 영적 자각 속에 발견된다고 해야 할 겁니다. 그러한 관점으로 우리의 현실을 볼 수 있게 될 때 우리는 비로소 비우호적이고 관성적이며 냉정하게 자율적으로 돌아가는 세계에 임하는 의식적이고 우호적이며 저항적이고 열정적인 사랑의 자세를 갖추게 됩니다. 이건 높아진 자의식 같은 것과는 완전히 다른 차원입니다. 세상을 관망하며 도사풍의 고상한 영성을 강론하는 것이 아닙니다. 각자 자기가 가진 현실, 그리고 우리 시대가 가진 현실 그대로를 통찰하여 거기서 끝내 벗어나려는 자유와 구원의 모색, 곧 자기부인의 길을 발견하는 것이라 하겠습니다.

현실을 있는 그대로 본다는 것은 본질을 꿰뚫어본다는 것이지, 이래도 흥 저래도 흥, 한다는 건 아닙니다. 있는 그대로 봐주지 않고 '이것이 무엇인가?'라고 비유의 원관념을 집요하게 파고들 때 우리는 비로소 문제를 파악할 수 있을 뿐 아니라 문제에 임하는 자세를 동시에 가질 수 있게 됩니다. 성경을 읽든 세상을 읽든 자기 마음을 읽든, 글자 그대로, 문자주의적으로 읽을 게 아닙니다. 성경은 같아도 메시지는 다른 겁니다.

하나님의 말씀이 어찌 부자와 가난한 자에게 같은 말이겠습니까? 같다면 같아지는 과정이 있을 것이 아니겠습니까? 어찌 범죄자와 피해자가 같겠습니까? 같다면 같아지는 단계가 필요한 겁니다. 문자주의자는 단지 종이의 표면에 적혀 있는 문자만 보고 그 문자를 실제로 이해한 것처럼 착각에 빠지는 수가 많습니다. 심혼(心魂)이니 영혼(靈魂)이니 심령(心靈)이니 하는 말들은 다 글자 그대로가 아니라 차원을 달리하는 무언가를 지칭하는 말들입니다. 그게 무언지는 묻지 마십시오. 그건 대답할 수가 없는 겁니다. 그러나 분명히 있는 것이고 짐작하는 사람에게만 성령께서 구체적으로 가르쳐주실 겁니다.

카를 융은 꿈에 등장하는 인물은 실제 그 사람이 아니라 자기 자신의 콤플렉스라고 했습니다. 그건 바로 자기 자신이라고 했습니다. 꿈은 그 사람에게 말하는 게 아니라 나에게 말하는 거니까요. 마찬가지로 내가 만나는 이 세계의 모든 메시지는 온전히 오로지 나 자신에게로 되돌려져야 합니다. 그 모든 것이 다 나의 책임인 겁니다. 공염불로 드리는 '제 탓이오. 제 탓이오'는 사실 아무 책임도 지지 않겠다는 것이지만, 이 모든 세계의 인식이란 것이 결국 내 안에서 나에게 보내는 메시지라는 것을 알고 그것을 인식하게 될 때는 무한한 나의 책임, 곧 인식한 사람의 사명이 주어집니다. 그것이 교회 문제든 사회 문제든 그것들은 그 자체로 나에게 구체적인 행위적 결재를 요구하는 사안들입니다.

교회 갱신, 어렵지 않습니다. 평신도들이 취향을 바꾸면 교회는 자연히 바뀔 겁니다. 따귀는 자기가 맞고도 우리가 느끼는 수치를 모르는, 춤출 줄 모르고 울 줄도 모르면서 장터에 나와 있는 지도자들이 너무나 많기 때문입니다.

목회냐 예언이냐
_ 예언이 사라진 교회

예레미야 23:16-40

중요한 것은 지금 현존하는 나의 삶이
신의 현존의 증거가 되느냐 하는 겁니다.

지금 나의 삶은 신의 현존의 증거가 되고 있는가

미국의 사상가 랠프 월도 에머슨(1803-1882)은 자연의 법칙은 하나님의 인격적인 메시지라고 했습니다. 사계절이 순환된다든지, 모든 것이 생성되고 소멸한다든지, 자연이 끊임없이 자기 균형을 맞추려 한다든지 하는 법칙들은 그 자체가 인간을 향한 창조주의 메시지라는 것입니다. 알아듣느냐 마느냐, 복종할 것이냐 반항할 것이냐는 인간의 몫이겠지만 그 몫을 자연이 인정해주는 것도 아닙니다. 파헤쳐놓은 강물이 스스로 원래 상태로 복귀하려는 것은 그 의지가 꺾을 수 없는 '절대언어'에 따르고 있음을 말해줍니다. 자연뿐 아니지요? 자세히 탐구해보면 사회나 인간관계 같은 것들 역시 동일한 '절대적 원리'에 따르고 있습니다.

절대란 거기로부터 모든 삶의 양태가 하나의 맥락과 궤로 연결되어 통일되는 것을 가리킵니다. 배타적인 게 아닙니다. 통일, 곧 하나로의 화해이고 일치입니다. 이게 하나님의 전인적 인격입니다. 그 메시지를 한 인간이 자신의 인격 안으로 받아들이면 그것은 그 사람의 인격이 됩니다. 그가 하나님의 사람이 되고, 하나님의 메시지가 됩니다. 말도 없고 들리지도 않고 보이지도 않고 나타나지도 않지만, 그는 아는 겁니다. "이제 나는 알았다"라고 말하는 겁니다. 무엇을요? 이것이 하나님께서 말씀하시는 방식이고, 인도하시는 길이라는 것을요.

그러므로 그 방식을 따르고 그 인도에 부합하려는 사람은 무엇보다도 차분해져야 하고, 탐구심과 이해력과 집중력이 있어야 합니다. 파편화된 삶에 시달리면서는 집중할 수가 없습니다. 신앙생활에서 가장 주된 공부는 파편화된 삶으로부터 벗어나는 탐구이고, 그러기 위해서 가장 먼저 필요한 것은 우리의 삶이라는 게 얼마나 파편적이고 파행적인지를 아는 것입니다. 그래야 모두가 전체주의처럼 '아멘'을 외치는 공론(空論)이 된 하나님이 아니라, 지금 이 시간 나에게 말씀하시는, 내 인생을 사용하셔서 말씀하시는 공론(公論)의 하나님의 뜻을 발견하게 됩니다. 이게 선택받았다는 말의 의미일 겁니다.

하나님으로부터 선택받은 사람에게 그의 모든 인생은 하나님의 뜻에 대한 이해와 복종이 요구되는 여정입니다. 이 이해와 순종에 입각한 일관된 삶의 의지적 태도를 우리는 '근본주의(根本主義, fundamentalism)'라 부를 수 있을 겁니다. 그러나 근본주의란 옷깃을 여미고 뭔지도 모르면서 거룩한 척 행동하거나, 종교적인 특별한 일에 헌신하라는 말일 수 없습니다. 요컨대 원리주의자들에게서 보이는 고립되고 배타적인 율법적 관념이 아닌 겁니다.

중요한 것은 지금 현존하는 나의 삶이 신의 현존의 증거가 되느냐 하는 것입니다. '내가 지금 하나님과 함께 존재하고 있느냐? 살고 있느냐?' 주장이나 관념이나 교리가 아니라 영감, 곧 감동이 있어야 합니다. 그러나 여러분도 무수히 느끼다시피 감동이 어찌 억지로 일어나나요? 억지로 감동한 척하면 그것만큼 추

악한 일이 없을 겁니다. 그것은 자연에 따르는 게 아니니까요. 진짜 감동이란, 있으면 있는 대로 없으면 없는 대로 진실한 자각 가운데서 나오는 거지요. 진정한 감동에는 일관된 이성과 책임 같은 것이 따르지만 센티멘털은 '그때그때 달라요'가 됩니다.

문제는 하나님이 보이지 않으신다는 점입니다. 하나님은 우상들처럼 나타나 보이면서 기교를 부리지 않으십니다. 가령 사람이 영과 혼과 육으로 이루어졌다고 할 때, 그것은 분명 그렇게 존재하는 것이지만 '이건 영, 이건 혼, 이건 육' 하는 식으로 개별적 구별이 가능한 것은 아닙니다. 영이 영을 자각하지 못하고 혼이 혼을 자각하지 못하고 육이 육을 자각하지 못하는 상태로, 인식할 수 없는 가운데 그렇게 존재하는 겁니다. 하나님도 마찬가지겠지요? 하나님의 존재와 세상과 우주를 운행하시는 경륜은 분명 존재하는 것이지만 우리는 그걸 인식하지 못합니다. 그러므로 내 삶이 신의 존재의 증거가 되는 자각의 종교 감각이란 매우 민감한 것입니다. 민감하다는 것은 그만큼 쉽게 망각되고 무시될 수 있다는 말입니다.

대단한 영적 경험을 가진 사람이라도 이 민감함과 위태로움에서 자유로울 수는 없습니다. 일회적 경험은 동일하게 반복되지 않으며 단지 기억 속에서 재생될 뿐이기 때문입니다. 영적 체험은 매우 소중한 경험이긴 하지만 그것이 오늘을 담보해주지는 않는 겁니다. 이처럼 인간의 이성과 욕망도 하나님을 알기가 어렵고 유지하기가 어렵지만, 이러한 인간의 취약함을 향한 하나님의 목소리 역시 집요하리만치 인간에게 무심합니다. (정신을 차려야겠습니다!)

하나님은 결코 서두르시는 적이 없습니다. 언제나 과묵하고 느리고 고요하지요? 축복일지라도 죄악일지라도 그 효과가 나타나려면 적어도 씨가 땅에 떨어져 싹트고 자라서 열매 맺는 시간만큼 오랜 시간이 걸립니다. 효과가 나타날 때쯤 인간은 벌써 그 얘기를 잊어버립니다. 하나님이 그렇다고 서두르시는가? 아닙니다. 인간의 조급함과 하나님의 느림은 영원한 비협조, 부조화입니다. 이게 안식일적 노동입니다. (인간들은 안식일은 이해 못하고 안식일이 토요일이냐 일요일이냐를 가지고 싸우지요.) 세상은 언제나 이렇게 본래 자연에 따르는 근본주의적 헌신에 힘입어 치유되고 회복됩니다. 그러나 현실에서 하나님이 망각되고 무시되는 이유 역시 그 겸손하고 고요하게 숨겨진 근본적 방식에 있습니다.

예를 들어 '하나님의 말씀'이라고 할 때 언제나 간과되는 것이 '하나님'이고 '말씀'입니다. 우리가 입으로 '하나님'이라고 발음할 때 존재하시는 하나님이 거기 계셔야 하고, '말씀'이라 말할 땐 거기 하나님으로부터 울리는 '말씀'이 있어야 합니다. 그것 없이 그냥 '하나님의 말씀'으로 가버리면 거기엔 하나님도 하나님의 말씀도 없이 다만 상징과 기표로서 의사전달만을 가능케 하는 명패만 있을 뿐입니다. 그러면 정작 하나님의 말씀으로 들어가기도 전에 우리는 벌써 성령을 상실하게 됩니다. 관용적 표현이란 빠른 소통에는 효과를 내지만 진정한 소통에는 걸림돌이

되는 경우가 많지요. 서로가 말을 다 통했는데도 절대 통하지 않는 관계라면 어떻겠습니까?

한국 교회의 전반적 실태

이런 위험을 인식하면서 오늘날 교회에서 선포되는 하나님의 말씀(설교)을 헤아려볼 때, 거기에는 두 가지 기능적 측면이 있다고 하겠습니다. 첫째는 목회적 측면이고 그다음은 예언적 측면입니다. 목회적 측면이란 하나님의 말씀을 개개인에게 적용해서 교회생활에 도움이 되도록 해주는 일종의 종교적 서비스라고 할 수 있고, 예언적 측면은 이와는 달리 개개인의 이해타산을 초월해 하나님과 그분의 말씀 자체를 환기시키는 사역입니다. 곧 실생활을 도와주려는 게 아니라 파괴하고 깨뜨려 제고(提高, 쳐들어 높임)하게 해주는 기능입니다. 물론 목회에 일깨움과 가르침이 없다는 뜻은 아니지만 그 주된 관심과 목표가 어디에 있느냐 하는 문제입니다. 더 나아가 우리는 수많은 목회자들을 '목회적 목사' 혹은 '예언적 목사'로 나누어볼 수도 있을 겁니다.

'사목(司牧)'이라는 말도 쓰지만 예언과 목회는 목적이 사뭇 다릅니다. 예언은 아나키즘(anarchism)적이고 목회는 전체주의적이라고 말할 수 있을까요? 우열을 나누기 전에, 이 둘은 자주 서로 충돌합니다. 왜 충돌하는 것이며 이 충돌의 의미는 무엇일까요? 어떻게 화해시켜야 할까요? 기독교인인 우리가 경전으로 믿는 성경을 읽을 때 우리는 바로 이러한 두 차원의 서로 다른 성경이 존재함을 알아야 합니다. 목회만 있고 예언이 사라지거나, 예언만 있고 목회가 사라지거나 할 테지만 주로 나타나는 병폐는 목회만 남고 예언이 실종되는 것입니다. 그 증거가 신앙의 이 두 측면, 곧 개개인의 목회적 차원과 예언적 차원이 충돌할 때 그 원인과 의미를 묻고 화해를 모색하기보다 자기에게 좋은 쪽으로 해석해버리는 경우들입니다. 자기에게 유리한 목회적 측면 일변도로 말씀을 가공해버리는 거지요.

이순신 장군의 《난중일기》를 보면 전투에 나가기 전 《주역(周易)》에 의지해 점을 친 기록이 자주 나옵니다. 흥미로운 것은 나쁜 점괘가 나오면 좋은 괘가 나올 때까지 다시 쳤다는 겁니다. 왜 그랬을까요? 피치 못할 전투를 앞두고 가장 길한 징조를 의지하겠다는 의미였을 겁니다. 매번 최후의 결전인 전장에서 오직 승리의 확신을 확보해야만 했던 지휘관의 실존적 고결함마저 느껴집니다. 그것은 결연한 이성이며 거룩한 종교성이겠지요? 운명에 대한 최후 복종이며 마지막까지 책임을 다하려는 치열한 자세였을 겁니다.

신혼 시절 아내와 아침 시간을 큐티(QT) 나눔으로 보낸 적이 있었습니다. 주말에는 종일 큐티만 한 적도 많았습니다. 한 줄의 말씀이 도대체 어디까지 나라는 개인의 내면에 잇닿아 있는지를 시험해보는 귀중한 경험이었습니다. 그런데 이게 좀 신비화, 신화화되는 경우들이 있는 겁니다. 그날분의 본문을 '하나님이 오늘 나에게 주시는 말씀'이라고 할 때 그야말로 점을 치는 것 같은 태도가 발생하는 겁니다.

아주 열성적으로 그것을 추구했던 '옥스퍼드 운동'이라는 캠페인이 있기도 했었습니다만, 숭고한 본래 목적과 달리 아전인수의 해석으로 유치한 신앙을 길들일 수도 있습니다. 자기 마음에 들어온 구절, 자기가 좋아하는 구절, 혹은 유리한 구절에만 매달리게 되는 병폐가 생길 수 있습니다. 나중엔 성경이 아니라 삶이 그런 식이 되겠죠? 말은 하나님의 주권에 의한 '우연성'이지만 결국엔 주관적 필요에 의한 '필연성'이 되어버려 거기에 부합하지 않는 구절은 거부하거나 대충 넘겨버리게 되는 거지요. 바로 이런 태도가 긍정주의와 성공주의, 번영신학의 문제가 됩니다. 어째서 이런 태도가 나타나는 걸까요?

첫째로, 그것은 하나님의 뜻과 주권적 의지에 대한 몰이해(불신앙)에서 비롯된다고 생각됩니다. 전적으로 자기 편의주의적 몰입과 도취가 개입되는 거지요.

둘째로, 현실을 직시하고 그에 따르는 직면을 기피하려는 심리적 자기방어가 숨겨진 이유가 됩니다. 말하자면 어린아이 같은 환상 속에 살고 싶은 겁니다. 현실을 직시하고 직면한다는 것은 대단한 용기를 필요로 합니다. 단순히 긍정이나 부정의 반응을 말하는 게 아닙니다. 긍정과 부정의 양면을 다 직시하고 직면함으로써 그것(육)을 통찰하고 그 본질(영)을 뚫고 나가는 것이 진정한 긍정일 겁니다.

그런데 대부분 여기서 문제가 발생합니다. 자기에게 닥친 어떤 문제나 사건 자체를 있는 그대로 직면하기보다 그에 대한 회피반응으로서 긍정적 태도만을 강조하는 겁니다. 회개도 이럴 때는 값어치가 없어집니다. 그건 그저 계속적인 왜곡과 속임일 뿐입니다. 그것이 하나의 삶의 방식으로, 종교적 태도로 발전하게 되면 일종의 자기기만이 라이프스타일을 이루게 됩니다. 나쁜 것은 보지 않고 좋은 것만 본다는 것은 일면 건강한 측면이 있지만 거기엔 진실에 대한 뒤틀린 기만이 항상 따라오게 되는 겁니다.

지금 한국 교회의 강단이 남발하는 긍정의 메시지들은 우리 사회와 우리가 놓인 부정적 현실과 부합하지 않습니다. 그걸 믿음이라 하지만 실은 각자가 욥의 친구들처럼 자기들의 당황과 곤란을 감추느라 급급한 겁니다. 진실이야 어떻든, 남이야 어떻게 생각하든, 말씀을 자기 좋을 대로만 해석하는 겁니다. 회개와 개혁을 말할지라도 삶 자체가 관성적이라 새롭고 청신한 영감(靈感)이 없습니다. 감동이 없으니 결국 센티멘털에 떨어지고 마는 것이고, 실제적 변화가 일어나지 않습니다.

이러한 기만적 구조 속에서는 어떤 사람들이 독실한 기독교인이 될까요? 비타협적이고 절대적인 예언이 사라지고 편의주의적 목회만 남은 사람일 겁니다. 그러나 예언이 사라지면 사랑도 사랑이 아니고 봉사도 봉사가 아니게 됩니다. 자화자찬의 나팔

소리는 될망정 잠든 사람을 일깨우는 파수꾼의 감동이 되질 못합니다. 저는 가끔 '독실하다'는 수사가 아주 듣기 싫습니다. 누군가를 '독실한 크리스천'이라 부르면 마치 그를 모독하는 말같이 들립니다. 나와 같은 기독교인과는 거리가 먼 사람이라는 뜻으로 들립니다.

예를 들어, 서울의 어느 대형교회에서는 당회장 목사님의 오랜 파트너였던 재정장로가 비자금 문제로 아파트에서 투신자살하는 사건이 벌어졌습니다. 아무리 의리부동(義理不同)한 세상이라지만 인간적으로 따지자면 목회를 지속할 낯조차 없어야 되는 게 아니겠습니까? 그러나 심지어 자살이 아니라 병으로 사망했다고 거짓말까지 했다고 합니다. 그분의 장례에서도 예배가 드려졌겠고 설교가 있었겠죠? 어떻게 했을까요? 그 모든 것을 우리는 거짓이라고 해야 할까요, 어쩔 수 없는 믿음의 행위라고 해야 할까요? 예언이 사라지면 무엇이 남겠습니까? 판단하려는 게 아니라 간절히 물어보고 싶은 겁니다.

최근 뉴스에 등장하는 자살 사건들을 보면 독실한 기독교인으로 교회의 장로, 안수집사였다는, 망자에 대한 칭찬인지 비꼼인지 모를 수사가 빈번히 사용됩니다. 고인들을 비난하려는 말이 아닙니다. 얼마나 마음의 궁지에 몰려 괴로웠으면 극단적인 자진을 결행했을까요? 참담합니다. 유가족들을 생각할 때 더욱 마음 아프고 동정이 갑니다. 그러나 그들에게 기독교란 과연 무엇입니까? 우리에게 신앙이란 무엇입니까? 그것은 진정한 희망이고 희망의 토대라 할 수 있는 겁니까?

긍정주의적 번영신학은 잘나갈 때는 자기 교리에 잘 들어맞습니다. 그러나 진짜 절망이라는 판단에 이르면 역설적으로 더 이상 진짜 희망이 없는 겁니다. 잘나갈 때는 모든 것이 하나님의 뜻이지만 절망에 이르면 희망의 여지가 없는 이것이 그들의 진짜 신앙이었던 겁니다. 그것은 본질적으로 기독교와는 상관이 없는 것이죠. 천국에 못 간다는 뜻이 아니라, 말 그대로 상관이 없다는 겁니다. 자신이 어떤 내용을 가진 신앙인인지를 안다는 것은 그래서 매우 중요합니다.

셋째로, 목회적 야망과 목표가 위에 언급한 두 가지 이유에 결합되었기 때문입니다. 바울은 구약성서와 신약 복음의 연속성과 차별성을 받아들이지 못하는 유대인들에게 "오늘까지 모세의 글을 읽을 때에 수건이 오히려 그 마음을 덮었도다"(고후 3:15)라고 말했지만, 이 목회적 목적이야말로 '모세의 수건'이 아니라 '야망의 수건'이라고 할 수 있을 겁니다.

그것은 일차적으로 성경말씀을 읽을 때 투명하게 그저 읽기만 해도 저절로 알려질 메시지도 이상하게 가려져서 보이지 않게 합니다. 생각해보십시오. 우리 기독교인들은 지난 2천 년간 이 책을 읽고 해석해왔습니다. 아직 밝혀지지 않은 게 남아 있을까요? 그런데도 여전히 해석이 문제가 되고 설교가 문제가 되는 겁니다. 분명 수건 덮인 해석들이 끼치는 교회적 사회적 해악이 있습니다.

가장 큰 해악은 바른 메시지와 그 영향력을 차단시킨다는 점입니다. 끊임없이 자기를 선전하고 광고하고 장사하는 데는 열중하지만, 동시에 끊임없이 자기가 이해하지 못하고 감추고 있는 진실을 드러내고 일깨우는 예언적 메시지를 차단합니다. 이게 아이러니지요? 가장 긍정적인 메시지를 전파하는 기독교인들이 어느 면에 가면 가장 말이 통하지 않는 부정적이고 편협한 사람들, 독선적이고 뻔뻔하고 폭력적인 사람들이 됩니다. 천국을 꿈꾸고 이야기하고 전파하는 그들이 세상을 조금만 낫게 바꾸자는 목소리에도 안면을 바꾸고 고개를 돌립니다. 구원의 문자와 교리를 주장하다가도 말문이 막히면 '무조건 믿어라, 불신자는 지옥행'이라는 무서운 무속적 신비주의로 돌아가버립니다. 이 신학적 불균형과 실천적 비일관성의 양면 자기모순을 함께 지닌 게 오늘날 한국 교회 목회자들의 보편적 자화상입니다. 그리고 목회자들의 그러한 개성적 성향들은 그대로 집단 전체의 성격이 되어 있습니다.

예를 들어, 작금의 대형교회들은 각기 나름대로 성격상 하나의 인격과도 같은 개성을 지니고 있습니다. 불가피한 일이지만 그것은 담임목사의 인격과도 부합합니다. 곧, 그와 그가 풍기고 선포하는 유무형의 메시지(영향력)가 그 교회인 겁니다. 나쁜 의미가 아니라, 사랑의교회는 그대로 옥한흠 목사님이고 온누리는 그대로 하용조 목사님이며 여의도순복음은 그대로 조용기 목사님인 겁니다. 모세와 여호수아와 사사들과 예언자들과 왕들이 구약성경의 서명(書名)을 장식하고 있는 것과 같은 원리입니다. 그 외에도 구름같이 허다한 사례들이 많겠죠?

저는 그들의 차세대를 언급하고 싶진 않습니다. 교회를 세습한다거나 물려받는 목회 방식이 없을 수는 없겠지만 새로워지는 무엇이 없는 답습이라면 의미를 둘 필요가 없다는 생각입니다. 애플(Apple)이나 삼성을 누가 물려받든 그게 우리에게 무슨 상관이겠습니까? 교회란 한 사람의 목회자가 사라지면 후임자가 즉각 초빙돼 이어지는 그런 게 아닙니다. 100년, 200년 전통의 프리미엄을 누려가며 번영을 구가해야 하는 기관도 아닙니다. 목자가 사라지면 양들은 흩어져야 합니다! 하나님이 또 다른 누군가를 광야에서 세우실 것이기 때문입니다. 그걸 예비해야 합니다. 그게 진정한 기독교적 계승이고 승계일 겁니다.

광야에서 외치는 자의 소리는 거대한 콤플렉스(Complex)에서는 찾을 수 없습니다. 정말 그런 스승이 나타난다면 저는 대형교회가 아니라 한국의 기독교인이 다 그에게로 모인대도 상관없다고 생각합니다. 저도 기꺼이 그에게로 갈 겁니다. 그러나 그게 아니라면 세계의 기독교인이 다 거기 모인대도 그건 저에게 의미가 없습니다. 광야의 사람을 만나려면 또한 광야로 나가야만 하는 것, 이것이 아브라함의 믿음이 아니겠습니까?

저는 개인적으로 제가 사라지면 우리 교회는 자연 해산하고 교인들은 각자 자기의 갈 길을 찾아가야 한다고 봅니다. 그런 얘길 할 규모도 안 되어 말발이 서진 않겠지만, 누구에게 물려주고 싶은 맘도 없습니다. 교회가 무슨 국가기관인가요? 혹은 기업인 가요?

동학(천도교)이 한때 국가를 상대로 농민전쟁을 일으킬 정도로 왕성했었지만 왜 지금은 그 자취조차 희미해졌을까요? 탄압과 박해 때문일까요? 아닙니다. 최제우(1824-1864)와 최시형(1827-1898)과 전봉준(1854-1895) 같은 지도자가 다시 나타나질 않았기 때문입니다. 교회도 마찬가지입니다. 기록될 만한 예언자가 전무했던 몇백 년의 기간도 있었습니다. 그때라고 목회자가 없었겠습니까, 사제가 없었겠습니까? 교황도 있었고 대주교도 주교도 부제도 다 있었습니다. 그러나 그게 뭐가 그리 중요합니까? 그런 의미에서 세습이 교회의 당면 문제가 되는 교회를 저는 교회로 인정하고 싶질 않습니다. 거기엔 예언이 없습니다. 제 말을 받아들이든 그렇지 않든 상관없습니다. 제 믿음과 양심이 그렇게 여긴다는 고백입니다.

지금까지 일별해본 한국 교회와 교인들의 전반적 실태를 아래와 같이 요약할 수 있겠습니다.

1. 신앙의 목적에 대한 목회적, 예언적 측면의 몰이해
2. 기복주의적이고 성공주의적인 긍정일변 신앙의 기만성
3. 1, 2항의 교회 체질이 공고화되고 사회화하는 과정에서 영적 권능(영향력) 상실

모순되게도 긍정주의 신학의 원동력은 콤플렉스입니다. 열등감과 두려움의 역동이 자아도취와 과장된 성역으로서의 대형교회를 태어나게 하는 겁니다. 출발하는 지점에서부터 벌써 과녁을 벗어난 것이죠? 따라서 대형교회의 성장은 한국 교회와 사회의 모순의 비대함일 뿐이지 축복의 선물일 수가 없는 겁니다. 거기에선 하나님의 말씀인 예언은 실종되고 그것을 이해하지 못할뿐더러 이해를 가로막는 뻔뻔한 욕망의 가짜 예언들이 태평성대의 '수제천(壽齊天)'을 연주하고 있습니다.

너희가 나의 부담이다

선지자 예레미야는 주전 627년경(요시야 13년)에 하나님의 부름을 받았고, 유다 최후의 네 왕들의 시대를 살면서 약 41년간, 예루살렘 멸망 후에 이집트로 피체(被逮)되기까지 예언자로 살았습니다. 그는 제사장 가문에서 태어났지만 자기 시대의 정치, 종교 권력자들에게 저항했고 그로 인해 일생 동안 형극의 고통을 당했습니다. 그는 성전의 수비대에게 매를 맞고 감금당했고, 매국노라 비난받았고, 온갖 음해를 받았고, 구덩이에 던져지고 시위대 뜰에 위리안치 당했습니다. 그는 자기의 입으로 자기 나라의 멸망을 선포했고, 침입자들의 학살과 난민과 포로들의 참상을 지켜보았고, 마지막엔 반역자라는 이름으로 죽임 당했습니다.

나 만군의 주가 말한다. 스스로 예언자라고 하는 자들에게서 예언을 듣지 말아라. 그들은 헛된 말로 너희를 속이고 있다. 그들은 나 주의 입에서 나온 말을 전하는 것이 아니라, 자기들의 마음속에서 나온 환상을 말할 뿐이다. 그들은 나 주의 말을 멸시하는 자들에게도 말하기를 '만사가 형통할 것이다. 주님의 말씀이다' 한다. 제 고집대로 살아가는 모든 사람에게도 '너희에게는 어떠한 재앙도 내리지 않을 것이다!' 하고 말한다. 그러나 그 거짓 예언자들 가운데서 누가 나 주의 회의에 들어와서 나를 보았느냐? 누가 나의 말을 들었느냐? 누가 귀를 기울여 나의 말을 들었느냐? … 이런 예언자들은 내가 보내지 않았는데도 스스로 달려나갔으며, 내가 그들에게 말을 하지 않았는데도 스스로 예언을 하였다. 그들이 나의 회의에 들어왔다면, 내 백성에게 나의 말을 들려주어서, 내 백성을 악한 생활과 악한 행실에서 돌아서게 할 수 있었을 것이다. … 나의 이름을 팔아 거짓말로 예언하는 예언자들이 있다. '내가 꿈에 보았다! 내가 꿈에 계시를 받았다!' 하고 주장하는 말을 내가 들었다. 이 예언자들이 언제까지 거짓으로 예언을 하겠으며, 언제까지 자기들의 마음속에서 꾸며낸 환상으로 거짓 예언을 하겠느냐? 그들은 조상이 바알을 섬기며 내 이름을 잊었듯이 서로 꿈 이야기를 주고받으면서, 내 백성이 내 이름을 잊어버리도록 계략을 꾸미고 있다. 꿈을 꾼 예언자가 꿈 이야기를 하더라도, 내 말을 받은 예언자는 충실하게 내 말만 전하여라. … 그러므로 보아라, 내 말을 도둑질이나 하는 이런 예언자들을 내가 대적하겠다! 나 주의 말이다.

하나님의 말씀을 전한다고 제멋대로 혀를 놀리는 예언자들을, 내가 대적하겠다! 나 주의 말이다. 허황된 꿈들을 예언이라고 떠들어대는 자들은 내가 대적하겠다. 나 주의 말이다. 그들은 거짓말과 허풍으로 내 백성을 그릇된 길로 빠지게 하는 자들이다. 나는 절대로 그들을 보내지도 않았으며, 그들에게 예언을 하라고 명하지도 않았다. 그러므로 그들은 이 백성에게 아무런 유익도 끼칠 수 없는 자들이다. 나 주의 말이다. 이 백성 가운데 어느 한 사람이나 예언자나 제사장이 너에게 와서 '부담이 되는 주님의 말씀'이 있느냐고 묻거든, 너는 그들에게 대답하여라. '부담이 되는 주님의 말씀'이라고 하였느냐? 나 주가 말한다. 너희가 바로 나에게 부담이 된다. … 내가 그들을 뽑아서, 멀리 던져버리겠다 하더라고 전하여라(렘 23:16-18, 21-22, 25-28, 30-33, 39, 새번역).

예레미야의 신학은 당시 유다가 처한 국제적이고 지정학적인 상황 속에서 형성된 것입니다. 말하자면 그것은 관제 예언자 학교나 제사장 학교에서 배운 게 아닙니다. 예루살렘의 시민들 속에서 한 사람의 시민 된 입장에서 체험적으로 성숙된 것이었습니다. 그러나 그의 설교에 대한 청중들의 반응은 냉담했습니다. 왜 그랬을까요?

그는 여기서 당대의 예언자들, 사제들, 목사들, 교회의 지도자들을 하나님의 적이라 규정합니다. 그들의 메시지는 감언이설이고 자기 욕망의 발로이고 백성들의 부패한 마음에 부합한 것일 뿐이라 질타합니다. 바로 그 이유로 백성은 그를 따르지 않았던 겁니다. 오늘날 자동차도 마다하고 지하철로 몰려가 대형교회의 좌석을 메우는 평신도들은 무엇을 기대하는 걸까요? 그들의 설교, 그들의 찬양, 그들의 기도, 그들의 헌금은 다 어디에 바쳐지는 걸까요? 그들이 예레미야서에 이런 글이 있는 걸 아는지 모르겠습니다.

예레미야는 자주 인간적 고뇌와 고립감을 호소하고 탄식하기도 했습니다. 그러나 그는 자신이 모세로부터 이어져온 예언자들의 반열에 서 있다는 자의식을 지니고 있었습니다. 그는 당대의 구태의연한 무수한 사목자들 가운데 하나가 아니었습니다. 그런데 바로 그 점, 오늘의 관점에서 보자면 비주류, 비타협, 그로 인한 고립과 고난, 거기서 더욱 강화되어간 그의 메시지들은 진정한 예언자로서 예레미야를 증거해주는 기록들인 겁니다. 바로 이것들이 당대에 그가 거부당하고 그의 메시지가 배척받았던 증거들인 겁니다. 이것이 우리 시대에 지시해주는 복음적 의미는 무엇일까요?

보라 한 민족이 북방에서 오며 큰 나라가 땅 끝에서부터 떨쳐 일어나나니 그들은 활과 창을 잡았고 잔인하여 사랑이 없으며 그 목소리는 바다처럼 포효하는 소리라. 그들이 말을 타고 전사같이 다 대열을 벌이고 시온의 딸인 너를 치려 하느니라 하시도다. 우리가 그 소문을 들었으므로 손이 약하여졌고 고통이 우리를 잡았으므로 그 아픔이 해산하는 여인 같도다(렘 6:22하-24).

예레미야 예언의 가장 중요한 특징은 심판의 기정사실화에 있습니다. 그는 선지자로 부름 받은 그 첫 설교부터 멸망을 선포합니다. '너희가 회개하면 멸망치 않을 것이다'라고 말하지 않습니다. '반드시 망할 것'이라고 선언합니다. 따라서 회개하고 돌이키라는 게 아닙니다. 이미 틀렸다는 겁니다. 긍정주의적으로 좋게 생각하면 하나님이 다 들어주신다는 게 아니라, 그렇지 않은 현실의 엄중함을 직시하라는 겁니다. 그 절망 너머에 죽음을 통과하여 하나님이 계신 것이지, 하나님은 상상하는 대로 자가 조정이 가능한 다변신 로봇이 아니십니다. 따라서 세상이 자신만만하고 여유만만할 때가 가장 위태로운 때입니다. '아직 기회가 있고 여유가 있으니…' 하면서 뒤로 미룰 때가 가장 어리석은 때입니다.

그러므로 너는 이 백성을 위하여 기도하지 말라. 그들을 위하여 부르짖거나 구하지 말라. 그들이 그 고난으로 말미암아 내게 부르짖을 때에 내가 그들에게서 듣지 아니하리라(렘 11:14).

우리는 이게 어떻게 하나님의 은혜의 말씀일 수 있는지를 알아야 합니다. 절대적 죽음만이 새로운 생명의 약속인 것을 알아야 합니다. 그러나 그 전에 이 시대에 만연된 긍정주의적 메시지들이 왜 하나님의 말씀이 아닌가도 알아야 합니다. 모르는 사람은 어쩔 수 없습니다. 그러나 알게 된 사람은 더 이상 거기에 머물러서는 안 되는 겁니다. 그것은 여전히 자기의 진실을 외면하고 자기기만에 게으르게 타협하고 굴복하는 것입니다. 하나님의 뜻을 거역하는 삶인 겁니다!

깨어나십시오. 기도를 드린답시고 눈을 감은 채 잠꼬대 같은 꿈과 비전을 보지 말고 눈을 떠 우리의 현실을 보아야 합니다. 특히 대형교회라 불리는 교회의 성도들은 자기를 향한 하나님의 절대언어를 재고해보아야 할 것입니다. 예수님처럼, 세례 요한처럼, 사도 바울처럼, 광야에 나와보지 않고는 예루살렘이라는 콤플렉스의 실체가 보이질 않는 법입니다. 어찌 광야에서 울부짖는 사자와 같은 하나님의 말씀을 애완용 스피츠같이 길들이겠습니까. 이 설교를 받을 만한 분들은 받으시고 받아들이기 어렵다면 받아들이지 마십시오. 그러나 예레미야에 이런 말씀이 있는 줄은 알아주시길 부탁드립니다.

영성이냐 반지성이냐

_ 지성이 사라진 교회

시편 19편

여러분은 지도자라 칭하는 사람들을 너무 높게 보지 마십시오.
진정한 기독교는 모든 사람을 죄인으로 보는 겁니다.

지식은 믿음에 선행한다

하늘이 하나님의 영광을 선포하고 궁창이 그의 손으로 하신 일을
나타내는도다.

날은 날에게 말하고 밤은 밤에게 지식을 전하니

언어도 없고 말씀도 없으며 들리는 소리도 없으나

그의 소리가 온 땅에 통하고 그의 말씀이 세상 끝까지 이르도다.

하나님이 해를 위하여 하늘에 장막을 베푸셨도다.

해는 그의 신방에서 나오는 신랑과 같고 그의 길을 달리기 기뻐하
는 장사 같아서

하늘 이 끝에서 나와서 하늘 저 끝까지 운행함이여 그의 열기에서
피할 자가 없도다.

여호와의 율법은 완전하여 영혼을 소성시키며 여호와의 증거는 확
실하여 우둔한 자를 지혜롭게 하며

여호와의 교훈은 정직하여 마음을 기쁘게 하고 여호와의 계명은
순결하여 눈을 밝게 하시도다.

여호와를 경외하는 도는 정결하여 영원까지 이르고 여호와의 법도
진실하여 다 의로우니

금 곧 많은 순금보다 더 사모할 것이며 꿀과 송이꿀보다 더 달도다.

또 주의 종이 이것으로 경고를 받고 이것을 지킴으로 상이 크니이다.

자기 허물을 능히 깨달을 자 누구리요. 나를 숨은 허물에서 벗어나
게 하소서.

또 주의 종에게 고의로 죄를 짓지 말게 하사 그 죄가 나를 주장하지 못하게 하소서. 그리하면 내가 정직하여 큰 죄과에서 벗어나겠나이다.

나의 반석이시요 나의 구속자이신 여호와여 내 입의 말과 마음의 묵상이 주님 앞에 열납되기를 원하나이다(시 19:1-14).

어떤 사람들은 이 시를 읽으면서 서정적 아름다움에 감동을 받고, 어떤 사람들은 '아멘' 하면서 하나님을 향한 찬양에 동의를 표하고, 어떤 사람들은 자연신학과 율법주의적 기독교를 연관 지으며 시인의 심오한 통찰에 찬사를 보낼지 모르겠지만, 그것은 사실 부차적이고 별개인 문제입니다. 그런 것으로는 이 시가 지시하는 데 도달할 수가 없습니다. 이 시는 모름지기 '자연신학'이라는 말을 사용한 적도 없는 다윗 왕(기원전 1107-기원전 1037)에 의해 쓰였고, 우리가 들고 다니는 검은 비닐장정 속 성경이 기독교의 경전으로 취합되기 1,500여 년 전에 노래로 불렸습니다.

정말로 완전하여 영혼을 소성시키고, 확실하여 우둔한 자를 지혜롭게 하며, 정직하여 마음을 기쁘게 하고, 순결하여 눈을 밝게 하는 것이라면, 정결하여 영원까지 이르고, 진실하여 다 의로워서 정말 금 곧 많은 순금보다 더 사모할 것이며 꿀과 송이꿀보다 더 단 것이라면, 단순히 이런 시를 인용하면서 '하나님의 율법과 교훈과 계명과 도와 규례는 얼마나 대단합니까! 그러니까 우리도 그렇게 살아야 합니다'라고 하는 설교로는 거기에 도달하기가 부족해도 너무 부족할 겁니다.

더구나 그다음에 나오는 '자기 허물'을 깨닫는다든지, '숨은 허물'에서 벗어난다든지, 고의로 죄를 짓지 말게 해달라든지 하는 축원들은 이 하나님의 법칙과 거기에서 나오는 인간을 향한 메시지, 그에 따르는 자기성찰의 지성적 이해력이 없이는 불가능한 목록들입니다. 믿음이 문제가 아니라 이해력의 문제이며, 프랜시스 셰퍼(1912-1984)가 말한 대로 역시 '지식은 믿음에 선행하는 것'이라 하겠습니다.

텍스트가 지시하는 곳에 이르기

경전이나 경전의 텍스트는 그 자체가 숭배할 것이 아니지요. 우리는 이성을 통해 그것이 지시하는 데까지 이르러야 합니다. 하나님의 말씀을 이해하고 받아들여 그 은택을 누리고 그 혜택에 참여하려면 그에 합당한 지성이 요구됩니다. 왜 이 사실이 이토록 절실할까요? 인간 집단이 자기 허물과 숨은 욕망과 고범죄 속에서 하나님의 지성에 반(反)하여 살아가기 때문입니다. 이토록 명백하고 확실하게 좋은 법에 의해 통일되지 않고 수없는 자기 관점들로 분열되어 성찰 없는 반목과 경쟁의 욕망이 포화상태로 치닫고 있는 것이 현실이고, 개인이든 사회든 언제나 일촉즉발, 폭발 일보 직전이 아닙니까.

무더운 여름에 땀이 흐르고 몸이 축 늘어져 힘들고 지치면 얼마나 짜증이 납니까? 더구나 방학이라도 되어 아이들과 한 집안에서 부닐다 보면 사소한 국지전이 자주 발생합니다. 문제는 사소한 분쟁들이 언제든 전면전으로 확산될 폭발력을 안고 있다는 것입니다. 그래서 제가 아이들에게 자주 강조하는 말이 이겁니다. "무슨 말을 하고 싶거든 곧바로 말을 내뱉지 말고 그 말하고 싶은 욕망이 어디서 발생한 건지, 어떻게 생겨먹은 건지를 살핀 다음, 그놈이 어떻게 뱃속을 통과해 목구멍을 거쳐 혀에까지 이르게 되는지를 관찰해라. 운이 좋으면 발견 즉시 사라질 수도 있고, 치밀어 오르는 중간에 소멸될 수도 있고, 최후에는 이를 악물고 도로 삼켜버릴 수도 있다. 여기에 중대한 원리가 있다. 그런 경험을 한 번이라도 제대로 완성해보면 이 모든 게 남의 집안 문제가 아니라 내 뱃속 문제라는 것을 알게 된다. 이 훈련이 어느 정도 성취된다면 너희는 말을 적게 함으로써 에너지를 절약할 수 있게 될 것이고, 자기를 성찰함으로써 인격과 교양이 훌륭해질 것이고, 타인과의 부질없는 갈등과 싸움을 피할 수 있게 된다. 이것이 곧 십자가, 자기부인이라는 것이다." 물론 이런 설교는 딸들이 아니라 제 자신에게 하는 것이기도 합니다.

지성적 자기성찰이 이루어지지 않고 숨은 허물과 자기 자신조차 그 내막을 이해하지 못한 채 이루어지는 짐짓 짓는 죄의 상태에 그대로 존재할 때, 이러한 구조에서 어떤 일이 발생할까요? 곧, 항상적인 욕망의 포화 상태, 일촉즉발의 위기 속에선 끝없는 동족상잔이 치러집니다. 약한 존재들이 계속해서 죽임을 당하거나 죽음에 준하는 고통을 받는 겁니다. 지성이 없는 한 개인의 내면에서 일어나는 전투는 작은 집단에서도, 큰 집단에서도 동일하게 발생합니다. 그럴 때, 누군가 하나님의 항구여일한 안식일적 수고를 자기의 구체적 삶과 행위에까지 받아들인 지성인은 그렇지 않은 세계의 실상을 발견하고 위협을 느낄 겁니다. '이거 정말 큰일 났구나.' 내가 사는 것뿐 아니라 누군가 죽는 게 보이고 거기서 최후심판의 위협을 느끼는 겁니다. 신앙에서 종말론적 심판의 위기란 그런 겁니다. 그러면 누가 이런 위협을 감지할까요?

가장 먼저는 이 반지성적인 '숨겨진 악과 짐짓 짓는 죄 구조'의 희생자들이겠지요? 그러나 장담하진 못합니다. 그들은 당장 개인적 생존의 위협은 받을지 몰라도 거기서 종말론적 위기를 감지하진 못할 겁니다. 그러나 우습지 않습니까? 한 개인의 최후는 곧 일백 프로 세계의 최후입니다. 그런데 그 최후를 보는 사람도 맞이하는 사람도 깨닫지를 못합니다. 이게 모순입니다. 즉, 하나님이 없는 상태, 심판의 위협을 느끼지 못하는 사람들은 아직은 하나님이 자기들과 함께 계신다는 착각과 안도감으로 위협을 위협으로 느낄 줄 모릅니다. 하나님 핑계로 하나님이 주시는 위협(종말과 심판)의 숙제를 밀쳐버리는 거지요? 그걸 신앙 좋은 걸로 믿고 오로지 '믿쑵니다' 하는 신앙인들에게 지성을 기대할 순 없겠습니다.

노이로제(신경증)란 어떤 생각이 지나치게 과도해져서 인격의 전체성을 상실한 상태를 말합니다. 노이로제에 걸리면 정상적이고 객관적인 사유가 안 되지요? 벗어나지 못하는 한 그 상태를 유지하고 강화해나가게 됩니다. 마찬가지로 신앙이 끝없는 '자기세뇌'가 될 때, 그렇게 해서 신앙은 현 상태를 유지하고 강화하는 역할을 하게 됩니다. 그러면 이렇게 유지되는 세상에서 당장에 위협을 당하는 사람들이 가장 먼저 깨어나야 할 텐데, 실상은 그렇지가 못한 겁니다. 왜 그럴까요? 아무리 불안하고 잘못된 구조라도 사람들은 자신이 희생자가 되는 마지막 순간까지는 요행을 바라면서, 그 요행을 신앙하는 반지성적 믿음에 의지하려 합니다. 마침내 모든 기대와 기도가 무산될 때, 그들은 고통스럽게 묻게 될 겁니다. 하나님은 도대체 어디 계신가? 하나님이 계신데 왜 이런 일이 일어나는가?

하나님이 계신데 왜 이런 일들(이를테면 세월호 사건)이 일어날까요? 그것은 하나님의 뜻일까요, 인간의 죄악일까요? 요행이라는 허구적이고 신비적인 영성에 의지해 지금 누리는 안전이 지속되기를 바라는 사람들은 누군가의 희생도 자기 것이 아닌 한 다 하나님의 뜻인 것처럼 보일 겁니다. 심지어 자기들을 위한 하나님의 사랑과 은혜로 둔갑하기까지 하지요. 그것이 그들의 신학(神學)입니다. 불행 당한 이웃을 위한 봉사나 선행을 안 한다는 말이 아닙니다. 고통에 함께 참여하지도 않고 동시에 시대의 죄악에 함께 참여할 줄도 모른다는 말입니다.

예수께서 대답하시되 위에서 주지 아니하셨더라면 나를 해할 권한이 없었으리니 그러므로 나를 네게 넘겨준 자의 죄는 더 크다 하시니라(요 19:11).

예수님은 일단 하나님의 절대 주권을 인정합니다. 심지어 타인을 죽일 수 있는 힘과 권력도 다 그 하나님으로부터 나오는 겁니다. 그러나 바로 그 같은 이유로, 희생자가 희생되는 것은 하나님의 뜻이 아니라 그를 죽임에 넘긴 자들의 죄가 됩니다. 죽임과 희생으로 그들을 몰아간 과정에 작용한 모든 자들, 특히 직접적 책임을 가진 자들, 권력을 가진 자들, 집행을 명령할 수 있는 자들의 죄는 더 큰 겁니다. 하물며 그 죄악을 하나님의 뜻이라 하는 자들의 죄는 어떨까요?

믿음은 우선적으로 지성과 이해력을 요구한다

카를 융이 한 말 중에 "의사는 대개 최악의 상태에서 떠나게 된다"는 말이 있습니다. 이 경우 의사를 하나님이라고 가정한다면 이 말은 이렇게 해석해야 할 겁니다. 즉, 환자로부터 의사가 떠나는 게 아니라, 환자 자신이 최악의 상태에서 의사에게서 떠나는 거라고 말입니다. 환자는 명랑하고 결연해서 의사를 떠나는 게 아니지요?

예를 들어, 누가 최종적으로 교회를 떠나나요? 누가 사람에게 실망하나요? 누가 동료 인간들에게 상처를 받나요? 누가 세상에 환멸을 느끼고 고통으로 몸부림치고 잠을 못 이루며 괴로워하나요? 대개는 착한 사람, 의로운 사람, 신뢰와 의리를 지키려는 사람, 사랑하고 싶고 사랑받고 싶은 사람입니다. 그러면 다시 물어야 되겠습니다. 누가 교회에 끝까지 남아 있나요? 누가 사람에게 실망을 주나요? 누가 동료 인간들에게 상처를 주나요? 누가 세상에 환멸을 느끼게 하고 누군가를 고통으로 몸부림치며 잠 못 이루게 하나요?

하나님이 없는 반지성적 구조 하에서 약하다는 것은 가난하고 무력하고 못 배우고 궁핍하다는 것이고, 강하다는 것은 부유하고 힘이 세고 많이 배우고 권력을 가졌다는 것입니다. 하나님나라는 그와 다릅니다. 오늘날 교회에서 '하나님의 나라와 그 의'라는 말처럼 왜곡되어 남용되는 말도 없을 겁니다.

물론 나는 알고 있다. 오직 운이 좋았던 덕택에
나는 그 많은 친구들보다 오래 살아남았다.
그러나 지난 밤 꿈속에서
이 친구들이 나에 대하여 이야기하는 소리가 들려왔다.
"강한 자는 살아남는다."
그러자 나는 자신이 미워졌다.
_브레히트(1898-1956), 〈살아남은 자의 슬픔〉

이 〈살아남은 자의 슬픔〉의 세상에서 과연 하나님이 하신 일은 무엇일까요? 하실 수 있는 일은 무엇일까요? 하나님에 대한 오해가 너무나도 많습니다. 그러나 하나님은 여기에도 개입하지 않으십니다. 물론 개입은 하지만 우리가 예상하는 방식으로 개입하지 않으십니다. 예를 들어, 부자와 고통받는 자에게는 하나님이 개입하는 방식이 서로 다릅니다. 하나님이 다르다는 말이 아니라 인간에게 도달하는 메시지와 그것을 해석하는 인간의 주관적 상상력이 달라야 하는 겁니다. 그게 신학이고 신학의 역할입니다. 그러나 현재 한국 교회에는 이러한 지성적 신학이 실종된 상태입니다. 지성이 뒷받쳐주지 않기 때문에 매번 어떤 사건이 벌어질 때마다 '고쳐야 한다', '회개해야 한다', '수정이 필요하다'라고 외치지만 말뿐으로 끝나고 맙니다.

적대적인 모든 관계의 현실 속에서 공히 진리에 의한 성찰을 가질 때 하나님의 개입은 모두에게 공정하고 온전하게 이해됩니다. 이것은 단순한 믿음의 문제가 아니지요? '믿씁니다'로 해결될 문제가 아닙니다. '24시간기도운동'이니, '다윗의 장막'이니, '힐송'이니, 치유니 상담이니, 금이빨이나 고루한 신학 논쟁, 동성애 논쟁으로 해결될 일이 아닙니다. 그것들은 과녁을 벗어난 화살처럼 결과적이고 전체적으로 하나님나라와 그 의를 따르는 지성과 전적으로 상관이 없습니다.

여러분이 하나님의 나라와 그의 의로우심 가운데 수고와 무거운 짐을 내려놓고 평화와 안전함에 거하고 싶다면, 그 믿음이 최우선적으로 요구하는 것은 온전한 지성과 이해력입니다. 그러니 자꾸 뜬구름 같은 영성의 신비에 의지하려 하지 말고 실사구시(實事求是)하는 지성을 계발해야 합니다. 또한 지성을 계발하는 공부에 주력하지 않고 '믿으면 다 된다'는 식의 사이비 영성에 기대게 하는 자들은 실상 여러분의 수탈자라는 사실을 알아야 합니다.

직접적으로 말하여 당신에게 매번 '당신 자신의 지성'이라는 것을 감각시켜주지 못하는 목사님, 당신이 스스로 탐구할 수 있는 원리를 가르쳐주지 못하는 교사들, 삶의 새로운 가능성과 복음의 가능한 방식을 제시해주지 못하는 교회들, 두루뭉수리 그저 열심히 믿으라고 하는 설교자들, 기도하라 회개하라 위협하는 지도자들, 선행·봉사·희생하라고 요구하는 사업가들, 십일조를 요구하고 건축헌금을 강요하고 천문학적인 사업을 경영하는 사장들, 이것들은 모두 종교라는 이름의 사업일 뿐이지 여러분을 향한 하나님의 사랑이 아니라 이 말입니다.

> 여호와의 율법은 완전하여 영혼을 소성시키며 여호와의 증거는 확실하여 우둔한 자를 지혜롭게 하며
> 여호와의 교훈은 정직하여 마음을 기쁘게 하고 여호와의 계명은 순결하여 눈을 밝게 하시도다.
> 여호와를 경외하는 도는 정결하여 영원까지 이르고 여호와의 법도 진실하여 다 의로우니

금 곧 많은 순금보다 더 사모할 것이며 꿀과 송이꿀보다 더 달도다. 또 주의 종이 이것으로 경고를 받고 이것을 지킴으로 상이 크니이다(시 19:7-11).

디트리히 본회퍼(1906-1945)의 글에 "가능성에 동요되지 말고 가능한 것을 굳게 잡으라"는 말이 있습니다. 기독교 복음은 불가능하지만 가능할지도 모르는 떼쓰기 기도와 무지개 비전에 매달리는 게 아닙니다. 확실한 원리가 있고 가능한 방식이 있습니다. 회개든 희생이든, 봉사든 구제든, 선교든 목회든 전부 다 추구 가능하고 토론 가능한 하나의 지성적 원리로부터 나옵니다. 이것이 통일이고 화해입니다. 또 거기로부터 삶의 방식이 구체적으로 제시됩니다. 전체주의적 방식이 아니라 개별자로서 독립된 자유인으로, 성숙해가고 완성되어가는 개인으로, 하나님의 일에 참여하게 합니다. 반드시 가시적 교회와 목사를 필요로 하는 사안이 아닙니다.

그러나 너희는 랍비라 칭함을 받지 말라. 너희 선생은 하나요 너희는 다 형제니라. 땅에 있는 자를 아버지라 하지 말라. 너희의 아버지는 한 분이시니 곧 하늘에 계신 이시니라. 또한 지도자라 칭함을 받지 말라. 너희의 지도자는 한 분이시니 곧 그리스도시니라. 너희 중에 큰 자는 너희를 섬기는 자가 되어야 하리라. 누구든지 자기를 높이는 자는 낮아지고 누구든지 자기를 낮추는 자는 높아지리라

(마 23:8-12).

마치 모세의 자리에 앉은 것처럼 행동하는 바리새인들과 서기관들, 종교·정치 지도자들, 그들은 자기들이 누군가를 섬긴다고 표현하길 좋아합니다. 목사님들이 어디 가서 설교를 하면 꼭 '교회를 섬겼다'고 표현합니다. 또 '성도를 섬긴다', '섬기는 이들'(어딘가는 '섬기시는 분들'이라고도 하더군요)이란 표현도 씁니다. 그러나 실상은 그렇게 일방적인 게 아니지요? 때로는 완전히 거짓말일 때도 있습니다. 섬김을 받는 자들이지 섬기는 자들이 아닌 경우가 얼마나 많습니까. 저라면 만일 내가 누군가를 섬기고 있는 판인데 그가 오히려 자기가 나를 섬긴답시고 생색을 낸다면 바로잡고 싶을 겁니다. 교만이 밝혀지지 않고 겸손으로 치장된 섬김은 섬김일 수 없습니다.

자기성찰의 필요성

본문으로 돌아가 봅시다. 사람들은 모든 걸 다른 사람을 통해 봅니다. 자기를 보는 게 아니라 다른 사람을 보지요? 그래서 타인에게서 옥의 티를 찾아냅니다. 그것을 통해 그를 회개시키고 바꾸려 합니다. 예를 들어, 텔레비전이나 언론매체들은 일 년 내내 온갖 종류의 부도덕이며 나쁜 풍조를 전파하고 있으면서도,

자기가 무얼 하는지는 못 보고 만날 뭔가 잘못이 드러난 자들을 공격하는 선생 노릇으로 먹고삽니다.

그런데 이러한 착각과 자기모순은 우리들에게서도 일어납니다. 아니지요, 개인이 먼저고 보다 큰 사회집단은 그 연장선상에 있습니다. 즉, 사회적 거대 모순은 개개인의 원시적이고 동물적인 사유방식으로부터 탄생한 겁니다. 여기에서 자기성찰의 필요성이 생깁니다. 다시 말해 예전에 별 생각 없이 타인에게 전가했던 비난과 미움, 시기, 질투, 욕망과 괴로움이 사실은 나의(나를 이루는) 주관적 내용이었다는 것을 통찰하게 되는 겁니다. 통찰이란 생각 중에서도 특별히 자각된 생각을 말하는 것이겠지요? 그냥 평상적이고 현실적으로 실재해온 생각이나 지식과는 차원이 다른 자기 초월적 생각이고 지식입니다.

우리가 누군가에게 화가 날 때, 원망과 서운함이 스며들 때, 미움과 복수심이 불타오를 때, 경멸과 비웃음이 발생할 때, 그것은 전적으로 나의 외부에 있어 나를 짜증나게 하는 누구 때문입니다. 그러나 이제부터는 그렇게 생각지 말자는 겁니다. 그는 지금 여기에 존재하지도 않고, 내 생각 속에 존재하는데, 생각 속에 존재하는 그 사람 때문에 나는 잠을 못 자고 밥을 못 먹습니다. 생각해보면 우습지요? 잠을 못 자고 밥을 못 먹고 괴로워하는 사람은 난데, 나는 나를 위해 자꾸만 타올라서 재가 되라고 불을 지피고 있습니다. 고통에 양식을 대주는 거지요.

그러면서 어떻게 생각합니까? 그걸 정당하게 여깁니다. '나는 이렇게 의롭고 깨끗하고 억울하다. 그 인간은 불의하고 더럽고 악질이다.' 그렇게 우리는 주저 없이 그 기분 나쁜 누군가를 한없이 짓밟고 욕함으로써, 자기를 욕하고 있는 겁니다. 심리학적으로 말한다면 대상에게 자신을 투사하여 그에게 투사된 자신 속의 무의식을 모욕하고 있는 것입니다. 그리하여 모욕을 주면 줄수록 자기가 상처를 받습니다. 왜 그럴까요? 실제로 지금 욕을 먹고 있는 것은 그가 아니라 내 안의 내용, 곧 나지요? 고통스러운 것은 그가 아니라 납니다. 이것은 다 내 속에서 일어나고 있는 일입니다.

물론 그 사람이 '죽일 놈'인 것은 사실입니다. 또 욕을 실컷 하고 나면 속이 풀리고 시원하고 우월감이 느껴지고 긴장이 해소되기도 합니다. 그러나 그 존재가 나의 비난으로 변하는 것은 아닙니다. 나에게 일어나는 일은 고스란히 내 몫입니다. 그러니까 이런 사실을 알고, 싸우더라도 이러한 사실에 입각해 싸워야 하는 겁니다. 왜요? 잘 싸우기 위해서, 진정한 전쟁의 종식을 위해서, 평화를 위해서, 화해와 일치를 위해서, 비폭력적 사랑을 통한 영혼의 구원을 위해서 그렇습니다. 무엇보다 누구보다 내가 먼저 말입니다.

자기 허물을 능히 깨달을 자 누구리요. 나를 숨은 허물에서 벗어나게 하소서.
또 주의 종에게 고의로 죄를 짓지 말게 하사 그 죄가 나를 주장하지 못하게 하소서. 그리하면 내가 정직하여 큰 죄과에서 벗어나겠나이다(시 19:12-13).

그러나 아직 지성적으로 감정이 만들어내는 격동의 본질을 깨우치지 못하면 그 미움과 저주의 욕망이 부메랑이 되어 나를 쫓게 됩니다. 그래서 자주 못된 짓을 한 놈은 맘 편히 발 뻗고 자는데 의로운 희생자들이 제대로 된 삶을 회복하지 못하는 불행이 생깁니다. 다시 말해 노이로제가 심하면 심할수록, 상처가 깊으면 깊을수록 더욱더 강도 높은 지성과 자기성찰이 필요하다는 겁니다. 만일 정상적인 사람이라면 투사를 하더라도 그 대상과 자기 생각 사이의 분리가 좀 수월할 겁니다. 그러나 진짜 노이로제 환자가 되면 도무지 자기성찰이 안 되어 온통 남의 일이 자기 일이 되어버립니다.

조금 더 진전한다면, 우리 사회는 자기와 다른 것들에 대해 적대적이고 악하게 구는 반인문적이고 반지성적인 졸부(猝富)적 경향이 있습니다. 가난한 사람에 대한 적대, 약한 사람에 대한 사회적·구조적 적대, 가진 사람이 자기보다 못 가졌다고 느끼는 사람에 보내는 시선, 사회적 멸시와 경멸, 야릇한 쾌감, 우월감, 승리감(그 반대도 마찬가지입니다만)… 이런 것들은 지성적 자기성찰이 얼마나 어려운 것인가를 일깨워줍니다. 자기의 숨어 있는 허물, 숨겨진 죄들이 만들어내는 자각되지 못한 노이로제가 자랑으로 둔갑한 경우들이라 할 겁니다.

진정으로 해방되었는가

기독교는 모든 인류를 복음으로 의식화하려고 합니다. 지성적인 자기성찰을 가지게 하려 합니다. 가난한 자만의 문제가 아니고 부자만의 문제도 아닙니다. 그래서 공평합니다. 그렇기 때문에 자칫하면 모든 이에게 미움을 받을 수 있습니다. 선지자들도 예수님도 배척받은 이유는 노이로제와 같이 반지성적 자기 세뇌에 꽂힌 교회와 교인들에게서 자기 안에 숨겨진 허물, 숨은 죄악, 고범죄에서 벗어나지 못하는 위선을 들추어냈기 때문입니다.

여러분은 지도자라 칭하는 사람들을 너무 높게 보지 마십시오. 진정한 기독교는 모든 사람을 죄인으로 보는 겁니다. 사람을 업신여긴다는 말이 아니라 서로가 서로의 상태와 수준을 지성적으로 인식한다, 그 지성에서 출발한다는 말입니다. 따라서 왕이나 대통령이나 황제라도 나쁜 짓은 나쁜 짓이고, 무식한 것은 무식한 것이고, 바보는 바보고, '책상은 책상, 돼지는 돼지'인 겁니다. 과연 오늘날 한국 교회가 비난받는 이유가 이러한 진리의 외침 때문인지 묻고 싶습니다.

해방 70년. 우리는 과연 진정으로 해방되었는지 물어야 합니다. 형식과 위선의 기만적 해방으로 인하여 오늘날 얼마나 많은 사람들이 역사의 비열함과 극악무도함으로 고통받고 있습니까? 그것은 다 구체적 인간들이 저지르는 일입니다. 그 가운데는 기독교인들도 많습니다. 그런데도 교회가 이 모든 것을 사랑하고 이해하고 용서하라고 말하고 있는 겁니다. 그것을 자랑스럽게 여기고 위하여 기도하자고 역설하는 겁니다. 맞습니다. 그러나 전제가 필요합니다. 이해입니다. 지성이 있어야 합니다. 영성이라는 마취제로 실재하는 역사적 현실에 대하여 혹세무민하는 사이비 신비주의자들, 본질에서 벗어난 고루한 논쟁으로 신앙 내용을 삼는 고문서주의자들, 동성애 논란이나 종북몰이 뉴라이트처럼 빗나간 이슈로 숨겨진 자기모순과 고범죄를 감추는 자들이 교회를 점령하고 있는 시대를 사는 크리스천에게 가장 절실한 요청입니다.

실존이냐 기복이냐
_ 고뇌 없는 교회

마태복음 10:1-16

그러므로 이러한 사람들을 고쳐준다는 것은
동시에 이 세계의 병적인 양상과 과정을 들추어내는 일입니다.
복음의 권능으로써 병을 고친다는 것 자체가
이 세계가 돌아가는 현실에 대해 반역적이고 혁명적인 행위입니다.

즉각 떠오르는 첫 번째 이미지

어떤 중요한 질문을 받게 될 때, 자신의 입장을 표명해야 할 때, 즉각적으로 떠오르는 첫 번째 이미지는 대단히 의미심장합니다. 거기엔 무의식과 인격에 관한 많은 정보와 의미가 들어 있습니다. 숨겨진 진실을 표현하고 있을 뿐 아니라 인격의 가치 같은 비밀까지 보여줍니다. 때문에 즉각적으로 떠오르는 무의식적 욕구에 의해, 주관적으로 고정된 이미지와 선입견에 의해 말하고 행동하게 된다면 세상은 복수와 위선의 말들로 가득 차고 말 것입니다. 최소한 한 차례 이것을 여과시켜주는 장치가 양심이지요? 거리낌으로 스스로가 자기를 개선하도록 하는 장치입니다. 그러나 많은 사람들에게서 이 양심이 작동하질 않고 있습니다. 즉각적인 욕망의 반응이 너무나 강해서 양심의 소리가 묻혀버린 겁니다. 고장 난 여과장치. 거기서는 실존의 고뇌가 발생하지 않기 때문에 자기가 욕망하는 대로 말하고 행동하게 됩니다. 마찬가지로 여과장치가 없기 때문에 자기가 절대적으로 의롭고 올바르게 인식됩니다. 자기 안에서 일어나는 첫 번째 이미지가 함유하고 있는 의미와 그 참 소리를 듣지 못하는 겁니다.

고린도전서 14장 10절에서 방언을 설명하던 바울은 "세상에 소리의 종류가 많으나 뜻 없는 소리는 없나니"라고 말합니다. 설령 특별히 기획된 의도나 생각 없이 그저 나오는 대로 지껄이는 것 같은 방언이라도 거기엔 다 의미가 들어 있다는 겁니다. 이런 걸 영혼의 소리, 또는 심령의 소리라고 할 수 있겠지요?

겉으로 표현되는 음성적 도구는 직접적인 의미를 나타내진 않습니다. 그러나 조금만 감각 있는 사람이라면 상대방이 무슨 말을 하고 싶은 건지, 숨겨진 의미를 금세 파악합니다. 곧, 영성은 일종의 분위기라고 할 수 있습니다. 영적으로 깨어 있는 사람은 겉으로 표명되는 말이 아니라 그 말의 분위기를 진정한 의미로 이해합니다. 그래서 마음과 마음이니 이심전심(以心傳心)이니 하는 말들이 가능해지는 겁니다.

인간의 모든 감정들, '희노애락애오욕(喜怒愛樂哀惡慾)'은 반드시 언어로만 표현되는 게 아니고 도리어 대부분의 실제적 표현은 영적으로, 분위기로 전달됩니다. 따라서 영성이 깨어 있으면 그 영의 분위기에 귀를 기울이게 될 것이요, 영성이 죽어 있으면 겉으로 표명되는 말에 매달릴 겁니다. 자기에게로 소급해도 마찬가지입니다. 영성이 깨어 있으면 자신의 영의 진실을 느낄 것이요, 영성이 죽어 있으면 무의식의 욕망이 내뱉는 거짓된 말이나 명분에 매달려 살게 될 겁니다.

여러분은 말 한마디 없이 단지 곁에서 차 한 잔을 마셔도 그 사람과 함께 살아간다는 의식만으로도 감격할 정도로 내 마음을 알아주는 사람이 있는 반면에, 다른 누군가와는 종일을 함께 떠들어도 공허할 뿐이었던 경험들을 가지고 있을 겁니다. 말이 중요한 게 아니라 사람이, 표면적 행동이 아니라 영의 진실, 곧 인격이 중요합니다. 동시에 인격이 훌륭하다는 것 역시 말이나 행동의 문제가 아니라 영의 문제가 됩니다.

그러므로 기독교인이라고 할 때, 혹은 기독교 복음이라고 할 때, 여러분이 그것을 받아들이는 첫 번째 이미지는 대단히 중요합니다. 여러분은 자신이 그리스도의 제자가 되었다는 것을 무엇을 통해서 확인하십니까? 그것이 자신의 영, 곧 인격의 본질로서의 참됨과 그 참됨이 스스로 혹은 타인들에게 풍기는 분위기를 일깨워주는 것이라면 좋습니다. 그러면 여러분에게 기독교적 변화라는 것은 생생하게 살아 있는 체험이 될 것입니다.

열두 제자를 보내심

예수께서 그의 열두 제자를 부르사 더러운 귀신을 쫓아내며 모든 병과 모든 약한 것을 고치는 권능을 주시니라. 열두 사도의 이름은 이러하니 베드로라 하는 시몬을 비롯하여 그의 형제 안드레와 세베대의 아들 야고보와 그의 형제 요한, 빌립과 바돌로매, 도마와 세리 마태, 알패오의 아들 야고보와 다대오, 가나나인 시몬 및 가룟 유다 곧 예수를 판 자라.

예수께서 이 열둘을 내보내시며 명하여 이르시되 이방인의 길로도 가지 말고 사마리아인의 고을에도 들어가지 말고 오히려 이스라엘 집의 잃어버린 양에게로 가라.

가면서 전파하여 말하되 천국이 가까이 왔다 하고 병든 자를 고

치며 죽은 자를 살리며 나병환자를 깨끗하게 하며 귀신을 쫓아내되 너희가 거저 받았으니 거저 주라. 너희 전대에 금이나 은이나 동을 가지지 말고 여행을 위하여 배낭이나 두 벌 옷이나 신이나 지팡이를 가지지 말라. 이는 일꾼이 자기의 먹을 것 받는 것이 마땅함이라. 어떤 성이나 마을에 들어가든지 그 중에 합당한 자를 찾아내어 너희가 떠나기까지 거기서 머물라. 또 그 집에 들어가면서 평안하기를 빌라. 그 집이 이에 합당하면 너희 빈 평안이 거기 임할 것이요 만일 합당하지 아니하면 그 평안이 너희에게 돌아올 것이니라. 누구든지 너희를 영접하지도 아니하고 너희 말을 듣지도 아니하거든 그 집이나 성에서 나가 너희 발의 먼지를 떨어버리라. 내가 진실로 너희에게 이르노니 심판 날에 소돔과 고모라 땅이 그 성보다 견디기 쉬우리라.

보라 내가 너희를 보냄이 양을 이리 가운데로 보냄과 같도다. 그러므로 너희는 뱀같이 지혜롭고 비둘기같이 순결하라(마 10:1-16).

오늘의 본문을 편의상 네 문단으로 나누어볼 수 있겠습니다. 정리해보면 대략 이러할 것입니다. 1) 열두 제자를 부르시고 복음의 권능을 주셨다. 2) 복음을 전파하되 이스라엘의 잃어버린 양에게로 가라. 3) 대가나 결과를 기대하지 말라. 4) 뱀같이 슬기롭고 비둘기같이 순결하라.

복음의 권능이란 '더러운 귀신을 쫓아내며 모든 병과 모든 약한 것을 고치는 권능'을 말합니다. 곧, 사람의 속에 있는 것들을 치유하는 능력이지요? '사람의 속에 있는 것'이란 말은 아까 말씀드린 고장 난 여과장치 때문에 무의식의 노이로제가 양심을 짓누르는 상태, 병적인 양상이 겉으로 분출하는 경우를 가리킵니다.

이러한 말씀으로 우리는 정신상의 심각한 억압이라든가 심리적 고통이라든가 더 나가서 거기서부터 발생하는 모든 질병에 관한 복음적 입장을 유추할 수 있겠습니다. 곧, 복음(하나님나라)은 인간 실존이 안고 있는 고통의 문제를 다루고 있고, 그것을 인간 존재의 보편적이고 중점적인 문제로 다루고 있다는 점입니다. 그러니까 여기에 초점이 맞춰지지 않은 것은 복음의 과녁을 빗나간 화살이라고 할 수 있겠지요? 또 인간 존재의 중점적이고 보편적인 문제인 고통은 개별적 인간의 심령, 곧 본질로부터 발생하는 것으로 말하고 있음을 알게 됩니다. 다시 말하면 한 인간이 인간으로서의 인격을 이루는 과정 가운데 뭔가 잘못된 결함이 발생했는데, 복음은 그것을 치료함으로써 인격을 치유하고 인간을 회복시킨다는 겁니다.

여기서 또 한 가지를 첨가한다면, 이러한 병적인 고통이 인격의 표면으로 분출하는 사람들은 대개 그렇지 않은 인간들에게 상처를 받음으로써 그렇게 되었고, 그렇게 됨으로써 다시 그렇지 않은 인간들에게 인간으로서의 대접을 받지 못하고, 동료 인간으로서 인간의 세계에 참여할 기회와 권리를 박탈당하고 있다는 사실입니다. 그러므로 이러한 사람들을 고쳐준다는 것은 동시에 이 세계의 병적인 양상과 과정을 들추어내는 일입니다. 복음의 권능으로써 병을 고친다는 것 자체가 이 세계가 돌아가는 현실에 대해 반역적이고 혁명적인 행위라 이 말입니다.

그다음, "이방인의 길로도 가지 말고 사마리아인의 고을에도 들어가지 말고 오히려 이스라엘 집의 잃어버린 양에게로 가라"고 했습니다. 한마디로 줄이면 '복음을 시급하게 필요로 하는 자들은 멀리 있지 않다'는 겁니다. 그들은 오히려 복음을 가졌다고 하는 자들 가운데 있습니다. 이스라엘의 일원이라는 이유로 고통 가운데 소외당하면서도 돌봄을 받지 못하고 있습니다.

현대적으로 말하면 기독교인이라는 이유로 그들은 도리어 교회 안에서 유지되는 고통과 소외의 문제를 인식하지 못한다는 겁니다. 최종적으로 교회 안에서 최고의 믿음을 내세우는 바로 그들이 자신들에게 복음이 필요하다는 사실을 망각하고 있다는 말입니다. 이스라엘의 때나 한국 교회의 때나 교회와 교회권력을 장악하고 있습니다. 곧, 시대적 영성의 분위기를 바로 그런 이들이 주도하고 있는 겁니다.

그 상태에서 기독교인이면서도 복음의 권능으로부터 소외되고 고통당하면서 아무런 도움을 받지 못하는 자들이 발생합니다. 그러니 그들에게로 가서 복음을 전파해야만 전체적인 기만적 영성의 분위기를 비로소 바꿀 수 있다는 것이지요? 이스라엘의 잃어버린 양에게로 가서 전파하라는 명령은 한층 더 반역적이고 혁명적인 도전이라고 할 수 있을 겁니다.

가면서 전파할 '천국이 가까이 왔다'는 말은 종말론적 메시지입니다. 그리고 종말론이 세상을 각성시킴으로써 사람들이 사람살이의 핵심 문제로 새롭게 인식하게 되는 것이 자신들의 고통입니다. 그것을 치유해야 한다는 겁니다. 말이 아니라 행동으로. 사업이 아니라 한 영혼에 대한 사랑으로. 병든 자를 고치고 죽은 자를 살리고 나병환자를 깨끗케 하고 귀신을 쫓아내야 합니다.

이런 일 자체가 천국이지 이런 일을 통해서 결과물로 계산되는 어떤 이득이 천국이 아닙니다. 그러니 이 일에는 사적인 야망이 개입될 수 없고, 이익이 계산될 수 없고, 심지어는 눈에 보이는 결실이나 칭찬이나 사례에 대해서도 초연해야만 하는 겁니다. 만일 그런 것들을 염두에 둔다면 그것은 이 메시지 자체를 위협하고 복음을 밥벌이와 자아실현과 출세의 수단으로 전락시키는 겁니다. 부름받은 자로서 이러한 사사로운 이익에 초연한 태도, 그리스도인으로서의 초연한 삶의 방식 역시, 이 세계와 세상의 방식에서는 반역적이고 혁명적인 것이라 하겠습니다.

이리에게 붙들린 양들을 돌보라

그러므로 제자들을 내보내시는 주님의 마지막 당부가 이해할 만합니다. 곧, 복음을 품고 사는 그리스도인이 세상 속에서 혹은 반복음적 교회 안에서 어떤 위치에 놓이게 되는 것입니까?

보라 내가 너희를 보냄이 양을 이리 가운데로 보냄과 같도다. 그러므로 너희는 뱀같이 지혜롭고 비둘기같이 순결하라.

이리 가운데 보내진 양입니다. "천국이 가까이 왔다" 하고 병든 자를 고치며 죽은 자를 살리며 나병환자를 깨끗하게 하며 귀신을 쫓아내며, 거저 받았으니 거저 주는 방식으로 살아가는 그것이, 이리 가운데 보내진 양 같은 처지라는 겁니다. 이해가 가십니까? 삶의 위협, 경제의 위협, 뿐만 아니라 곧 이어 나오는 문장에 보면 "사람들을 조심하여라. 그들이 너희를 법정에 넘겨주고, 그들의 회당에서 매질을 할 것이다. 또 너희는 나 때문에, 총독들과 임금들 앞에 끌려나가서"(마 10:17-18상)까지 가는 겁니다. 만일 이 말씀이나 복음을 단지 사회 봉사나 좋은 일 정도로 이해하고 있다면 이런 일은 일어나려야 일어나지를 않지요.

복음의 목적은 우리들을 세상이라는 이리의 소굴 가운데, 특히 우리들의 교회 안에서부터, '양'으로 보내는 겁니다. 양인 것만으로도 위험천만인데 이리 가운데서 이리에게 붙들린 양들을 돌보라는 겁니다. 세상은 그런 양들을 희생시키고 고통하게 함으로써 굴러가는 법인데, 그러한 구조를 드러내라고 하는 겁니다. 그러니 뱀 같은 슬기와 비둘기 같은 순결이 아니면 자기를 유지하고 지켜나갈 수가 없습니다. 이런저런 이유와 핑계 속에 부대끼다 세상과 적당히 타협하거나 세상과 하나가 되어 스스로 교회와 복음의 걸림돌이 되기가 쉽기 때문입니다.

여러분은 어느 편입니까? 양입니까, 이리입니까? 복음으로 말미암아 여러분의 삶과 삶의 방식은 위협을 받습니까? 여러분의 시선과 실천은 삶의 위협을 받고 있는 사람들에게 향해 있습니까? 속지 마십시오. 깨어나야 합니다. 수적 흥청거림과 건축물의 위용과 천문학적 수입으로 운용되는 돈의 기만적 역사에 매혹을 느껴 의지하고 싶어 해선 안 됩니다. 그들은 항상 이렇게 말합니다. "보라, 얼마나 대단하냐. 우리의 업적을 보라. 우린 남들이 못 하는 일들을 한다." 현혹되지 말아야 합니다. 수백억 대의 돈을 비축해놓고 지게를 지고 일꾼 퍼포먼스를 한다고 하나님의 진실한 종이 되는 건 아닙니다. 그건 지게에 대한 모독이지요. 지게 지는 사람에 대한 모욕입니다. 홑옷에 샌들 하나 신고 밀 이삭 훑어 먹으며 풍찬 노숙하신 예수님에 대한 기막힌 배반 아닙니까.

그런 사람들은 거짓 사도요 속이는 일꾼이니 자기를 그리스도의 사도로 가장하는 자들이니라. 이것은 이상한 일이 아니니라. 사탄도 자기를 광명의 천사로 가장하나니 그러므로 사탄의 일꾼들도 자기를 의의 일꾼으로 가장하는 것이 또한 대단한 일이 아니니라. 그들의 마지막은 그 행위대로 되리라(고후 11:13-15).

복음은 실존의 고뇌를 일으킨다

우리가 복음과 복음이 제시하는 삶의 방식, 존재의 방식을 자신의 구원으로 받아들이고 의식화하게 되면, 무엇보다도 사람들과 관계를 맺고 유지해가는 데 새로운 어려움이 생길 것입니다. 삶의 방식, 존재하는 방식, 사유하는 방식이 달라졌다고 하면서 실제로 사는 데 별다른 불편을 느끼지 못한다고 한다면 믿는다는 것이 관념과 말의 문제일 뿐 실제로 달라진 게 없는 기만이라 이 말입니다. 이런 사람이 전파해봤자 말과 관념을 전파할 뿐이지 영성을 일깨워주지는 못할 겁니다.

그러나 복음과 복음이 제시하는 존재의 방식, 삶의 방식을 자신의 구원으로 받아들이고 의식화하게 되면, 지금까지의 관성이었던 생각과 표현, 마음의 온갖 애증을 처리하는 방식에서부터 문제가 생기게 됩니다. 쉽게 말하면 다른 사람에게 하는 비난이나 아첨, 복수심같이 양심의 여과 없이 분출되는 숨겨진 의도의 말들에 제동이 걸리게 됩니다. 이제는 무의식에서 즉각적으로 떠오르는 대로, 그것이 선의든 악의든 선과 악을 분간 못할 '내 마음 나도 몰라'이든, 곧바로 행동하지 못하는 겁니다.

전에는 그런 욕망을 제대로 확실하게 처리하지 못하는 그 사실만이 괴로웠겠지만, 이제는 자신의 실존이 여전히 옛사람의 방식에서 벗어나지 못하고 있음 때문에 괴로워하게 됩니다. 이것이 자기 책임이고 자기가 져야 할 십자가, 자기 죽음입니다. 그러나 이 죽음을 통해서 복음적 치유와 회복, 성장이 이루어집니다. 전에는 다른 사람에게서 발견했던 동물성과 야수성과 잔인함과 비열함과 교활함과 경박함이 이제는 자기에게서 발견되는 겁니다. 그러니 말보다는 침묵을, 표현보다는 사색을, 행동보다는 존재를 선택하게 됩니다. 전에는 'Doing'이 최우선적 문제였지만 이제는 'Being'이 우선의 문제가 되는 겁니다.

그리하여 자신의 변화에 대해 홀로 생각하게 될 것입니다. '만일 모든 사람이 이러한 십자가의 도리를 깨닫게 된다면 세상은 천국이 되겠지?' 그러나 동시에 자기 자신 안에서부터 이 천국을 미워하고 천국이 오는 것을 싫어하는 사탄이 역사하고 있음을 알게 될 겁니다. 곧 진리에 대한 마귀의 마지막 발악이요, 복음에 따르지 않으려는 거센 저항이 일어납니다. 항상, 진리를 알게 되었다고 생각하는 순간, 이 두 가지가 자기 안에서 동시에 역사하고 있음도 알게 될 겁니다. (그 이전은 말할 필요도 없겠지요?)

내 속 곧 내 육신에 선한 것이 거하지 아니하는 줄을 아노니 원함은 내게 있으나 선을 행하는 것은 없노라. 내가 원하는 바 선은 행하지 아니하고 도리어 원하지 아니하는 바 악을 행하는도다. 만일 내가 원하지 아니하는 그것을 하면 이를 행하는 자는 내가 아니요 내 속에 거하는 죄니라. 그러므로 내가 한 법을 깨달았노니 곧 선을 행하기 원하는 나에게 악이 함께 있는 것이로다. 내 속사람으로는 하나님의 법을 즐거워하되 내 지체 속에서 한 다른 법이 내 마음의 법과 싸워 내 지체 속에 있는 죄의 법으로 나를 사로잡는 것을 보는도다. 오호라 나는 곤고한 사람이로다 이 사망의 몸에서 누가 나를 건져내랴. 우리 주 예수 그리스도로 말미암아 하나님께 감사하리로다. 그런즉 내 자신이 마음으로는 하나님의 법을 육신으로는 죄의 법을 섬기노라(롬 7:18-25).

우리는 다른 사람이 이런 자기고백을 하면 그것을 매우 훌륭하다고 칭찬하고 만족스럽게 여길 겁니다. 그러나 자신에게서 발견할 때는 견디지를 못하고 그것을 은폐하려고 합니다. 그 결과 심은 대로 거두는 법칙에 의해 그러한 은폐의 결과를 다시 생산하게 됩니다. 도덕을 내세우던 사람이 그로 인해 가장 부도덕하게 밝혀지고, 사랑과 용서를 내세우는 사람이 그로 인해 잔인한 갑질의 인간으로 드러납니다. 청빈한 덕성을 지닌 자기희생의 인격자로 알려진 지도자들이 그로 인해 실제로는 탐욕스러운 졸부들로 드러납니다. 그런 사람들에겐 공통점이 있습니다. 평상시 삶이나 메시지에 사도 바울과 같은 자기 실존의 고뇌가 없었다는 점입니다. 실존의 고뇌가 없다는 것은 아직 드러나지 않고 은폐되어 있다는 것일 뿐입니다.

기복주의라는 집단 노이로제

어떤 사람들은 매우 낮은 단계의 의식 수준의 문제들에 얽매여 시달립니다. 그러나 정도의 차이는 있을지라도 인간은 대부분 동일한 노이로제를 가지고 있습니다. 소위 독실한 신자라도 평상시에는 그런대로 괜찮지만 무슨 일이 생기면 믿음이 어디로 갔나 싶을 정도로 병적인 상태에 빠집니다. 그런 사람은 말씀을 지금까지와는 전혀 다른 차원에서 처음부터 새로 공부할 필요가 있습니다. 복음적 입장에서 상습적으로 반복되는 신경증들은 바로 그러한 인격의 현실에서 벗어날 것을 요청받고 있는 것입니다. 자기 안에서 양심이 자기에게 이렇게 살아선 안 된다고 다그치는 것이고, 동시에 하나님이 부르시는 신적 부르심이기도 합니다.

문제는 이러한 실존의 고뇌를 근원적으로 보느냐 보지 못하느냐입니다. 피상적이고 표면적인 데 믿음이 있으면 기도 응답에 매달리는 기복주의를 면할 수 없을 겁니다. 근원적으로 본다는 것은 표면적인 문제들로부터 고비원주(高飛遠走)한다는 의미입니다. 자기를 얽어매고 주저앉히고 삶을 한계 짓는 인격의 문제들로부터 '높이 날고 멀리 달아나' 그것들이 더는 쫓아오지 못하게 해야 합니다. 그러나 자기의 온갖 실존적 고뇌를 믿음이 좋다는 식으로 가리는 게 익숙해진 다음에는 고칠 약이 없습니다.

지금 한국 기독교는 실존의 고뇌가 없습니다. 믿는다고 큰소리치기만 하면 자기의 모든 문제가 다 가려지는 줄 알고 맹목적으로 행동합니다. 그래서 경솔하고 경박하고 무례하고 겸손치 못합니다. 이 무례하고 겸손치 못한 사람들이 사랑이니 겸손이니 희생이니 봉사니 하는 말들을 자기 식으로 사용합니다. 이해가 가십니까? 저 광휘로운 강단에 올라서서 자기모순과 빈약한 지식과 콤플렉스의 역동으로 스스로를 과시하는 도덕군자들, 광신자들, 그리고 개혁자들이, 대개는 부도덕하고 내용이라곤 하나도 없는 공허한 궤변론자들에 불과하다는 사실을 말입니다. "오히려 이스라엘 집의 잃어버린 양에게로 가라"는 말씀에 비출 때, 그들이야말로 종말론적 복음의 걸림돌이고 개혁의 대상이고 광명의 천사를 가장한 사탄이라는 사실을 간과하고 있습니다.

인격에는 언제나 빛과 그림자가 같이 다닙니다. 자신을 정상이라고 여기는 사람들이 있다면 그 사람이야말로 비정상임을 알아야 합니다. 자신을 높다고 과시하는 사람이 있다면 그 사람이야말로 낮은 사람인 겁니다. 노이로제에 시달리는 비정상적인 사람들이 자기 안의 주관적 욕망과 좌절로 온갖 부패와 무지몽매와 파괴적인 일들을 벌이지만, 정상적이라고 여기는 사람들에게서는 무슨 일이 벌어집니까?

그들이 곧 이 세계의 폭력과 희생과 갈등과 투쟁과 전쟁을 일점 양심의 의혹도 없이 지속시키는 자들입니다. 거기에 축복하고 거기에 열광하고 거기에 찬동하고 거기에 매혹되고 그것으로써 치부하고 과시하는 자들입니다. 그들은 언제나 자신들에게는 한 점의 고뇌도 발견할 수 없기 때문에 무언가 적대적인 대상, 잘못된 타자들을 필요로 합니다. 그것이 이단이고 동성애고 종북입니다. 여러분은 그런 신앙에 가담하고 있지 않습니까? 거기에 동원되고 있지 않습니까? 이 개인의 실존적 고뇌가 사라진 집단의 기복주의야말로 개개인들의 노이로제보다 훨씬 더 무섭고 지겹고 끔찍한 집단적 노이로제인 것입니다.

더 이상 마취제 같은 믿음을 내세워 우리들 개인과 시대적 실존의 고뇌를 은폐하려는 기복주의 신학에 속지 마십시오. 물들지 마십시오. 그것은 결국 여러분 자신을 복음으로부터 소외시킵니다. 가족도 친구도 이웃도 필요 없이 오로지 주님만 잘 섬기면 된다고 하는 사람들을 신뢰하지 마십시오. 세상을 다 잊어버리고 주님을 위하여 모든 것을 바치라고 선동하는 사람들에게 미혹되지 마십시오. 친구도 가족도 이웃도 없이 추구할 천국은 더 이상 천국이라고 할 수 없습니다.

저는 오로지 주님께 모든 것을 바침으로써 친구 한 사람 갖지 못한 채 노년을 보내는 사람들을 개인적으로 여럿 알고 있습니다. 물론 자기는 하나도 외롭지 않다고 주장할 수 있을 겁니다. 그러나 그런 거짓말은 할 필요가 없습니다. 일생을 남들이 갖지 못한 높은 진리를 소유하고 믿음이 뛰어났다고 자부하던 그들이 왜 그렇게 외롭게 되었을까요?

교회를 떠나면 우리 기독교도들은 무엇이 될까요? 정녕 아무것도 아닌 존재들인가요? 우리는 그런 식으로 다음 세대와 청년들을 가르쳐왔습니다. 스스로 자기 기반을 무너뜨리는 것, 얼마나 바보 같은 짓입니까? 여러분은 이리의 세상에 양으로 보냄을 받았습니다. 거기서 진리의 복음과 하나님나라를 건설해나가야 합니다. 그러니 뱀처럼 지혜롭고 비둘기같이 순결해야 합니다. 제발 성경이 '목자'라 한다 하여 그것이 비유인 줄도 생각지 못하고 자기들이 진짜 목자인 양, '에헴~' 몸에 권위만 잔뜩 밴 위선적인 지도자들, 성경이 '양'이라고 한다 하여 그것이 비유인 줄도 생각지 못하고 자기들이 진짜 양인 양, '매애애~' 순진한 소리나 내는 어리석은 평신도들이 되지 마시기를 바랍니다.

목사는 투사, 성도는 혼돈
_ 너의 정체는 무엇이냐?

신명기 19:1-21

이런 사정을 간직하고, 이런 정신을 고수하고,
이런 훈육과 교훈으로 사람들을 교화하고 계몽시키고
이끌어가야 할 기관은 결국 종교(교회)밖엔 없습니다.

뜰 앞의 잣나무

불교에서 깨달음을 얻기 위한 참선의 도구로 '화두(話頭)를 든
다'고 하는데, 화두로 사용되는 질문을 공안(公案)이라고 합니다.
그중 '뜰 앞의 잣나무(庭前栢樹子)'라는 공안이 있습니다. 한 제자
가 조주(趙州, 778-897) 선사에게 물었다는 겁니다. "어떤 것이 달
마가 서쪽에서 오신 뜻입니까?" 달마(達磨) 대사가 인도에서 가
지고 온 불법의 진리가 무엇이냐고 물었던 겁니다. 다른 말로 한
다면 "무엇이 우리가 추구해야 할 진리입니까?" 하는 질문입니
다. 이때 선사가 대답해준 말이 "뜰 앞의 잣나무"라는 대답이고,
그 대답 자체가 화두이고 공안인 셈입니다. 본격적으로 이 얘기
를 하자면 한이 없을 것이고, 제가 풀어보려는 해설도 사실 이
얘기의 정수는 아닙니다만, 제 나름대로 '뜰 앞의 잣나무'란 실
존하는 외부적 존재라고 해두겠습니다.

본래 불교의 가르침은 '일체유심조(一切有心造)', 곧 모든 세상
의 더럽고 혼탁한 현상은 인간의 마음으로부터 발생하는 망상이
라는 것입니다. 예레미야 17장 9절에도 "만물보다 거짓되고 심
히 부패한 것은 마음이라 누가 능히 이를 알리요마는"이라는 말
씀이 나오지요? 그러니 이 모든 인생의 욕망과 그로 인한 갈등
과 쟁투와 괴로움이 전부 다 마음이 빚어내는 망상임을 확실히
(!) 깨달을 때 망상의 번뇌로부터 벗어나 진리의 자유로운 경지,
곧 하나님의 창조하신 본래 안식의 쉼(평화)에 이르게 된다는 것

입니다. 이것이 마태복음 11장 28절에 피력된 "수고하고 무거운 짐 진 자들아 다 내게로 오라. 내가 너희를 쉬게 하리라" 하는 말씀의 요체일 겁니다.

여러분도 한 번쯤은 들어보셨을 겁니다. 법정 스님이 번역한 불교의 초기 경전 《숫타니파타(經集)》에 이런 구절이 있습니다.

소리에 놀라지 않는 사자처럼,
그물에 걸리지 않는 바람처럼,
진흙에 더럽히지 않는 연꽃처럼,
무소의 뿔처럼 혼자서 가라.

여기에 보면 이 모든 것이 다 마음의 망상일 뿐이라는 것이지요? 사자는 소리에 개의치 않기 때문에 놀라지 않고, 바람은 그물 따위에 걸리지 않습니다. 마찬가지로, 연꽃은 진흙 속에 피지만 더럽혀지지 않습니다. 이게 무슨 사자에 대한 얘기겠습니까? 바람에 대한 말이겠습니까? 연꽃에 대한 이야기겠습니까? 마음이 빚어내는 망상을 벗어나면 지금 온갖 고통과 괴로움에 얽매여 사는 사람이 이와 같이 자유로워진다, 그렇게 살라는 말입니다.

그러나 '뜰 앞의 잣나무'라는 화두는 '일체유심조'를 다시 의심하게 하는 공안입니다. 모든 것이 마음이고 생각이라는데 과연 그러하냐? 그러고 보면 그것조차 망상(생각)일 뿐이라는 거지요? 아무리 모든 것이 마음의 감성과 생각의 이성이 빚어내는 공허(空虛)의 교향곡이라 할지라도 '뜰 앞의 잣나무'처럼 외부에 존재하는 실재는 분명 존재한다는 것입니다. 저 무성한 잣나무는 내가 그것의 푸름을 생각했기 때문에 녹음으로 드리워져 있는 게 아닙니다.

생각을 좀 더 진전시켜보자면, 한낱 뜰 앞의 잣나무가 아니라 어떤 인간이라면? 괴롭게 하는 원인이라면? 혹은 좀 더 구체적으로 어떤 악이라면? 악의 세력이라면? 그것은 분명 나에게 영향을 미치겠지요? 그것은 내 마음의 발산이 아닙니다. 내가 그것을 좋게 생각한다고 해서 악이 선으로 변화되는 게 아닙니다. 존재하는 악을 없는 것으로 친다고 없어지는 것도 아닙니다. 그것은 그야말로 내 마음이나 생각과 상관없이 존재하는 것들입니다. 존재할뿐더러 영향을 끼치고 있는 겁니다. 내가 받아들이기 나름이라고요? 그건 순서가 틀린 겁니다. '일체유심조' 다음이 '뜰 앞의 잣나무'이지 '뜰 앞의 잣나무' 다음에 '일체유심조'가 아니라 이 말입니다. 이와 같이 '일체유심조'와 '뜰 앞의 잣나무'는 뫼비우스의 띠처럼 서로 상충되는 이 세계의 분명한 두 진실입니다.

사구가 아닌 활구를!

이쯤 되면 여러분들은 이 설교를 어떻게 끌고 가려는가, 그 이데올로기의 근거가 무엇인가, 의구심이 드실 겁니다. 설명이 길어질 것 같아 기사를 한 꼭지 인용하는 것으로 대신하겠습니다.

지난 28일은 조계종 100여 개 선방에서 2천여 명의 선승들이 3개월간 두문불출하고 참선만 하는 하안거를 마치는 날이다. 이날 설악산과 동해가 마주한 강원도 속초 신흥사에서 불교의 조종을 경고하는 죽비소리가 울린다. 신흥사, 백담사, 건봉사, 낙산사 등 강원도 동부권 선방들에서 수행 정진한 승려들 수백 명이 운집한 가운데다.

하안거 해제법문을 할 이는 설악권 본말사의 정신적 지주인 신흥사 조실 오현(83) 스님이다. 그는 만해상과 만해축전, 〈불교평론〉 등을 처음 만들어 불교와 세속의 소통을 이룬 선구자다. 그는 지난 3개월간 방문을 봉쇄하고 하루 한 끼 식사만 제공받는 백담사 무문관에서 수행 정진했다.

신흥사가 미리 배포한 법문에서 오현 스님은 3개월간 앉아 정진한 선승들을 격려하기보다는 매를 들었다. 그의 해제법문은 프란치스코 교황으로 시작해 소록도에서 봉사한 두 외국인 수녀의 얘기로 맺었다. 선(禪)과 화두가 얼마나 위대한가로 시종일관한 선가의 기존 법문들과는 천양지차였다.

"종교인의 생명은 화두다. 선사들은 서로 안부를 물을 때 화두가 성성하냐, 화두가 깨어 있느냐고 묻는다."

오현 스님이 화두의 중요성으로 서두를 꺼낼 때만 해도, 그렇고 그런 화두찬양론이려니 했다. 그러나 아니었다.

"프란치스코 교황은 한국에서 활동을 마치고 바티칸으로 돌아
갈 때 세월호 유족의 눈물 어린 고통의 '순례 십자가'를 비행기에
실었다. 한국에서도 세월호 추모 리본을 달고, 빡빡한 일정 속에서
도 네 차례나 세월호 유족을 만나 이야기를 들어주고 희망을 잃지
말라며 사랑한다는 편지를 남겼다. 지난 3월 로마에서 한국 천주
교 주교단을 만난 자리에서 첫 물음도 '세월호 문제'였다고 한다.
사실상 세월호가 교황의 방한 내내 화두였다. 이처럼 프란치스코
교황의 화두는 살아 있는 오늘의 문제다."

그러면서 그는 "그런데 지난 결제(3개월 전 하안거 첫날) 때 우리
스님들의 화두는 무엇인가. 무(無)자 화두인가, 본래면목(본래의 모
습)인가. '뜰 앞의 잣나무'인가. 굳이 알 필요가 없다. 이 모두 천
년 전 중국 선사들의 산중문답이니까 말이다."

그는 "화두에는 활구(活句, 살아 있는 말)가 있고 사구(死句, 죽은
말)가 있는데, 프란치스코 교황의 화두는 살아 있는 현재의 문제이
고, 우리 선승들의 화두는 천 년 전 중국 선승들의 도담이어서, 시
간적으로 천 년의 차이가 나고 있다"고 꼬집었다.

"평생 참선만 하며 존경받던 어느 노스님은 어린 시절의 제게
'화두 들고 참선 공부하다가 죽어라'고 당부했다. 그때는 '예' 하고
대답했지만 그게 말이 되는가. 참선해 빨리 깨달아 그 깨달음의 삶
을 살아야지 참선만 하다가 죽으라고? 지금 생각하면 그 노스님은
고대 중국 선승들의 화두에 중독된 것이 분명하다. 마약중독자가

중독된 줄 모르는 것처럼 화두 중독자도 자기가 중독된 줄 모르는 것이다."

그는 "한국에는 깨달은 선승들은 많은데 깨달음의 삶을 사는 선승은 만나기 어렵다고 한다"며 "선원이나 토굴에서 참선만 하며 심산유곡에서 차담과 도화를 즐기며 고담준론과 선문답으로 지내며 무소유의 삶을 살았다고 해서 깨달음의 삶을 산 것이 결코 아니다"고 말했다. 그러면서 "화두를 타파하면 부처가 된다고 하는데 부처가 왜 존재하느냐"고 물었다.

"중생이 있기 때문이다. 불심의 근원은 중생심이다. 중생이 없으면 부처도 필요 없다. 환자가 없으면 의사가 필요 없는 것과 같다. 의사는 환자의 고통을 덜어주고 병을 치료해야 한다. 부처는 중생과 고통을 같이해야 한다. 프란치스코 교황이 세월호 유족들과 고통을 같이하듯이 말이다." 그러면서 그는 "우리 선승들의 화두도 우리 시대의 아픔들이 화두가 되어야 한다"며 "천여 년 전 중국 신선주의자들, 산중 늙은이들이 살며 뱉어놓은 사구를 들고 살아야 하느냐"고 질책했다.

"프란치스코 교황은 자기 혁신이 없는 교황청은 병든 육체와 같다고 비평하고 일반 성직자는 정신적 영적 동맥경화에 걸렸다고 개탄했다. 그러면서 바티칸 관리들의 위선적인 이중생활과 권력에 대한 탐욕을 실존적인 정신분열증이라고 비판하고 권력에 눈먼 성직자들은 영적 치매에 걸렸다고 분노했다는데, 이분의 파격적인 발언을 그냥 남의 교단 일로만 들을 일이냐. 이 발언을 통해 우리들 자신을 냉엄하게 둘러봐야 한다."

마지막으로, 오현 스님은 한센인들이 사는 소록도에서 평생 헌신하다가 나이가 들자 남에게 부담을 주기 싫다며 올 때 가지고 온 가방 그대로 말없이 고향 오스트리아로 돌아간 두 수녀의 얘기를 들려주며 "이렇듯 종적을 남기지 않고 사는 삶이 깨달음의 삶"이라고 말했다. 그러면서 "부처의 삶을 살지 않고 부처가 되겠다고 죽을 때까지 화두를 붙들고 살며, 그래가지고 부처가 된들 무슨 소용이 있고, 자기 혼자 부처가 되어서 무엇 하냐"고 꾸짖으며 죽은 불교가 아닌 산 불교를 주창했다. "불교는 깨달음을 추구하는 종교가 아니라 깨달음을 실천하는 종교다."

_조현, "선승의 죽은 수행 꼬집은 오현 스님", 〈한겨레〉, 2015년 8월 27일자

죄와 악과 거짓을 제하라

네 하나님 여호와께서 이 여러 민족을 멸절시키고 네 하나님 여호와께서 그 땅을 네게 주시므로 네가 그것을 받고 그들의 성읍과 가옥에 거주할 때에 네 하나님 여호와께서 네게 기업으로 주신 땅 가운데에서 세 성읍을 너를 위하여 구별하고 네 하나님 여호와께서 네게 기업으로 주시는 땅 전체를 세 구역으로 나누어 길을 닦고 모든 살인자를 그 성읍으로 도피하게 하라. 살인자가 그리로 도피하

여 살 만한 경우는 이러하니 곧 누구든지 본래 원한이 없이 부지중에 그의 이웃을 죽인 일, 가령 사람이 그 이웃과 함께 벌목하러 삼림에 들어가서 손에 도끼를 들고 벌목하려고 찍을 때에 도끼가 자루에서 빠져 그의 이웃을 맞춰 그를 죽게 함과 같은 것이라. 이런 사람은 그 성읍 중 하나로 도피하여 생명을 보존할 것이니라. 그 사람이 그에게 본래 원한이 없으니 죽이기에 합당하지 아니하나 두렵건대 그 피를 보복하는 자의 마음이 복수심에 불타서 살인자를 뒤쫓는데 그 가는 길이 멀면 그를 따라 잡아 죽일까 하노라. 그러므로 내가 네게 명령하기를 세 성읍을 너를 위하여 구별하라 하노라. 네 하나님 여호와께서 네 조상들에게 맹세하신 대로 네 지경을 넓혀 네 조상들에게 주리라고 말씀하신 땅을 다 네게 주실 때 또 너희가 오늘 내가 너희에게 명하는 이 모든 명령을 지켜 행하여 네 하나님 여호와를 사랑하고 항상 그의 길로 행할 때에는 이 셋 외에 세 성읍을 더하여 네 하나님 여호와께서 네게 기업으로 주시는 땅에서 무죄한 피를 흘리지 말라. 이같이 하면 그의 피가 네게로 돌아가지 아니하리라.

그러나 만일 어떤 사람이 그의 이웃을 미워하여 엎드려 그를 기다리다가 일어나 상처를 입혀 죽게 하고 이 한 성읍으로 도피하면 그 본 성읍 장로들이 사람을 보내어 그를 거기서 잡아다가 보복자의 손에 넘겨 죽이게 할 것이라. 네 눈이 그를 긍휼히 여기지 말고 무죄한 피를 흘린 죄를 이스라엘에서 제하라. 그리하면 네게 복이 있으리라.

네 하나님 여호와께서 네게 주어 차지하게 하시는 땅 곧 네 소유가 된 기업의 땅에서 조상이 정한 네 이웃의 경계표를 옮기지 말지니라. 사람의 모든 악에 관하여 또한 모든 죄에 관하여는 한 증인으로만 정할 것이 아니요 두 증인의 입으로나 또는 세 증인의 입으로 그 사건을 확정할 것이며 만일 위증하는 자가 있어 어떤 사람이 악을 행하였다고 말하면 그 논쟁하는 쌍방이 같이 하나님 앞에 나아가 그 당시의 제사장과 재판장 앞에 설 것이요 재판장은 자세히 조사하여 그 증인이 거짓 증거하여 그 형제를 거짓으로 모함한 것이 판명되면 그가 그의 형제에게 행하려고 꾀한 그대로 그에게 행하여 너희 중에서 악을 제하라. 그리하면 그 남은 자들이 듣고 두려워하여 다시는 그런 악을 너희 중에서 행하지 아니하리라. 네 눈이 긍휼히 여기지 말라. 생명에는 생명으로, 눈에는 눈으로, 이에는 이로, 손에는 손으로, 발에는 발로이니라(신 19:1-21).

세 문단으로 나누어볼 수 있겠지요? 1) 무죄한 살인자를 구제하기 위해 도피성을 마련하라. 2) 그러나 악의로 살인한 자라면 반드시 보복하라. 3) 그다음은 살인으로부터 확대된 법리로, 모든 먹고사는 경제의 기초, 곧 조상이 정해준 토지의 경계를 지킬 것과 나아가 여기서부터 비롯되는 모든 악, 모든 죄와 그에 얽힌 거짓에 대하여 그들이 악의로 행한 그대로 갚으라는 명령입니다.

제가 오늘 말씀드리려는 요지는 이러한 악과 죄와 거짓이란 분명히 존재하고 지속적으로 악한 영향을 끼치는 존재들이라는 사실(!)입니다. 이에 대한 우리의 생각이나 감정 따위가 중요한 게 아닙니다. 평화주의, 아나키즘, 생태주의, 페미니즘, 보수주의자, 진보주의자, 개혁주의자, 자유주의자… 이런 게 중요한 게 아니라, 너무나도 분명히 존재하는 악과 죄, 그리고 그것을 행하고 있는 인간들이 문제입니다. 그것들은 정상을 참작하여 구제받아야 할 자들을 제외하곤 반드시 그 행위에 상응하는 처벌을 해야 한다는 겁니다. 그래야 "이같이 하면 그의 피가 네게로 돌아가지 아니하리라", "죄를 이스라엘에서 제하라. 그리하면 네게 복이 있으리라", "악을 제하라. 그리하면 그 남은 자들이 듣고 두려워하여 다시는 그런 악을 너희 중에서 행하지 아니하리라"가 됩니다.

이 원리, 곧 죄와 악과 거짓에 대하여 상응하는 처벌을 가하지 않으면 그것이 지속적으로 세상에 악영향을 끼친다는 원리는 신약에 와서도 바뀌지 않습니다. 물론 신약 시대의 사회구조나 시대상 자체가 이미 구약 시대의 율법을 그대로 집행할 수 없게 되었습니다. 아무리 정통파라 할지라도 율법의 실천에 대한 새로운 해설과 해법이 필요해진 겁니다. 그러나 예수님의 말씀처럼, 율법이 사라졌다거나 폐해졌다는 게 아닙니다(마 5:17). 동시에 모세 율법을 문자 그대로 시행해야 한다는 것도 아닙니다.

중요한 것은 세계의 원리요, 거기에 입각해 있느냐 하는 문제입니다. 시대가 변했든 사회가 변했든 구조가 달라졌든 죄와 악과 거짓은 용인될 수도 없고 용납될 수도 없는 겁니다. 사회적으로 시대적으로 그것을 용인하고 용납하고 어쩔 수 없다고 한들

죄와 악과 거짓의 영향력이 그런 사정을 봐주는 것이 아니기 때
문입니다. 그러므로 오히려 세상이 문명개화되어서 그것들을 구
약 시대만큼 확실히 제해버리지 못한다면, 그만큼 세상은 종말
론적인 말법(末法)의 세계가 되는 겁니다.

이런 사정을 간직하고, 이런 정신을 고수하고, 이런 훈육과 교
훈으로 사람들을 교화하고 계몽하고 이끌어야 할 기관은 결국
종교(교회)밖엔 없습니다. 세상의 법에 의지할 수도, 경우와 인정
과 의리에 호소할 수도 없고, 양심과 도덕과 윤리에 기대할 수도
없습니다. 오로지 하나님의 세계의 이 원리를 자각하고 그에 따
라 사는 자들을 통해서만, 더 이상 현실의 제도로 구현할 수 없
게 된 이 원리는 그들의 믿음 안에서 조상들의 경계석처럼 그대
로 유지될 수 있습니다. 이 원리가 곧 사랑이고 화해이자 용서이
고, 그 사랑과 화해와 용서만이 처음 목적하는 대로 이 땅에서
죄와 악과 거짓을 제한 하나님나라를 회복할 수 있는 겁니다.

그러나 세상에는 이러한 하나님의 원리에 반한 사상이 싹트고
창궐해 자라났지요? 그것이 바로 무조건적 용서와 자비와 사랑
을 외치는 죄인들과 악인들과 거짓말하는 자들의 이데올로기입
니다. 그것은 겉으로는 "먹음직도 하고 보암직도 하고 지혜롭게
할 만큼 탐스럽기도 한"(창 3:6) 과실과 같아서 많은 사람들이 그
런 사상에 매혹됩니다. 이른바 목적 없는 평화주의, 목적 없는 아
나키즘, 목적 없는 '과거를 묻지 마세요' 같은 것들입니다.

세상에 목적 없는 평화가 어디 있습니까? 목적 없는 무정부주

의가 어디 있습니까? 목적 없는 화해와 용서가 어디 있습니까? 그런데 이 원리와 그에 따르는 진리를 맡은 그토록 막중한 사명을 지닌 교회 안에서조차 세상 정신에서 힌트를 얻은 새로운 인간들의 새로운 강설들이 득세하기 시작했습니다. 곧, 믿음 외에는 모든 것에 대하여 사랑과 용서와 관용을 베풀어야 한다는 새로운 이데올로기입니다.

그들은 여기서 믿음을 교묘히 왜곡해버립니다. 본래 믿음이건 소망이건 사랑이건 각기 다른 출처에서 나온 다른 장르가 아닌데도 그들은 믿음을 따로 떼어 거기에 특별한 지위를 부여합니다. 하나님을, 예수를 잘 믿기만 하면 모든 게 용서고 화해고 면죄되는 겁니다. 그러니 특히 사랑(용서)은 언제나 자신들(혹은 자기편)의 면죄에 이용되는 실용적인 개념이 됩니다. 그리고 그것은 다시 믿음으로 결산되는 겁니다. 그러나 인격에는 반드시 빛과 그림자가 있기 때문에 이 원리를 왜곡시킨 대가를 다시 자기들이 받게 됩니다. 그 결과 그토록 사랑을 외치는 사람들이 어쩌면 그렇게 사랑에 인색한지, 인색하게 변해가는지, 오직 자기들만이 모르게 됩니다.

사랑을 왜곡 말라

사도 바울은 '사랑'을 설명하는 첫머리에서 이렇게 '사랑의 왜

곡'에 대하여 반박합니다.

내가 사람의 방언과 천사의 말을 할지라도 사랑이 없으면 소리 나
는 구리와 울리는 꽹과리가 되고, 내가 예언하는 능력이 있어 모든
비밀과 모든 지식을 알고 또 산을 옮길 만한 모든 믿음이 있을지라
도 사랑이 없으면 내가 아무것도 아니요, 내가 내게 있는 모든 것
으로 구제하고 또 내 몸을 불사르게 내줄지라도 사랑이 없으면 내
게 아무 유익이 없느니라(고전 13:1-3).

피상적 인식의 차원에서는 '사람의 방언과 천사의 말'을 하는
게 사랑의 증표입니다. '예언하는 능력과 모든 비밀과 모든 지식
을 알고 산을 옮길 만한 모든 믿음'이야말로 사랑의 증거가 아닙
니까? 그다음이 더 기가 막힙니다. '내가 내게 있는 모든 것으로
구제하고 또 내 몸을 불사르게 내주는 것', 그게 사랑이 아니라
면 뭐가 사랑입니까? 그러나 바울은 아무리 그러할지라도 '사랑
이 없으면(but have not love)', 이렇게 논리를 전개해나갑니다.
　여기서 말하는 사랑이 무엇입니까? 이걸 정리하지 않고 그다
음 "사랑은 오래 참고 온유하며 시기하지 아니하며 자랑하지 아
니하며 교만하지 아니하며 무례히 행하지 아니하며 자기의 유익
을 구하지 아니하며 성내지 아니하며 악한 것을 생각하지 아니
하며 불의를 기뻐하지 아니하며 진리와 함께 기뻐하고 모든 것
을 참으며 모든 것을 믿으며 모든 것을 바라며 모든 것을 견디느

니라"(4-7절)로 넘어가게 되면 그때부턴 아예 말 자체가 성립되
질 않는 겁니다.

"사랑은 언제까지나 떨어지지 아니하되 예언도 폐하고 방언도
그치고 지식도 폐하리라"(8절). 인간이 해보는 모든 거룩한 행위
의 시기가 끝나고 시효가 끝나고도 남는 게 하나님의 사랑입니
다. 그러니 그것은 원리이고 기초입니다. 곧, 사람이 행하거나 행
할 수 있는 선행이 아니라 이 말입니다. 행할 수 없고 소유할 수
없고 그러함으로 부단히 다 함께 그것을 추구하고 연구하고 공
부하며 나가야만 그 궁극의 사랑이라는 세계와 맞닿는 것이지,
'사랑해야 한다'고 열변을 토하거나 어불성설 '우리는 이 정도로
사랑을 실천하고 있다' 같은 자랑을 할 수가 없는 겁니다. 하물
며 사랑을 빙자하여 죄와 악과 거짓을 사랑하라고 주장하는 것
은 어떨까요? 혹은 이런 말을 하면 우리가 언제 그랬느냐고 항
변할지 모르겠습니다. 그런 사람들에게는 언제든지 이런 말씀을
들려주려고 준비하고 있습니다.

만일 나팔이 분명하지 못한 소리를 내면 누가 전투를 준비하리요
(고전 14:8).

투사의 전염병

최근 들어 우리 개신교 교회 내에서 저명한 지도자들이 돈과 명예와 욕망과 권력에 얽혀 물의를 빚고 구설수에 오르고 비난 받는 일이 늘어나고 있습니다. 나아가서 우리 사회에는 그와 동일한 죄와 악과 거짓의 사람들이 마치 우리를 둘러싼 잣나무 숲처럼 무성히 창궐하고 있습니다. 그것은 내가 용서한다고 해도 존재하는 악이며 병폐입니다. 그것들은 그와 같은 실존으로 현재함으로써 우리 교회와 사회에 지속적인 악영향을 끼치고 있습니다. 비록 내가 그것을 인식하지 못하고 생각지 않는다 해도 존재함으로써 우리가 사는 세계를 어둡게 하고 괴롭게 하고 고통스럽게 하고 부질없고 쓸데없고 불필요하게 하는 것입니다.

그러므로 이미 우리의 환경이 되어버린 악과 병폐에 대하여 우리는 사랑이니 용서를 논할 수가 없습니다. 그런 사랑과 용서로 악과 병폐가 극복될 수 없고, 설령 우리가 용서를 한다고 해도 저 무성한 잣나무 숲이 사라지는 게 아니기 때문입니다. 오히려 비바람이 치면 그것들은 우리를 덮치고 우리를 향해 쓰러질 겁니다.

깨어나야 합니다. 속지 마십시오. 이토록 중대한 하나님의 진리를 가진 우리들의 교회 안에서 지금 무슨 비겁한 변명들이 오고갑니까? '심판은 오직 하나님만이 하신다', '용서는 하나님의 명령이고 인간의 의무이다'라는 설교를 자주 접하게 됩니다.

"[타인을] 비판하지 말라. 너희가 비판하는 그 비판으로 너희가 비판을 받을 것이요 너희가 헤아리는 그 헤아림으로 너희가 헤아림을 받을 것이니라"(마 7:1-2)라는 비판 저지용 설교가 난무합니다. "너희 중에 죄 없는 자가 먼저 [저 여인을] 돌로 치라"(요 8:7)는 말씀은 그 본뜻과는 너무나도 달리 면피용 말씀으로 가공된 전가의 보도가 되어버렸습니다.

그러니 하나님의 말씀을 설교한답시고 영감 된 경전의 말씀을 인용하는데도 감동이 하나도 없고 듣기가 싫은 겁니다. 자기 영혼의 감동이 없으니 예배당을 치장하고 목소리를 웅장하게 꾸미고 연출된 분위기로 그것을 메우려 합니다. 도대체 왜들 저러는 걸까요? 지도자들은 그렇다 치고 평신도들은 심지어 그런 지도자를 욕하면서도 왜 그 자리에 꾸역꾸역 모여드는 걸까요? 친밀한 벗들과의 사교성(교제권) 때문이라고요? 설교 시간만 참으면 된다고요? 아닙니다. 결코 그런 것이 아닙니다. 그것을 저는 '투사(投射, Projection)의 전염병'이라 부르겠습니다.

투사가 뭡니까? 자기 안에 있는 것을 대상에게 옮겨놓는 겁니다. 아직 표면에 공개되지 않았을 때라면 또 모르겠지만 이미 문제가 발생해 세상의 비난과 비판이 쏟아지는 지도자라면 이제부터 그가 하는 모든 설교는 자기변명, 곧 궁색한 자기 투사에 지나지 않습니다. 그것이 성추행이든 표절이든 횡령이든 이제부터 그의 설교는 하나님 말씀을 빙자한 자기 투사에 불과합니다.

지도자들만 그렇게 사는 걸까요? 영과 영은 진리와 거짓을 속일 수 없지만, 자기를 속이는 이러한 지도자들의 투사는 성도들에게 혼돈을 유발시킵니다. 직관과 분별력에 마비가 옵니다. 자기들 안의 그러한 죄와 악과 거짓에 대한 일깨움이 일어나도 모자랄 판에, 변명이 일어나고 투사가 발산되고 성도들을 혼돈시켜 모종의 합의에 이르게 됩니다. 목사와 성도가 서로에게 투사하는 거짓과 속임에 의해 서로서로 추켜세우며 거짓과 진실을 적당하게 유지하게 됩니다. 그다음은 서로가 서로에게 혼돈된 자기를 다시 투사하는 겁니다. 그렇게 한 교회의 믿음(?)은 엉뚱한 쪽으로 견고해져갑니다.

표면적으로 들으면 '심판은 오직 하나님이 하신다'거나 '용서는 인간의 의무'라는 설교는 매우 설득력 있게 들립니다. 그러나 다시 한 번 생각해보십시오. 이러한 말씀은 실천함으로써 돌아올 유익이 있기 때문에 나온 말씀입니다. 그러나 이것을 자신들의 변명과 비난에 대한 방패로 타인들에게 강요하게 될 때 어떤 유익이 돌아올까요?

이 세계에 만연한 죄와 악과 거짓은 누군가를 괴로움과 고통의 희생자로 만들고 있습니다. 그러나 지금 우리 사회는 아프고 고통스러워 울부짖는 희생자들을 어떻게 대접하고 있습니까? 우리의 현대사는 어떻게 해왔습니까? 그것들을 어떻게 청산해 왔습니까? '심판은 오로지 하나님이 하신다', '용서는 오직 인간의 의무'라는 설교에 따른다면 결과적으로 이 세계는 점점 악화될 뿐입니다. 그러므로 이러한 설교는 겉으론 하나님의 말씀에 입각한 것 같지만 본질적으로 하나님의 뜻과 거리가 멉니다.

바울은 로마서 14장 1-3절에서 "믿음이 연약한 자를 너희가 받되 그의 의견을 비판하지 말라. 어떤 사람은 모든 것을 먹을 만한 믿음이 있고 믿음이 연약한 자는 채소만 먹느니라. 먹는 자는 먹지 않는 자를 업신여기지 말고 먹지 않는 자는 먹는 자를 비판하지 말라. 이는 하나님이 그를 받으셨음이라"라고 쓰고 있습니다. 자, 누가 누구를 비판하는 걸까요?

'먹는 자'란 믿음의 경지가 높기 때문에 '먹지 않는 자', 상대적으로 믿음의 경지가 낮은 사람들을 비판하는 것입니다. 먹지 않는 자들은 자기들이 먹지 않음으로써 먹는 자들보다 믿음이 신실하다고 여길지 모르지만, 사도의 입장에선 그들은 오히려 믿음이 연약한 자들입니다. 마찬가지로 누군가를 비판하는 자들은 비판당하는 자들보다 높은 경지에 있습니다. 곧, '비판하지 말라'고 설교하는 자들이 높은 것이 아니라 비판하는 자들이 높은 것입니다. 만일 자신들의 행위로 지탄을 받는 자들이 '심판은 하나님만이 하신다', '용서는 인간의 의무이다', '남을 비판하지 말라'라고 말한다면 그것은 적반하장이 됩니다. 곧, 믿음이 연약한 자가 믿음이 높은 자를 판단하고 비판하는 수준의 사회가 되는 것입니다.

'남을 비판하지 말라'라는 명령을 들어야 할 사람은 '남을 비판하지 말라'고 설교하는 자들이 아니라 '남을 비판하는 자'들입니다. 그러면 '남을 비판하지 말라', 실제로는 '자기를 비판하지 말라'고 설교해대는 자들은 무슨 말을 들어야 할까요? 그들이야 말로 남을 비판하지 말아야 할 자들이 아닐까요? 만일 정직한 영(양심)을 가졌다면 그런 말을 하기 전에 스스로 비판을 받았을 겁니다. 그랬다면 벌써 자기변명과 자기혼돈에서 해방됐을 겁니다. 다른 게 아니라 그것이 용서이고 화해이고 사랑이지요.

여러분이 정말 믿음이 있는 분들이라면 우리와 우리의 교회와 자녀들을 위해서 이런 점을 잘 이해하셔야 합니다. 그리고 지금이라도 양심과 영혼의 직관에 따라 아브라함처럼, 사라처럼 믿음을 위해 자기 집과 소유와 안락함을 버리고 길을 떠나야 합니다. 아무 역할도 없으면서 다만 머릿수를 채워줄 뿐인 객석에 앉아서 심리적 '자기혼돈'을 '심판받지 않는 은혜'라 착각해선 안됩니다. 성도의 혼돈 자체가 다시 교회의 투사라는 것을 잊지 말아야 합니다.

왜 오늘날 신새벽부터 세상엔 달리 없을 믿음의 모본이 강조되는 곳에서 하나님의 영광 대신 돈과 머릿수의 유치찬란함이 세상에 드러나는 것인지, 돈과 광고와 요란한 이벤트 하나 없이 하나님의 영광을 드러내려는 곳에서는 언제나 외롭고 쓸쓸하고 형세가 고독한 것인지, 왜 이런 왜곡과 굴절이 발생하는 것인지, 여러분 스스로 잘 헤아리십시오. 공자(기원전 551-479)께선 "어찌할까, 어찌할까 하면서 어찌하지 않는 사람이라면 나도 어찌할 수 없다"고 말했다고 합니다. 여러분의 신앙은 마음의 성찰 없는 자기변명의 투사입니까, 누군가의 자기변명이 투사된 혼돈입니까? 작고하신 어느 목사님이 자신의 수제자에게 마지막으로 던졌다는 질문을 여러분에게 던지고 싶습니다. 투사입니까 혼돈입니까? "여러분의 정체는 무엇입니까?"

교의는 있고 고백은 없다

_ 기독교인이라는 비전문가

요한복음 6:24-35

교회도 아니고 목사도 아닙니다.
여러분 자신에게 말씀을 건네시는
하나님을 만나십시오.

뒤틀려진 교의가 고백을 삼키다

'인간이 먹는 것, 그것이 그다'라는 말이 있습니다. 옛날 보았던 음식에 관한 다큐멘터리 생각이 납니다. 세계에서 음식의 편차가 가장 큰 나라가 중국이라 했습니다. 민공(民工)이라 불리는, 시골에서 상경한 저소득층 막노동자들은 삼시세끼를 '만터우'라 불리는 맨 빵에 물만 마신다고 합니다. 우리나라에선 다진 야채나 고기로 속을 채운 게 만두지만 중국에선 그냥 밀가루 반죽을 말아놓은 게 만터우지요? 자식들을 먹여 살리고 집에 돈을 부쳐주기 위해 대개는 수년씩, 더러는 병들어 쓰러질 때까지, 일생을 대도시의 변두리 합숙소에서 외롭게 지내면서 막노동으로 살아가는 사람들이 민공들입니다. 노동의 막간 식사 시간이 되면 쟁반에 날라져 오는 만터우 서너 개가 식사의 전부. 그걸 먹고 수돗가로 가서 물을 마시면 식사가 끝나는 겁니다. 그것을 요리라 부르는 게 합당할지, 잔인하다는 생각이 들 정도였습니다.

반면 중국의 부자들은 자기과시를 위해 요리를 시킨다 합니다. 누워서 자도 될 만한 원탁 위에 상다리가 휘도록 차려진 진수성찬의 갖가지 요리는 곧 자아의 실현입니다. 베이징의 한 음식점에서 거대한 만찬으로 평범한(!) 저녁 식사를 하는 어느 부자의 모습이 화면에 나왔습니다. 정말 대단한 식사였습니다. 민공 가운데 한 사람의 인터뷰가 이어졌습니다. 그 화면을 보여주면서 어떻게 생각하느냐 물었던 겁니다. 여러분은 그 사람이 어떻게 말했을 것 같습니까? '사람은 다 태어날 때부터 먹을 것이 정해져 있다. 수명이 정해진 것과 같다. 저 사람은 저렇게 먹고 살 팔자를 타고 났으니 저렇게 먹고 사는 게 당연하다. 우리는 이렇게 태어났으니 이렇게 살 뿐이다. 부럽고 안타깝지만 하늘이 정해준 걸 어쩔 수 있겠나.' 대략 그런 내용이었습니다. 제가 더 젊었을 때라면 그런 말을 하는 민공을 안타까워하기보단 분노를 느꼈을 겁니다. 그러나 그의 말은 저를 슬프게만 할 뿐이었습니다. 그 민공의 입장에서 우리가 기대할 무슨 말이 필요하겠습니까. 과연 '인간이 먹는 것, 그것이 그다'라는 말이 맞는 것도 같습니다.

그러나 여러분은 예수님(성경)께선 반대로 '인간이 뱉는 것, 그것이 그다'라고 말씀하셨다는 것을 잘 알고 계실 겁니다.

"너희는 내 말을 새겨들어라. 무엇이든지 밖에서 몸 안으로 들어가는 것은 사람을 더럽히지 않는다. 더럽히는 것은 도리어 사람에게서 나오는 것이다." 예수께서 군중을 떠나 집에 들어가셨을 때에 제자들이 그 비유의 뜻을 묻자 "너희도 이렇게 알아듣지를 못하느냐? 밖에서 몸 안으로 들어가는 것은 사람을 더럽히지 못한다는 것을 모르느냐? 모두 뱃속에 들어갔다가 그대로 뒤로 나가버리지 않느냐? 그것들은 마음속으로 파고들지는 못한다"(막 7:14-19, 공동번역).

우선 이 말씀은 가난한 사람과 부유한 사람에 대한 말은 아닙니다. 만터우 서너 개와 일부러 남겨서 버리는 진수성찬의 차이를 고려한 말씀이 아닙니다. 율법에 의거해 음식은 철저히 가리면서 그 뱃속으로부터는 음행, 도둑질, 살인, 간음, 탐욕, 악의, 사기, 방탕, 시기, 중상, 교만, 어리석음을 뱉어내는 위선자들을 비판한 말씀입니다. 곧, 먹는 음식이 아니라 본질적 인격의 나타남을 강조한 말씀입니다. 만터우 서너 개로 배를 채우든 진수성찬으로 자아를 실현하든 그것은 그렇게 중요한 문제가 아닙니다. 민공이라도 얼마든지 나쁜 사람이 있을 수 있고 진수성찬을 즐겨도 훌륭한 인격을 가진 사람이 얼마든지 가능한 것입니다. 이런 것을 대략 '교의(敎義, dogma)'라 부를 수 있을 것입니다.

교의는 외모로 사람을 차별하지 않습니다. 부자라고 박하게 보지도 않고 가난한 자라고 일부러 두호하지도 않습니다. 그러나 과연 그럴까요? 음식이란 정말로 가치중립적인 걸까요? 절대로 그렇게만 보아서는 안 될 이유가 있습니다. 왜냐하면 금방 말씀드린 대로 현실에서 '입으로 들어가는 음식', 곧 삶의 나타남의 절대적 차이 때문에 그렇습니다. 제가 말씀드리려는 것은 '음식은 가치중립적이고 더러움과 아무 상관이 없다', '차이는 인격으로부터 나온다'는 식의 '교의'가 현실의 적용으로 갈 때는 전혀 다른 문제가 발생한다는 겁니다.

바리새인들은 입으로 들어가는 것을 규제해왔습니다. 그것으로 사람들 위에 군림하며 선생 노릇하고 지도자 행세를 해왔습니다. 그러나 실제 삶의 행태로는 일반적인 죄인들과 다를 바가 없었습니다. 아니 대중의 지도자들이었기 때문에 더 문제가 되는 인간들이었습니다. 그들이 주도적으로 만들어가고 있는 사회가 하나님나라에서 멀기 때문입니다. 예수님은 그 침묵의 카르텔을 깨뜨리신 겁니다. 이제 현대에는 더 이상 입으로 들어가는 것을 가지고 종교생활을 규제하진 않습니다. 그러나 '입으로 들어가는 것이 중요한 것이 아니다'라는 말이 종교생활을 규제합니다! '입으로 들어가는 게 중요한 것이 아니다'라는 말은 입으로 들어가는 것에 대한 '자유'를 주었습니다. 그 대신 무엇을 통제할까요? 입으로 들어가는 것에 관한 '비판'을 통제합니다. 쉽게 말하면 만터우가 진수성찬을 향해 할 수 있는 비판을 통제합니다. 민공이 갑부를 향해 할 수 있는 비판을 통제하는 겁니다. 무엇이요? 교회의 교의가 말입니다.

여기서 '입으로 들어가는 것'이란 단순한 음식이 아니라는 것을 아시겠지요? 입으로 들어가는 것이란 결국 욕망을 말하는 것입니다. 욕망을 통제함으로써 사람들을 다스리던 교회가 이제는 욕망의 자유를 선언함으로써 사람들을 다스리는 겁니다. 이해가 되십니까? 이제는 욕망을 누리는 것에 관한 비판을 통제할 수 있는 천부적인 신의 말씀을 획득한 겁니다. 그러므로 여기서 그 사람의 '입으로 들어가는 것'은 곧 그 사람이 '밖으로 내뱉는 것'입니다. 베이징 부자의 입으로 들어가는 것은 곧 그 사람이 밖으로 내뱉는 것입니다. 예수님은 밖으로 내뱉는 것이 부패의 증거라고 하셨지요? 과거만도 못해진 겁니다. 그러니 교의를 배우거나 가르칠 때 주의가 요구됩니다.

교의에서 중요한 것은 '인격의 부패란 속(마음)에서 나오는 것이다'라는 것이지만, 이게 신앙 곧 믿음의 실천으로 갈 때는 그것만으로는 안 됩니다. '고백'이 나와야 합니다. 어떤 고백이어야 할까요? 속마음이 따로 있는 게 아니라 생활 전체, 우리의 태도, 이를테면 세월호 사건이나 메르스 사태나 하루에 40여 명씩 매일 자살로 생을 마감하는 사람들이 있는 우리의 현실이 우리가 뱉어내는 속마음이란 사실을 고백해야 합니다. (물론 감각이 있어야 고백을 하겠지요?) 그 고백이 있어야 그다음 태도가 결정되는 겁니다. 그러나 중요한 것은 마음이지 외모가 아니라는 교의만 주장한다면 그것은 우리의(실제로는 자기 욕망의) 현실을 그대로 밀고 나가겠다는 관성에 이끌릴 뿐입니다. 말씀을 겨우 문자적으로만 이해해서는 안 될 이유입니다.

제가 아는 크리스천들을 보면 다들 참 착하고 겸손하고 신실하기도 합니다. 특별히 나쁘거나 악한 사람이 없습니다. '그들의 삶이 무엇을 기반으로 하는가'라는 질문을 해본다면 역시 기독교 교의에 의거한다고 말할 수 있을 겁니다. 다시 말하면 그들은 자기들이 배운 교회의 교의를 나타내고 있는 겁니다. 그런데 거기에 뭔가가 결여되어 있는 것 같습니다. 무엇일까요?

고백입니다. 교의만 있고 고백이 없습니다. 마치 빛만 있고 그림자가 없는 것과 같습니다. 긍정만 있고 고뇌가 없습니다. 생경하고 날것인 상태 그대로의 교조적 신념입니다. 그것을 자기 고백화할 수 있는 성찰의 감동, 현실화된 감각이 아쉽습니다. 그런 사람일수록 세상과는 동떨어진 별개의 신앙의 세계에 몰두해 살고 있거나 그로 인해 자주 세상과 소통하기 어려운 자기만의 고집스런 교의를 설파하기도 합니다. 믿음이란 본래 그렇게 소통 불가능한 것이라 믿고 있는지도 모르겠습니다.

저희 딸들이 자주 '영혼이 없다'는 말을 씁니다. 바로 그들이 영혼이 없는 사람들 같다는 생각이 들 때가 있습니다. 사랑한다고 하는데 사랑받는다는 느낌이 들지 않고, 기도한다고 하는데 기도해준다는 고마움이 들지 않는 겁니다. 왜 우리 기독교인들이 청중의 반응을 인식할 줄 모르는 연설자처럼 계속해서 헛품을 들이는 걸까요? 알아듣거나 말거나 주님의 명령이니까 하는 거라고요? 아마 그런 말도 교의를 잘못 이해한 결과일 겁니다. 그 때문에 독실하다는 기독교인일수록 자주 군중 속에서 외롭게 보입니다. 어떤 이들은 그 외로움을 믿음 때문에 받는 박해의 훈장쯤으로 여기기도 합니다. 그러나 실제론 어떻습니까? 훈장치고는 너무나도 색 바래고 초라합니다. 빛은 그림자를 만들고 그림자는 빛의 반영이듯 우월감과 열등감은 빛과 그림자일 뿐입니다.

어떻게 그런 걸 믿을 수 있죠?

모든 개인적 발전이나 인류적 발전은 이해력의 증진과 관련되어 있습니다. 그리고 이해력이 증진된다는 것은 자기성찰의 증진과 결부되어 있습니다. 이해력, 자기성찰이란 다른 말로 하면 모든 객체로부터 자신을 구별하는 능력입니다. '그대 앞에만 서면 나는 왜 작아지는가'가 아니라 '그대가 어떻든지 간에 나는 나'라는 자각입니다. 물론 막무가내가 아니라 자신에 대한 정직한 자각을 말하는 겁니다. 자신의 특별함, 독보적임, 독특함을 발견하는 겁니다. 남의 흉내를 내거나 착한 척을 하거나 권위자에게 인정받으려 하거나 심지어 무슨 덕을 보려 기대해서는 안 됩니다. 그건 객체들을 우상화하는 겁니다.

진정한 하나님을 대신한 무언가를 우상으로 숭배하면서는 그것으로부터 자신을 구별해낼 수가 없습니다. 우상을 깨뜨려야 참 하나님이 발견됩니다. 우상을 깨뜨려야 자기성찰이 가능해지고 이해력이 증진됩니다. 여러분은 회사나 조직이나 하다못해 친목모임일지라도 일단 두 사람 이상이면 거기선 독립적인 자유가 제한받기 시작한다는 것을 잘 아실 겁니다. 물론 참고 이해하고 사랑하고 양보하는 것은 훌륭한 덕성이기는 합니다. 그러나 그것이 당위가 되고 권력이 될 때, 그다음엔 어떤 일이 벌어질까요? 교회도 여기서 예외일 수가 없고, 교회이기 때문에 더 비상식적이고 우상숭배적인 상태에 빠지기 쉽습니다.

르네상스(Renaissance, 문예부흥) 인문주의는 중세의 로마 가톨릭 세계의 미신과 억압으로부터 분출하고 꽃핀 전례 없는 이해력과 자기성찰의 열매였습니다. 처음엔 건축, 회화, 조각 같은 예술 분야에서, 그다음엔 문학과 역사, 마지막으로 종교 분야에서 인문주의의 부흥이 일어났습니다. 신 중심(사실은 신 중심인 것을 교의로 내세운 교조주의)의 사유로부터 인간 중심의 사유로 변화되어간 겁니다.

그때는 흑사병과 전염병이 창궐하던 시기였고 교황청이 부패할 대로 부패했던 시기였습니다. 이슬람이 진출하고 새로운 사회적, 영적 욕구가 팽창하던 시기였습니다. 많은 천재들이 그리스·로마의 고전 문화를 복구하고 그것들을 예술작품으로 재탄생시켰습니다. 왜 고전부흥이었을까요? 기독교가 중세기 천 년 동안을 지배하면서 모든 인간적인 것을 억압했기 때문에 자기들의 자유를 분출할 도구가 없었기 때문입니다. 그래서 기독교 이전으로 거슬러 올라간 겁니다. 그 마지막이 종교개혁입니다. 종교개혁의 결과로 개인이 발견되고, 자연이 발견되고, 신대륙이 발견되고, 우주가 발견된 겁니다. 민족이 발견되고 민중이 발견되고 민주주의가 발견된 겁니다.

이 모든 게 무엇으로 말미암았을까요? 이해력과 자기성찰에서 각성되고 자각된 개인들의 자기 고백으로부터 비롯된 겁니다. 갈릴레이, 코페르니쿠스, 레오나르도 다빈치, 단테, 에라스무스, 칼뱅, 루터, 마젤란, 콜럼버스가 자기를 발견하고 자기 고백을 발견했기 때문에 일어난 사건들입니다. 만일 그들이 오늘날 한국 교회의 크리스천들과 같았다면 어땠을까요? 너무나도 겸손한 나머지 자기를 발견한다거나 자기를 고백한다거나 세계의 실상을 이해한다거나 하는 일들은 교회의 지도자들에게 맡겼을 겁니다. 그리고 '저는 자유보단 순종을 좋아해요'라고 말하지 않았을까요?

객체에 대한 주체의 과대평가는 언제나 주체의 자발적이고 독립적이고 자연적인 발전을 저해합니다. 예를 들어 우리 크리스천들은 우리의 믿음의 선진성과 우월성과 유일성의 교의에 힘입어 저 《슬픈 열대》에 나오는 아마존 원시인들의 믿음을 안타깝게 여깁니다. 또한 여자들에게 부르카를 씌우고 여러 명의 아내를 거느리고 삼시세끼 메카를 향해 요가매트 위에서 절하는 이슬람교도의 믿음을 야만적이라 비웃습니다. 또 불교도들의 독특한 금욕이나 힌두교도들의 벌거벗은 무욕의 삶 같은 것들을 시대에 뒤떨어진 퇴행적인 헛수고라 판단합니다. 우리가 보기에 그것들은 본질은 모른 채 외모와 전통에 매달린 것처럼 실용성이 떨어져 보입니다. 그것들은 관광 상품이나, 가끔씩 우리가 관용적인 태도를 나타낼 필요가 있을 때만 존중해야 할 것으로 인식되기도 합니다. 그러나 우리 종교 안으로 들어와 우리가 기독교인이 되는 순간 우리는 그들을 향해 언제나 이렇게 묻고 있는 겁니다. '어떻게 그런 걸 믿을 수 있죠?'

그런데 만일 우리에게 누군가 동일한 질문을 한다면 어떨까요? '당신은 어떻게 그렇게 믿을 수 있죠?'라고 묻는다면. 아마도 우리는 그들과 별반 다르지 않은 대답을 하게 될 겁니다. 우리의 교의에 입각한 대답 말이지요. 그러면서 우리는 그들에게 그들의 믿음의 어리석음을 일깨우려 합니다. 지금도 수많은 선교사들이 세계의 각지로 들어가 그런 일을 하고 있지요. 어떤 일인가요? 그들의 손에서 익숙한 종교의 도구들을 빼앗는 겁니다. 그것들은 그들의 조상 대대로 사용해온 익숙한 도구들입니다. 그러니 그들 가운데 조금 똑똑한 사람이라면 금방 이 선교사라는 존재의 목적을 이해하게 될 겁니다. 그들은 선교사들을 불쾌하고 위험한 자로 주목해서 볼 것입니다.

물론 제가 이런 말씀을 드리는 것은 선교에 반대한다는 의미는 아닙니다. 선교가 단순히 기독교 교의의 전파가 되는 걸 우려하는 겁니다. 또한 더 긴하게 말씀드리려 하는 것은 익숙한 종교를 빼앗는 사람에 대해 느끼는 불쾌감과 위험스러움입니다. 그게 현재 한국 교회의 상태라는 말씀을 드리려는 겁니다. 누군가 여러분에게서 여러분의 종교를 빼앗으려 한다면 여러분은 어떻게 될까요? 그 불쾌함과 위험스러움은 여러분을 어떻게 만들까요? 한국 교회는 그동안 교회 안의 선교사들에게, 깨어난 목회자들, 각성된 성도들, 문제를 문제로 인식하고 고백하는 동료들에게 한결같이 불쾌하고 위험스럽다는 반응을 보여왔습니다. 적극적으로 인정하며 토론할 마음을 갖지 않았습니다. 교회뿐 아니라 성도 개개인들도 사회 속에서 마찬가지였을 겁니다. 우리는 왜 이렇게 위축된 걸까요? 무엇을 두려워하는 걸까요? 우리의 믿음은 자기 고백에 그렇게 취약한 걸까요?

달라진 게 없으면 도루묵

분명히 말씀드리지만 우리 그리스도인들에게는 고소할 사람이 아무도 없습니다. 우리에게 무언가를 책임 지우고 감시할 수 있는 권리를 가진 사람도 없습니다. 상 주고 벌주는 사람도 없습니다. 오히려 모든 것을 자기 자신이 책임져야 하는 겁니다. 사랑도 있고 봉사도 있고 희생도 있지만 그런 것은 복음의 진리로 스스로 선 사람이 있을 때 가능한 겁니다. 이제부터 내가 다른 사람에게 하는 요구를 내 스스로에게 내가 해야 합니다. 교회가 잘못되었다면 그것은 내 책임이기 때문에 내가 행동해야 합니다. 사회가 잘못되었다면 그것 역시 내 책임이기 때문에 내가 가능한 한 책임을 져야 합니다. 다른 핑계나 숫자와 대세에 묻어가는 전근대 봉건적 태도는 주인이 아니라 종의 태도일 뿐입니다. 그것은 하나님을 알고 믿는다고 하면서도 여전히 뭔가에 두려워하면서 예속되어 있는 우상숭배이기도 합니다. 우리는 자유인이니 할 수 있는 한 우리의 자유를 나타내야 합니다.

누가 능히 하나님께서 택하신 자들을 고발하리요. 의롭다 하신 이

는 하나님이시니 누가 정죄하리요. 죽으실 뿐 아니라 다시 살아나
신 이는 그리스도 예수시니 그는 하나님 우편에 계신 자요 우리를
위하여 간구하시는 자시니라. 누가 우리를 그리스도의 사랑에서
끊으리요. 환난이나 곤고나 박해나 기근이나 적신이나 위험이나
칼이랴(롬 8:33-35).

너희가 아들이므로 하나님이 그 아들의 영을 우리 마음 가운데 보
내사 아빠 아버지라 부르게 하셨느니라(갈 4:6).

너희는 다시 무서워하는 종의 영을 받지 아니하고 양자의 영을 받
았으므로 우리가 아빠 아버지라고 부르짖느니라(롬 8:15).

다시는 정죄받지 않는다는 고백은 정죄에 관한 자기 고백, 즉
지금도 역사하고 있는 정죄를 향한 도전에 관한 고백입니다. 다
만 그렇다는 교의가 아니니 말로만 그렇게 해서는 안 됩니다. 실
제로 우리는 얼마나 자주 정죄당하고 있습니까? 매일 매순간 자
기가 자기를 정죄합니다. 다른 누가 아니라 자기가 먼저 스스로
알아서 자기를 정죄하도록 만드는 온갖 정죄의 구조가 가동되
고 있습니다. 인종이나 성 차별, 장애인과 소수자, 사회적 약자들
처럼 너무나 오랫동안 정죄받고 정죄를 일삼아왔기 때문에 거의
신분이나 운명의 굴레처럼 되어버려 인식도 못할 지경인 것들도
있습니다. 그런 것들은 다시 그들 안에서 서로를 정죄하는 도구

가 되기도 합니다. 그러므로 깨어서 즉각적으로 정죄의 메커니즘을 알아차리지 않으면 거기서 벗어난다는 것은 턱도 없게 됩니다. '다시는 정죄받지 않는다'는 말씀은 이제부터 '다시는 정죄받지 않을 사람으로 행동하라'는 말씀으로 찰떡같이 알아들어야 합니다. 이 얼마나 높은 경지의 신앙입니까?

지금 종교개혁이 필요하다는 말들이 난무합니다. 과연 종교개혁 이전과 이후의 신앙의 본질적 차이점은 무엇일까요? 만일 달라진 게 없다면 종교개혁은 도루묵입니다. 달라질 그것이 여러분에게 무엇인지가 밝혀져야만 종교개혁은 비로소 시작될 겁니다. 지금, 우리의 모든 교의적 기독교 저편에 우리들이 이 모양이 꼴로 살고 있는 사실들이 있습니다. 우리는 진실이 무서워 발설할 수 없고 분출할 수가 없습니다. 그것은 하지 않고 다른 일들로 시간을 때웁니다. 그러나 다른 일로 시간을 죽이는 것은 죽음의 징후이면서 그 자체가 죽음입니다. 그렇게 우리는 다시 하나님의 율법에 의해 정죄당하고 심판받고 있는 겁니다. 바로 이 죽음(심판) 앞에서, 진리에 입각해, 우리들의 진실과 무력함과 착오에 관해 새롭게 결심하고 새로운 태도를 결정할 수 있는 것은, 오로지 자각된 자기 자신뿐입니다. 그런데도 이 죽음 앞에서 여전히 죽음 없는 신앙이라는 끝없는 거짓말로 교의의 깃발만 펄럭이는 게 우리 신앙의 형편 아닙니까? 거기엔 도무지 교의는 있으나 고백이 없습니다.

우리는 왜 교회에 모였나

저는 감히 생각건대 모든 전문가 집단 가운데 이해력과 자기 성찰을 발전시켜 학문을 완성시킬 가능성이 가장 적은 전문가들이 한국 기독교인들이 아닐까 합니다. 성경공부를 많이 하고 기도를 많이 하고 신앙서적을 많이 읽은 사람일수록 이상하게 말과 글을 이해하는 능력이 떨어집니다. 조금만 다른 말을 하면 아예 이해를 못합니다. 자기화하는 능력이 없기 때문입니다. 있다면 두려움과 저항만이 있을 겁니다. 문제는 교회생활이나 기독교 신앙이 독자적인 사고능력을 계발하는 데 저해요소로 작용한다는 점입니다. 저도 경험한바 (특히 젊은이들은) 신앙 때문에 너무나 많은 것을 놓치고 있습니다. 인간에 대한 사랑을 상실하고 관심을 상실하고 그것을 배울 기회들을 날려버리고 나니 동어반복의 공허한 말들만 남게 됩니다. 교회는 그들의 공허를 다시 종교사업으로 메우려 합니다. 온갖 자기모순 속에서 끝없이 자기를 정당화해보지만 그럴수록 시대와 함께 나아가지 못하고 뒤로 밀려납니다. 한국 교회는 무엇보다 이 폐쇄성을 성찰하고 극복해 나가야 합니다.

우리가 유의해서 기억해야 할 것은 도덕이든 하나님에 관한 믿음이든, 그것은 하늘에서 인간에게 떨어지는 것이 아니라는 사실입니다. 하나님에 관한 지식일지라도 그것은 전에는 없던 것을 하나님이 '옜다' 하고 주시는 게 아닙니다. 여러분이 본래 자기 안에 간직하고 있었던 것입니다. 그러니 콜럼버스가 신대륙을 발견하듯 여러분이 여러분 안에서 발견해내야 합니다. 그것을 이해해야 성령(聖靈, 거룩한 영, 구별된 영, 초월된 영)의 인도하심이란 것도 기대할 수 있지 않을까요? 종교개혁, 교회갱신이란 단지 계몽으로는 안 될 겁니다. 교회 안의 도덕적 요청이란 것역시 보편적 인간 심령에 깃든 신성의 요구입니다. 종교나 교회안에만 갇혀 있는 특별한 요구가 아닙니다. 그러므로 여기서도혼동하면 안 됩니다. 하나님과 하나님의 이미지의 차이를. 신상이 없다고 우상이 사라진 게 아니고, 우상의 신상은 인간의 가슴속에도 들어 있기 때문입니다.

무리가 거기에 예수도 안 계시고 제자들도 없음을 보고 곧 배들을타고 예수를 찾으러 가버나움으로 가서 바다 건너편에서 만나 랍비여 언제 여기 오셨나이까 하니 예수께서 대답하여 이르시되 내가 진실로 진실로 너희에게 이르노니 너희가 나를 찾는 것은 표적을 본 까닭이 아니요 떡을 먹고 배부른 까닭이로다. 썩을 양식을위하여 일하지 말고 영생하도록 있는 양식을 위하여 하라. 이 양식은 인자가 너희에게 주리니 인자는 아버지 하나님께서 인 치신 자니라. 그들이 묻되 우리가 어떻게 하여야 하나님의 일을 하오리이까. 예수께서 대답하여 이르시되 하나님께서 보내신 이를 믿는 것이 하나님의 일이니라 하시니 그들이 묻되 그러면 우리가 보고 당신을 믿도록 행하시는 표적이 무엇이니이까, 하시는 일이 무엇이니이까. 기록된 바 하늘에서 그들에게 떡을 주어 먹게 하였다 함과 같이 우리 조상들은 광야에서 만나를 먹었나이다. 예수께서 이르시되 내가 진실로 진실로 너희에게 이르노니 모세가 너희에게 하늘로부터 떡을 준 것이 아니라 내 아버지께서 너희에게 하늘로부터 참 떡을 주시나니 하나님의 떡은 하늘에서 내려 세상에 생명을 주는 것이니라. 그들이 이르되 주여 이 떡을 항상 우리에게 주소서. 예수께서 이르시되 나는 생명의 떡이니 내게 오는 자는 결코 주리지 아니할 터이요 나를 믿는 자는 영원히 목마르지 아니하리라(요 6:24-35).

우리는 왜 교회에 모였을까요? 교회는 별의별 사람들이 다 모인다고들 하지만, 만일 교회가 정말 욕망으로 들끓는 각종 사람들의 모임이라면 왜 교회에 와야 하겠습니까? 우리에게 진정한 생명의 양식은 무엇입니까? 하나님을 믿는다는 것은 무엇입니까? 기독교가 생명에 관한 것이고 생명을 만들어내는 것이라면 우리는 생명이 만들어지는 과정을 생각해야 할 겁니다. 거기엔 과학적 탐구가 필요합니다. 생명이 생명을 만들어내는 과정이 있겠지요? 그 과정을 기억하고 그 방식대로 생명에 대해 생각해야 합니다. 그 방식이 아니라면 거기서 만들어지는 것은 생명이 아닌 겁니다.

정신의 전 과정은 정신입니다. 어떤 외부적 믿음도 아니고 하나님에 의한 것도 아닙니다. 여러분이 지어낸 온갖 거짓말과 착오의 책임을 종교와 하나님에게 떠넘기려 하지 마십시오. 기적을 보고 떡을 먹고 배부른 경험의 욕망이 아닌 진정으로 과학적이라는 것은 무엇을 말하는 겁니까? 우리가 뱉어내는 현실을 직시해야 합니다. 무엇이 썩지 않는 양식이고 하늘의 떡일까요? 그것은 진정 놀라운 진보이고 진일보일 겁니다. 바울은 디모데에게 씁니다.

이 모든 일에 전심전력하여 너의 성숙함을 모든 사람에게 나타나게 하라(딤전 4:15).

지금 교회 안에는 진보를 두려워하고 저항하며 불쾌해하고 위험하게 인식하며 거부하는 원시인들이 우글거립니다. 그들은 저마다 형형색색의 장신구들을 가지고 있습니다. 얼굴에 먹물을 들이고 분장을 하고 온갖 우상의 조형물들을 지니고 그것을 저마다의 믿음이라 자랑합니다. 그러나 '서당 개 삼 년이면 풍월을 읊는다'는 말처럼 우리가 진정 기독교에서 전문가가 되기에 얼마의 시간이 더 필요한 걸까요? 3년을 배우면 문리가 트이고 다시 3년을 배우면 전문가가 되어야 할 겁니다. 10년을 배우면 마땅히 이 분야의 선생이 되어야 할 것입니다. 20년, 30년이면? 권위자가 되어도 모자랄 지경입니다. 그러나 지금처럼 알량한 교의만 가지고는 어림없습니다. 날마다 신앙 안에서 하나님을 향한 자기 고백이 없는 한, 발전은 기대할 수 없습니다. 발전하는 고백이 있었다면 이토록 비전문가 상태를 면치 못할 리도 없습니다. 교회도 아니고 목사도 아닙니다. 성서와 믿음의 계시를 통하여 여러분 자신에게 말씀을 건네시는 하나님을 만나십시오. 거기에 반응하십시오. 이 모든 일에 전심전력하여 여러분의 진보를 모든 사람에게 나타나게 하시기 바랍니다.

누구를 위하여 복음의 종은 울리나

요한 1서 2:7-11

인간의 서로를 향한 사랑은
하나님을 향한 사랑의 계명도
다 이룬다는 겁니다.

신과 인간 – 종교의 대상은 두 가지

최근 오랜만에 찬양집회에 참석하게 됐습니다. 두 시간 가까이 진행된 집회의 주제는 '예배'였습니다. 서너 곡 정도의 찬양을 반복해 불렀습니다. 상상이 가시는지요? 두 시간 동안 노래 몇 곡을, 그것도 중고등학생들을 앉혀놓고, 반복해 부른 '예배'입니다. 누구보다 찬양을 인도하신 분들께 경의를 표하고 싶었습니다.

어떤 찬양은 멜로디 자체로 감동을 줍니다. 《억눌린 자의 하나님》이라는 책을 쓴 제임스 쿤이라는 신학자가 이런 고백을 했던 게 기억납니다. 자신의 유년 시절 흑인교회에서 예배를 시작할 때 불렀던 성가합창을 생각할 때마다 전율이 느껴진다는 겁니다. 성령(聖靈)이 강림하시는 경험이었다고 했습니다. 그러나 자주 드리는 말씀이지만 감정적 격정의 배경에는 일회적이고 재생 불가능이 아닌, 일회적이면서 영원한 체험의 진실이 들어 있을 겁니다! 그것이 무엇인지, 왜 그러한지를 포착한다면 그 자체로 생생한 신학적 공부가 되는 겁니다.

그러나 감정을 고양시키는 경이롭고 은혜로운 체험은 신앙연륜이 쌓이면 자연 줄어들게 마련입니다. 곧 신앙이란 게 감정의 문제라기보다는 책임의 문제로, 가능성의 도전이라기보다는 불가능의 수용으로, 감격적 확증이라기보다는 확증을 위한 일생의 분투로 바뀌는 겁니다. 한때는 레코드판의 바늘처럼 무대 위에서 튀어 오르던 사람도 어느덧 팔짱을 끼고 다리를 꼰 채 오늘의 열정청년 데이비드를 경이로운 마음으로 구경하게 됩니다. '믿 쑵니다' '할렐루야'로 신앙은 끝나는 게 아니라, 그런 말들이 얼 마나 쉽게 할 수 없고, 하기가 어려운 말들인지를 헤아리게 되는 게 신앙의 시작이 되는 겁니다. 그런 면에서 본다면 억지춘향으 로 찬양집회에 끌려와 있던 중학생들이나 그걸 사명으로 생각 하고 열심을 다해 부르고 있는 어른들이나 공통의 현실, 한 가지 현실을 가지고 있음이 증명되는 셈이기도 합니다.

찬양을 부를 때면 멜로디보다는 가사를 음미하게 됩니다. 우 리가 부르는 찬양들이 현실과 괴리되어 있다는 것을 느낄 때가 많습니다. 우리는 여러 면에서 이 세상을 통과하느라 자라났는 데 우리의 노래는 하나도 성숙하지 않았다는 생각. 찬송가공회 의 찬송가뿐 아니라 복음성가니 가스펠이니 CCM이니 하는 노 래들도 시대의 현실이나 사회적 현실 같은 구조적 문제를 떠나 우리들 개개인 앞에 가로놓인 실존의 현실과도 지나치게 동떨 어져 있다는 확인을 하게 됩니다. 특히 하나님을 높이고 찬양하 노라는 노래를 반복하다 보면 어느 순간 '이건 좀 초월이 심각한 게 아닌가' 하는 의구심이 생기곤 합니다. '우리가, 우리가 놓인 삶의 여러 정황들 가운데서 하나님을 찬양한다는 것은 어떤 의 미일까? 어떤 의미여야 할까?' 하는 생각입니다. 확대하면 '우리 의 신학이 주된 대상으로 삼고 있는 내용이 무엇이고, 무엇이어 야 할까?' 하는 문제라 하겠습니다.

찬양의 가사들은 대개 짧습니다. 함축이 많을수록 그 의미를 육체의 감정으로 느껴보려면 그만큼 상상력과 에너지가 요구됩니다. 하나님을 향한 신학적 고백이라 요약할 수 있는 그 말들은 불과 2, 3분 안에 소화하기엔 너무나 벅찬 것들입니다. 마치 공장의 기계는 원시적인데 할당받은 생산량은 너무 엄청나기 때문에 천리마운동이라도 벌여야 하는 것과 같습니다. 산더미같이 쌓여가는 의미의 숙제와 건너뜀. 이해가 되시겠지요? 집회가 끝나고 간식시간에 중학생들에게 물어봤습니다. "니들 오늘 어땠냐?" 그중 활달한 녀석이 대답했습니다. "그래도 전 졸진 않았어요." "그래? 니가 젤 졸았을 것 같은데?" "아녜요. 전 정말 최선을 다했다니까요." 그러자 다른 녀석이 그 녀석을 가리키며 저에게 이르는 겁니다. "목사님이 축도 끝냈을 때 쟤가 '휴~ 살았다. 할렐루야!' 그러면서 제 손에 입 맞췄다니까요."

제가 말씀드리고 싶은 것은 찬양의 문제, 가사의 문제는 아닙니다. 그러나 그것과도 결코 무관치 않은 주제에 관해 생각해보려 합니다. 즉, 종교(신앙)의 대상은 신(하나님)이지만 동시에 인간의 심혼과 실존의 문제를 다루고 있다는 사실입니다. 대상이 두 가지라는 사실이 복잡한 문제이고 생각할수록 골치 아파집니다. 왜 그런고 하니 이 두 가지 문제는 '2×2=4'처럼 딱 떨어지는 합리적 결론이 가능하지도 않고, 설령 찬양 가사처럼 정답이 가능하다고 열심을 다해 선포할지라도 그걸 따라 부르는 우리들 자신에게 전혀 무의미할 수가 있기 때문입니다. 둘 중 어느 하나가 무의미해지는 게 아니라 둘 다가 무의미해지는 겁니다.

사랑의 속물성은 사랑인가

기독교 교리의 기초라 할 수 있는 '십계명'(출 20:1-17)은 전체적으로 이 두 가지 범주(하나님의 현존과 인간의 실존 문제)를 포괄하고 있습니다. 흔히 제1계명에서 4계명까지를 하나님을 향한 것으로, 제5계명에서 제10계명까지를 동료 인간을 향한 것이라 설명합니다. 마태복음 22장에서 예수님은 십계명을 이렇게 요약합니다.

그중의 한 율법사가 예수를 시험하여 묻되 선생님 율법 중에서 어느 계명이 크니이까. 예수께서 이르시되 네 마음을 다하고 목숨을 다하고 뜻을 다하여 주 너의 하나님을 사랑하라 하셨으니 이것이 크고 첫째 되는 계명이요 둘째도 그와 같으니 네 이웃을 네 자신같이 사랑하라 하셨으니 이 두 계명이 온 율법과 선지자의 강령이니라(22:35-40).

여기 '온 율법과 선지자'라는 말은 구약성서 전체를 가리키는 관용적인 명칭입니다. (누가복음 24장 44절에는 '율법과 선지자의 글과 시편'이라는 표현도 나옵니다.) 곧, 이 두 계명은 십계명뿐 아니라 구약성서 전체 내용의 총정리 완전정복이라는 겁니다. 두 계명이 공히 사랑에 대한 것이므로 이것을 '사랑의 이중계명'이라 부릅니다. 정리하자면 '우리의 종교(신앙)는 두 가지 사랑에 관한 것이다' 이 말입니다. 물론 '사랑'이라 했지만 '교훈'이나 '가르침', '말씀', 혹은 '깨우침'이라 불러도 상관이 없겠습니다. 두 가지 교훈, 두 가지 가르침, 두 가지 말씀, 두 가지 깨우침입니다.

　종교에 관련된 학문을 총칭해 '신학(Theology)'이라 부릅니다. '신'을 뜻하는 'Theo'와 '학문'을 뜻하는 '-logy'의 그리스식 합성어입니다. 명칭대로 '신학'이라 하면 얼른 조직신학(組織神學, Systematic Theology)이나 교의학(敎義學, Dogmatics) 같은 이론 학문을 떠올리기 쉽습니다. 물론 그런 부족함을 실천신학이 채워주기도 합니다. 그러나 조직신학이든 실천신학이든 '신학(神學)'이라는 권위적이고 엄숙한 말 자체가 어떤 영원한 부족함에 대한 직관을 갖게도 합니다. 마치 '이론과 현실' 혹은 '이론과 실제'라는 말처럼 그 차원이 다른 실제적 내용은 처음부터 신학이라는 언어적 학문과는 전혀 다른 차원의 것인지도 모릅니다. 그러므로 기독교 신앙이란 이론의 측면과는 언제나 차원이 다를 수밖에 없는 '두 가지 사랑'에 관한 것이다, 이렇게 말할 수도 있겠습니다. 신학무용론(神學無用論)을 펼치려는 건 아닙니다. 신학이 다루는 학문적이고 이론적인 영역은 반드시 필요하지만 그것의 궁극적인 목적이 무엇이냐를 늘 재고해야 한다는 겁니다.

　카를 융은 꿈에 관한 저서에서 작용인(作用因, *causa efficiens*)과

목적인(目的因, *causa finalis*) 사이의 개념 차에 유의할 것을 권고합니다. '작용인'이란 '변화의 원인은 무엇인가'라는 느슨한 분석이지만, '목적인'이란 '그 사물(사건)의 목적은 무엇인가'라는, 보다 치밀한 질문이라는 겁니다. 어떤 결과적 사건이나 현실을 생각할 때 어느 것이 진실에 더 근접하려는 질문이겠느냐는 겁니다. (이때 진실이란 그 사건이나 현실을 타개하고 극복해나가는 데 도움되고 효과를 내는 진실을 말합니다.)

가령 우리 사회에서 벌어지고 있는 일들이나 여러분들의 인간관계에서 벌어지는 현실들에 대하여 두 가지 질문이 가능한 겁니다. 1) 무슨 까닭으로 그것이 일어났는가? 2) 무슨 목적으로 그것이 일어났는가? 작용인을 따지는 것은 전문가들의 견해만 분분한 텔레비전을 보면 이해가 되실 겁니다. 그러나 목적인을 따지면 '누가 왜, 어떤 목적으로 이런 일을 벌였는가' 내지는 '벌어지게 했는가'라는, 보다 확실한 주체와 의지에 대한 탐구가 드러납니다.

문제는 우리 신앙(두 가지 사랑)의 현실구현이라는 목적입니다. 찬양 문제에서 보았듯 우선 하나님에 대한 사랑과 인간에 대한 사랑은 마치 별개의 세계인 듯 괴리되기 쉽습니다. 거기서 틈이 생겨 온갖 경우의 신학적 혼선이 발생합니다. 하나님을 사랑한다는 명분으로 인간을 무시할 수 있고, 인간애의 강조로 하나님에 대한 사랑이 소홀해질 수 있습니다. 하나님에 대한 사랑도 인간에 대한 사랑도 광고용 플래카드일 뿐 결국 다 자기 사랑의 속

셈으로 귀결되기도 합니다. 인간도 하나님도 사랑하지 않고(사랑할 수도 없는) 단지 종교적 이론에 대한 교조적 사랑도 가능합니다.

결국 자기 사랑으로 귀결되는 모든 신앙을 세속적인 사두개인의 신학이라 할 수 있고, 특히 종교 이론에 대한 교조적 사랑을 신앙으로 삼는 태도를 바리새인의 신학이라 할 수도 있을 겁니다. 그러나 여기에 공통점이 없느냐? 있습니다. 속물적이라는 것입니다. 사두개든 바리새든 그 사랑의 목적이 하나님에게 있지도 않고 인간에게 있지도 않고 '자기애'에 있습니다. 예수님 당시의 영적 상황이 그랬습니다. 사두개인들과 바리새인들이 종교계를 주도하면서 권위를 누리고 있었지만 민중의 영적 상태는 피폐할 대로 피폐해 있었습니다. 당대의 신학과 민중의 현실 간의 괴리가 심했습니다. 여기에 목적이 있다면 그 목적이 무엇이었을까요? 오늘날 한국 교회로 와서 우리가 놓인 해결 불능의 만성적인 문제들을 생각해보십시오. 목적은 무엇일까요? 이 현실로 인해 우리가 진정 놓치고 있는 것은 어떤 천국의 비전입니까? 아무도 책임질 목적이 없다고 말하는 것이야말로 가장 반하나님적인 공허에 다름 아니라 할 것입니다.

오직 하나인 사랑만이 사랑

기독교 최초의 신학자라 할 수 있는 사도 바울은 앞선 두 가지 사랑에 관해 다시 이렇게 정리를 합니다.

온 율법은 네 이웃 사랑하기를 네 자신같이 하라 하신 한 말씀에서
이루어졌나니(갈 5:14).

피차 사랑의 빚 외에는 아무에게든지 아무 빚도 지지 말라. 남을
사랑하는 자는 율법을 다 이루었느니라(롬 13:8).

여기서 사랑의 이중계명은 하나의 사랑의 계명으로 바뀌어 있
습니다. 바뀌었다기보다는 수렴됐다고 봐야겠지요? 곧, 하나님
에 대한 사랑이 인간에 대한 사랑 안에 수렴됐습니다. 우리의 상
식과 다르지요? 하나님에 대한 사랑 안에 인간에 대한 사랑이 수
렴된 게 아니라 인간에 대한 사랑 안으로 하나님에 대한 사랑이
수렴된 겁니다. 그 결과로 하나님을 섬기던 여러 가지 방식의 율
법적 형식과 절차가 폐지됐습니다. 물론 전면적 폐지라기보다
는 이방인 그리스도인들에게까지 유대인들의 전통과 관습이 요
구될 필요는 없다는 것으로 결론이 납니다. 이게 다 사실은 사도
바울로 인해 생겨난 논쟁이고 얻어진 결론입니다.
사도행전 15장을 보면 바울의 이방인 선교 보고가 있었고, 거
기에 부수적으로 이방인들에게 모세의 법(특히 할례)을 요구해
야 하느냐 마느냐 하는 논쟁이 벌어졌음을 기록하고 있습니다.
처음에 이 문제로 의견들이 분분했다가 사도 베드로와 야고보

의 결론으로 이방인들에게 유대인들의 율법(특히 정결례 같은 의식법)을 일절 요구하지 않기로 결론을 내립니다. 사도 바울은 자신의 서신들에서 이 문제를 매우 첨예한 복음 진리의 문제로 거듭 언급하는데, 이 문제가 끝까지 그를 따라다니며 괴롭혔기 때문이기도 했고, 그만큼 쉽사리 극복되지 않는 본질적인 문제이기 때문이기도 했습니다. 곧, 복음에서 신앙형식이 갖는 율법주의적 요소들이 새로운 율법으로 등장할 가능성이 언제든지 있기 때문에 계속해서 주의를 환기시켜줄 필요가 있었던 겁니다. 이게 확실치 않으면 복음 진리 자체가 율법으로 퇴행할 수밖엔 없기 때문입니다.

이러한 맥락에서 사도 바울은 사랑의 이중계명, 두 가지 사랑에 관한 가르침을 하나의 사랑으로 수렴시키고 있습니다. (율법주의의 도구가 되기 쉬운) 하나님을 향한 사랑을 인간을 향한 사랑의 실천 속으로 수렴합니다. 다시 말하자면 인간의 서로를 향한 사랑은 하나님을 향한 사랑의 계명도 다 이룬다는 겁니다. 그 반대가 되면 하나님을 사랑한다는 핑계와 명분과 주장은 있을지언정 오히려 하나님을 진정 사랑하는 결과가 되질 않는다는 겁니다. 왜 그럴까요? 목적입니다!

사랑의 관심(목적)이 상호 인간을 향해 있지 않은 상태라면 그런 사랑의 목적은 하나님을 향해 있지도 않은 겁니다. 모든 피조물을 허무의 탄식(죽음과 죽음의 제 증상)으로부터 구원해주시려는 하나님의 사랑의 목적에 부합하지 않기 때문입니다. 가짜 종교와 진짜 종교의 차이가 여기서 갈라진다고 해도 과언이 아닐 겁니다. 도무지 인간을 사랑할 줄 모르는 신에 대한 사랑은 없다는 겁니다! 물론 이것은 사도 바울의 독창적 창안이 아닙니다. 예수 그리스도의 복음이 이미 그렇게 수렴시킨 것을 재확증한 것이라 할 수 있습니다.

새 계명을 너희에게 주노니 서로 사랑하라. 내가 너희를 사랑한 것 같이 너희도 서로 사랑하라. 너희가 서로 사랑하면 이로써 모든 사람이 너희가 내 제자인 줄 알리라(요 13:34-35).

예수님은 구약의 사랑에 관한 이중계명과 구별되도록 이 새로운 계명을 칭하여 '내 계명'이라는 말을 자주 사용하십니다. 서로 사랑하면 내 제자인 줄 아는 겁니다. 또 그 이전에 '산상수훈 (山上垂訓)'의 결론 부분에서도 이 새 계명과 연관되는 말씀을 하셨습니다.

그러므로 무엇이든지 남에게 대접을 받고자 하는 대로 너희도 남을 대접하라. 이것이 율법이요 선지자니라(마 7:12).

여기서 '하나님을 사랑하고 이웃을 자기 몸처럼 사랑하는 것'으로부터 '남에게 대접을 받고자 하는 대로 남을 대접하는 것'으로, '서로 사랑하라'는 새 계명으로, '네 이웃 사랑하기를 네 자신

같이 하라 하신 한 말씀에서 이루어졌다'로, '남을 사랑하는 자
는 율법을 다 이루었다'까지 하나의 맥락으로 연결됨을 봅니다.
오늘 본문에서 사도 요한도 이 점을 영감 넘치는 간명한 말씀으
로 정리해주고 있습니다.

사랑하는 자들아 내가 새 계명을 너희에게 쓰는 것이 아니라 너희
가 처음부터 가진 옛 계명이니 이 옛 계명은 너희가 들은 바 말씀
이거니와 다시 내가 너희에게 새 계명을 쓰노니 그에게와 너희에
게도 참된 것이라. 이는 어둠이 지나가고 참 빛이 벌써 비침이니
라. 빛 가운데 있다 하면서 그 형제를 미워하는 자는 지금까지 어
둠에 있는 자요 그의 형제를 사랑하는 자는 빛 가운데 거하여 자기
속에 거리낌이 없으나 그의 형제를 미워하는 자는 어둠에 있고 또
어둠에 행하며 갈 곳을 알지 못하나니 이는 그 어둠이 그의 눈을
멀게 하였음이라(요일 2:7-11).

빛 가운데 있다 하면서

제가 말씀드리려던 문제는 우리 신앙의 대상은 하나님이지만
그것은 동시에 우리들 자신의 심혼과 실존의 문제를 다루고 있
다는 사실이었습니다. 그것은 신학적으로 헷갈리게 만드는 여러
혼돈에 의해 훼방받고 있습니다. 우리들 신앙 자체의 목적이 무

엇인지, 하나님에 대한 사랑과 인간에 대한 사랑이 하나로 수렴
되지 못한 채 마치 서로 상반되는 것인 양 해석되어왔던 겁니다.
때문에 최종적으로 신앙 자체의 목적이 누구의, 누구를 위한, 어
떤 목적인지 알 수 없게 돼버렸습니다. 우리들은 그리스도의 새
계명, 곧 사도 바울이 말씀한 인간에 대한 사랑 가운데 하나님에
대한 사랑이 수렴되는 신앙을 어쩌면 가져보지도 못한 겁니다.

지금 한국 교회가 사회 속에서 가진 여러 문제들의 목적은 인
간에 대한 사랑으로 나가야 할 복음을 혼란케 하는 것이라 할 것
입니다. 그 하나의 사랑에 초점이 맞지 못하도록 성도들의 에너
지와 교회의 역량을 분산시키는 끝없는 혼돈이 조장되고 있습니
다. 하나님에 대한 사랑을 빙자하여 인간을 향한 하나님의 사랑
을 발목 잡고 있는 겁니다. 그 결과 우리는 아직 이 '우리들 자신
을 향한 하나님의 무한한 사랑'이라는 복음의 말씀을 통하여 우
리들 개개인의 비합리적이고 속물적인 가짜 목적을 통찰하고 꿰
뚫어보는 데까지는 들어가보지도 못한 셈입니다. 우리가 이렇게
살고 있는 목적이 무엇인지, 그것은 과연 인간 상호 간의 사랑이
라는 하나님의 사랑의 목적에 부합하는 것인지 말입니다.

한동안 《목적이 이끄는 삶(The Purpose Driven Life)》(디모데,
2003)이 교회 안에서 유행했습니다. 그러나 그 목적이란 무엇이
었던가요? 그 책을 보면 온통 하나님에 관한 충성된 질문들로 가
득 차 있습니다. 하나님을 향한 우리의 헌신적 사랑을 충족시키
기 위해 우리의 인간 실존을 과감히 건너뛰어야 한다는 겁니다.

유감스럽지만 저는 동의할 수가 없었습니다. 《목적이 이끄는 삶》은 제목과 달리 그 목적이 어떤 것이냐를 문제 삼지 않고 있습니다. 어디로 튈지 모르는 럭비공처럼 그 목적은 저에게 불명확한 만큼 불순하게 들렸습니다.

인간의 현실, 곧 인간을 사랑한다는 것은 하나님을 사랑해야 한다는 설교만큼 합리적이고 명쾌하진 않습니다. 어떤 독실한(?) 사람들은 이런 말을 하면 인본주의라고 무조건 외면합니다. 그러나 목사들이 성도들에게 하나님만을 사랑하라고 외칠 때 역시 그만큼 도약해버리고 건너뛰어버린 인간 실존의 현실과 그에 대한 관심을 회복해야 할 사랑이 많다는 걸 기억해볼 만합니다. 과연 그들의 주장대로 하나님을 사랑하기만 하면 내가 사랑받게 되는 걸까요? 도무지 한 인간을 사랑함에 있어 그에 관한 실존적 현실과 심혼의 역동을 단숨에 건너뛰어버려야 한다면 그 사랑의 목적은 그에게 있는 걸까요, 하나님께 있는 걸까요? 하나님을 사랑해야 하기 때문에 건너뛰어야 하는 것이라면 그때의 하나님에 대한 사랑은 누구를 위한 어떤 목적을 가지는 걸까요? 인간 실존을 간과한 하나님 사랑이란 결코 사랑의 목적이 될 수 없습니다.

깨어나야 합니다. 정신을 차려야 합니다. 하나님에 대한 사랑을 찬양하기 전에 여러분의 내면에서 울부짖는 한 영혼에 먼저 직면하십시오. 우리 주변에서 울부짖고 있는 처절한 실존의 사람들을 보십시오. 그 실존적 고통을 새롭게 인식하며 거기에 반응하는 자각된 사랑 안에 하나님을 향한 인간의 사랑도, 인간을 향한 하나님의 사랑도 수렴되어 있습니다.

이 시간도 인간의 가치를 위해 거리에서 관청 앞에서 교회 앞에서 항의하고 항거하고 끌려가고 외치는 사람들을 보십시오. 기독교인인 우리들은 기관원일 수도 있고 경찰일 수도 있고 용역깡패일 수도 있습니다. 그저 나는 방관자라고 생각지 마십시오. 우리는 존재 자체로 다 뭔가 행동하는 중입니다. 우리가 진정한 그리스도인이라면 우리의 신앙은 그 소리의 목적에 부합해 공명할 것이지만, 우리가 뭔가 아직도 혼돈된 그리스도인이라면 우리의 인간 됨의 목적을 상기시키는 동료 인간의 외침에도 그저 무감각하기만 할 겁니다. 도무지 '가만히!' 있는 교회와 성도들의 신앙의 목적은 무엇입니까? 누구를 위하여 우리의 종은 울리는 것입니까?

빛 가운데 있다 하면서 그 형제를 미워하는 자는 지금까지 어둠에 있는 자요 그의 형제를 사랑하는 자는 빛 가운데 거하여 자기 속에 거리낌이 없으나 그의 형제를 미워하는 자는 어둠에 있고 또 어둠에 행하며 갈 곳을 알지 못하나니 이는 그 어둠이 그의 눈을 멀게 하였음이라(요일 2:9-11).

주님의 은혜가 여러분과 여러분의 동료 이웃들에게 있기를 기도드립니다.

답습이냐 새출발이냐
_ 중립의 자리를 묻는다

여호수아 1:1-9

진정 하늘로부터 주어지는 용기란
자기 자신에 대한 설명을 이해함으로써
지성이 생김으로써
발생하는 자기책임의 용기일 겁니다.

내 종 모세가 죽었으니

여호와의 종 모세가 죽은 후에 여호와께서 모세의 수종자 눈의 아
들 여호수아에게 말씀하여 이르시되 내 종 모세가 죽었으니 이제
너는 이 모든 백성과 더불어 일어나 이 요단을 건너 내가 그들 곧
이스라엘 자손에게 주는 그 땅으로 가라. 내가 모세에게 말한 바와
같이 너희 발바닥으로 밟는 곳은 모두 내가 너희에게 주었노니 곧
광야와 이 레바논에서부터 큰 강 곧 유브라데 강까지 헷 족속의 온
땅과 또 해 지는 쪽 대해까지 너희의 영토가 되리라. 네 평생에 너
를 능히 대적할 자가 없으리니 내가 모세와 함께 있었던 것같이 너
와 함께 있을 것임이니라. 내가 너를 떠나지 아니하며 버리지 아니
하리니 강하고 담대하라. 너는 내가 그들의 조상에게 맹세하여 그
들에게 주리라 한 땅을 이 백성에게 차지하게 하리라. 오직 강하고
극히 담대하여 나의 종 모세가 네게 명령한 그 율법을 다 지켜 행
하고 우로나 좌로나 치우치지 말라. 그리하면 어디로 가든지 형통
하리니 이 율법책을 네 입에서 떠나지 말게 하며 주야로 그것을 묵
상하여 그 안에 기록된 대로 다 지켜 행하라. 그리하면 네 길이 평
탄하게 될 것이며 네가 형통하리라. 내가 네게 명령한 것이 아니
냐. 강하고 담대하라. 두려워하지 말며 놀라지 말라. 네가 어디로
가든지 네 하나님 여호와가 너와 함께하느니라 하시니라(수 1:1-9)

"강하고 담대하라"로 시작되는 이 부분은 제게 특별히 기념할

만한 말씀이기도 합니다. 유학 시절 맨 처음 배정받은 모스크바 대학 기숙사에 들어갔더니 방문에 이 말씀이 붙어 있었습니다. 전 주인인 선교사가 남긴 것인데 그대로 두고 마음에 새겨 읽곤 했습니다. 그때 저는 오랫동안 교회를 떠나 있다가 모처럼 다시 나가기 시작한 직후였고, 삶을 뚫고 나가기 위해 힘이 아주 많이 필요했던, 그만큼 몸도 마음도 힘들었던 시기였습니다.

그토록 위대했던 지도자 모세가 죽었습니다. 여호수아는 그의 시종(비서, 부관)이었습니다. 모세를 통하여 말씀하던 하나님이 여호수아를 통해 말씀하기 시작합니다. 첫마디가 이겁니다. "내 종 모세가 죽었으니 이제 너는 이 모든 백성과 더불어 일어나 이 요단을 건너 내가 그들 곧 이스라엘 자손에게 주는 그 땅으로 가라"(1:2). '모세가 죽었다. 그러니, 너는 일어나 가라.' 즉각적으로 두 가지 울림을 줍니다. 1) 모세가 죽었으므로 (자연적으로) 이제는 네가 일어나 가라(모세 대신 너다). 2) 모세가 죽었으므로(시기가 왔으므로) 이제 네가 일어나 가라(이제 네가 일어날 때가 왔다). 1)은 순리에 의한 인과관계이고, 2)는 보다 역동적인 의미에서 마치 모세의 죽음을 기다렸다는 듯한 느낌을 줍니다. 물론 이어지는 문맥을 보면 대체로 1)의 해석이 타당할 것 같습니다. 그러나 2)의 해석 또한 떨치기 어려운 현실적 매력이 있습니다.

서른아홉 살 때 아버지가 돌아가시자, 저는 흡사 이 두 가지 해석 가운데 하나를 택해야 하는 것 같은 기분을 느끼곤 했습니다. 1) 아버지가 죽었기 때문에 이제 내가 일어나 가야 한다. 답습이고 계승입니다. 나른하고 맥이 빠지고 책임이 무겁습니다. 아버지는 죽어서도 나를 지배합니다. 2) 아버지가(는) 죽었다. 이제 일어나 가야 할 때다. 단절이고 새 출발입니다. 1)보다 훨씬 더 힘이 많이 들 것 같습니다. 힘을 내야 할 것 같습니다. 책임은? 무한책임입니다. 그러나 아버지가 아니라 나의 길이 열려 있습니다.

'아버지의 답습이냐, 나의 새로운 출발이냐?' 그도 그럴 것이, 모세는 가나안에 들어가고자 열망했지만 하나님은 그것을 허락지 않았던 것입니다. 모세의 입장에서 그것은 자기가 그동안 가지고 있던 모든 것을 포기해야 하는 수용의 문제가 됐을 겁니다. 그러나 여호수아의 입장에서는요? 그것은 자신이 지금까지 생각해보지 못했고 가져보지 못했던 전혀 새로운 것을 가져야 하는 담대함과 용기의 문제입니다. 여호수아의 입장에서 모세가 죽었다는 사실은 매우 중요한 겁니다. 하나님이 여호수아에게 무슨 약속의 말씀을 하시는 건지 이해가 가시겠지요?

갈 길을 모를 때, 앞날이 캄캄할 때, 홀로 남겨졌을 때, 감당하기가 벅찰 때, 뚫고 나가기가 어려울 때, 누군가의 표현처럼 무인지경의 광야에 홀로 서 있는 것같이 막막하기만 할 때, 사람은 그만 자포자기하여 엉뚱한 길에 빠지는 수가 많습니다. 흔히 시련이 사람을 단련시킨다고 하지만 사실 절망이 사람을 망가지게 하는 수가 훨씬 더 많습니다. 아버지가 계시다는 것, 부모님이 계시다는 것은 매우 안정된 상태입니다. 선생이 있다는 것, 의지할 사람, 기댈 사람이 있다는 것, 본받을 사람, 좇아갈 사람이 있다는 것은 매우 안정된 상태입니다. 그러나 반드시 혼자될 때가 옵니다. 그럴 때, 오늘의 본문은 홀로 독립되어 스스로 자신의 향방을 찾아가야 하는 사람에게 매우 큰 용기(빛과 영감)를 줄 겁니다.

그 옛날 기숙사 방문에 붙어 있던 그 말씀을 간직하며 뚫고 나온바 말씀의 체험이 제게도 있었겠지요? 물론 그것은 여호수아의 사적과는 별개로 저(우리)에게 역사하시는 말씀(성령)의 체험입니다. 그러나 그분은 동시에 여기 기록된 여호수아의 사적과 우리를 그런 식으로 상관되게 해주십니다. 여러분이 진짜 이 세상에 나 혼자라고 느끼실 때가 온다면 지체 없이 여호수아 1장을 펼쳐서 이 부분을 백 번만 읽어보시길 권합니다. 그러면 '천상천하유아독존(天上天下唯我獨尊)'의 공간에서 오직 여러분 한 사람에게 말씀하시는 하나님의 음성을 듣게 되시리라 믿습니다! "내 종 모세가 죽었으니 이제 너는 이 모든 백성과 더불어 일어나 이 요단을 건너 내가 그들 곧 이스라엘 자손에게 주는 그 땅으로 가라." "강하고 담대하라." 부디 그렇게 되시기를 바랍니다.

'좌로나 우로나 치우치지 말라'의 의미

이 말씀을 하나님이 특별히 제게 하시는 말씀으로 알아듣고는 감격에 겨웠습니다. 그런데 문제는 '좌로나 우로나 치우치지 말라'는 부분이었습니다.

오직 강하고 극히 담대하여 나의 종 모세가 네게 명령한 그 율법을 다 지켜 행하고 우로나 좌로나 치우치지 말라. 그리하면 어디로 가든지 형통하리니 이 율법책을 네 입에서 떠나지 말게 하며 주야로 그것을 묵상하여 그 안에 기록된 대로 다 지켜 행하라. 그리하면 네 길이 평탄하게 될 것이며 네가 형통하리라.

마음을 강하게 하고 담대히 해야 할 터인데, 왜냐하면, 모세가 명한 율법(토라, 가르침)을 다 지켜 행하기 위해서, 그것으로부터 좌로나 우로 치우치지 않기 위해서입니다. 그러면 네 길이 순탄하리라는 것입니다. 재미있는 것은 개역한글 성경에는 "좌로나 우로나 치우치지 말라", 개역개정 성경에는 "우로나 좌로나 치우치지 말라", 이렇게 번역되어 있습니다. 어떻게 생각하십니까? "좌로나 우로나 치우치지 말라"라는 말과 "우로나 좌로나 치우치지 말라"는 말은 같은 말일까요 다른 말일까요?

일반적 어법으로 볼 때 어느 것이든 먼저 이야기된 쪽을 더 강조한다고 느껴지기도 하지요? 그렇게 보면 개역한글은 '좌'를 개역개정은 '우'를 강조하면서 치우치지 말라고 말하는 듯합니다. 공동번역에는 "한눈팔지 말고 성심껏 지켜라", 이렇게 중립적으로 번역했습니다. 원문은 무엇이 먼저였을까요? 개역개정이 맞습니다. '우로나 좌로나' 치우치지 말라입니다. 이런 게 왜 중요할지는 여러분의 상상에 맡기겠습니다.

그러나 우든 좌든 '치우치지 말라'는 말씀은 무슨 말일까요? 이 문장은 '오직 강하고 극히 담대하여'부터 시작됩니다. '마음을 강하게 하라.' 왜냐하면 모세가 명한 토라를 다 지켜 행하기 위해서, 그것으로부터 우로나 좌로 치우치지 않기 위해서. 그리하면 형통할 것이다. 그러니까 우로나 좌로 치우친다는 말은 마음을 강하게 먹고 담대히 먹는 것과 관련된 겁니다. [여러분이 흔히 생각하실지 모르는 좌우로 치우치는 것과는 내용이 아주 다를 수 있습니다. 늘 드리는 말씀처럼 '반역(牛譯)은 반역(反逆)'이 되는 겁니다.]

곧 여기서 우로나 좌로 치우친다는 말은 토라로부터 '흔들린다, 벗어난다, 지나친다'라는 의미입니다. 원인은 두려움이겠죠? 강하고 담대해야 하는 이유가 무엇입니까? 여호수아의 최대의 난적은 두려움이기 때문입니다. 홀로 서야 하는 두려움, 달리 표현하면 가나안에 들어가기 위한 최대의 난적은 홀로 되는 두려움이라 하겠습니다. 그러니 무엇보다 먼저 강하고 담대하여 두려워 말고 낙심치 말아야 합니다. 그것이 마음을 요동치지 않게 하고 토라를 지킬 수 있게 해줍니다.

문제는 분명한 내용 없이 막연히 그럴듯한 교훈들입니다. 고백건대 저도 '좌로나 우로나 치우치지 말라'는 말씀을 지금까지 수도 없이 들어봤습니다. 그러나 그 말이 어떤 내용을 지시하는지를 정확히 말해주는 선생님은 만나보질 못했습니다. 그냥 이 사람도 저 사람도 '좌로나 우로나 치우치지 말라'고 합니다. 그러면 '이게 무슨 말일까?' 물어봐야 할 텐데, 물어볼 수가 없는 겁니다. 왜냐? 벌써 '좌로나 우로나 치우치지 말라'고 했는데 거기 대고 물어보는 것 자체가 벌써 좌로든 우로든 치우친 모양새니까 말입니다. 그래서 무조건 '아멘'을 하게 됩니다. 그리고 그것은 그때로부터 무소불위 권력의 도구가 됩니다. 이제부터 누가 무슨 거슬리는 태도를 보이든 '좌로나 우로나 치우치지 말라고 성경이 말씀하시지 않느냐?' 하고 점잖게 타이르면 권위 있게 제동을 거는 겁니다. 경우에 따라서 이 말은 '경거망동하지 마라', '극단을 주의하라', '과격함을 경계하라' 같은 의미로 변용되고 전달됩니다. 곧, 누군가 상대방의 행동을 비판하고 저지시키려 할 때 '좌로나 우로나 치우치지 말라!'고만 하면 되는 겁니다.

세한연후지송백(歲寒然後知松柏)

여호수아에게 가장 강력한 적은 혼자 감당해야 할 두려움이라는 것을 하나님은 간파하고 계십니다. 그래서 강하고 담대할 것, 하나님이 함께할 것을 거듭 강조합니다. 그 두려움은 모세가 가르친 토라의 길에서 벗어나게 하는 흔들림입니다. 우로나 좌로나 치우친다는 말은 행동의 경거망동도, 태도의 극단도, 정치적 과격함을 뜻하는 말도 아닙니다. 두려움, 온통 두려움 때문에 요동치는 상태를 말하는 겁니다. 그래서 "네 평생에 너를 능히 대적할 자가 없으리니 내가 모세와 함께 있었던 것같이 너와 함께 있을 것임이니라. 내가 너를 떠나지 아니하며 버리지 아니하리니 강하고 담대하라"가 나오는 겁니다.

"여호수아같이 위대한 인간에게 자존심 상하게 '두려움을 두려워하지 말라'가 말이 됩니까?" 하는 질문이 가능할 테지만, 여기에 대한 대답은 '진정 혼자가 되어보지 못한 사람은 아직 두려움이 뭔지 모른다'라고 해야 할 겁니다. 카를 융은 '자신이 무엇을 두려워하는지를 아는 것이 가장 중요하다'고 말했습니다. 두려움이 여호수아를 토라의 상태에서 벗어나게 합니다. 흔들리게 합니다. '토라'가 무엇을 말하는 것인데요? 십계명과 율법입니다. 두려움이 십계명과 율법을 못 지키게 한다? 그 정도는 아닐 겁니다.

십계명과 율법이란 어떤 하나의 견고한 상태를 말하는 겁니다. 그래야 그것은 흔들리지 않을 것이고 요동하지 않을 것입니다. 강하고 담대해야 하는 이유는 하나의 견고한 상태를 유지하기 위한, 지키기 위한 겁니다. 곧, 가나안이란 그렇게 강하고 담대해서, 두려워하지 않음으로, 벗어나지 않고 상실하지 않고 요동하지 않고 지키는, '견고한 하나의 상태로' 들어가는 겁니다. 이미 들어가 있는 것이고, 그리로 들어가는 과정이기도 합니다. 그래야 가나안이 형통하고 순탄해지는 겁니다.

그래서 하나님은 강력하게 지지해주기 전에 먼저 여호수아의 두려움을 상기시켜주십니다. '나의 종 모세가 죽었으니'에서 벌써 여호수아는 반쯤 죽은 겁니다. 여러분도 경험해보셨을 겁니다. 너무나 감당하기 벅찬 일은 시작하기도 전에 맥이 쫙 빠져버립니다. 우울증이지요? 신경쇠약입니다. 우리는 모세가 아닙니다. 영웅도 아니고 위인도 아니고 스타도 아닙니다. 이러한 우리들 자신에 대한 고려 없이 "모세가 죽었으니 이제는 내가 모세다" 하면 필시 우스운 일들이 벌어져 스스로 붕괴되게 마련입니다. 이게 좌로 우로 치우치는 것, 곧 흔들리는 겁니다. 하나의 견고한 상태를 획득한 게 아니라 그런 준비도 없이 큰 책임을 덜컥 떠맡게 되면, 그때부터 붕괴가 일어납니다. 기회가 왔다고 다 좋은 기회인 것이 아니지요? 감당할 준비가 안 되었으면 자신에게도, 그를 따르는 사람들에게도 재앙이 됩니다. 가능성과 야망에 굴복해버리면 그다음부턴 거짓말이라도 하면서 버텨야 합니다. 이게 오늘날 우리 사회의 지도자들의 딱한 실력과 모양이 아닙니까.

정말 감당을 하려면 먼저 자기를 알아야 하고, 자기의 두려움을 알아야 합니다. 그냥 '용기를 내라. 강하고 담대하라. 믿기만 하면 다 된다'가 절대로 아닙니다. 하나님이 여호수아에게 주문하시는 용기는 무엇입니까? 그냥 맹목적으로 용기를 주겠다는 약속이 아니라 '왜 네(여호수아)가 용기를 가져야 하는지'를 설명하고 이해시키는 겁니다. 곧, 지성입니다. 이 지성적 납득 이후에 자기 책임이 발생합니다.

지성(납득)이 없으면 야망에 의한 마술적 도약을 남발하게 됩니다. '할렐루야!' '아멘!' '용기를 갖자!' '힘을 내자!' '파이팅!' 그러나 하나님으로부터 아무런 설명이 없고 이해가 없고 지성이 없고 자기 책임이 없기 때문에 진정한 자기로부터 우러나오는 감동적인 용기나 힘을 갖지 못합니다. 마치 하늘로부터 뽀빠이의 시금치가 주어지기를 기대하는 겁니다. 그러나 자기를 발견치 못했다는 것은 다시 하나님의 도움을 받을 수 없다는 것을 의미합니다. 결국은 자기 스스로 모든 일을 다 해놓아야 합니다.

실제론 자기들이 별별 노력을 다 해놓고는 '하나님이 다 하셨어요!'라고 말하고, 그런 걸 좋은 믿음이라고 합니다. 그러나 진정 하늘로부터 주어지는 용기란 곧 자기 자신에 대한 설명을 이해하여 지성이 생김으로써 발생하는 자기책임의 용기일 겁니다. 자기에게서 솟아나는 것이지만 그게 곧 하나님이 주시는 겁니다. 그러니 묻고 싶습니다. 누가 여러분을 구원해줍니까? '하나님'이라고 너무 빨리 대답하지 마시기 바랍니다. 여러분이 여러분을 구할 수 있을 때 우리는 그걸 하나님이 우리를 구해주신다고 말할 수 있을 겁니다. 과연 "그러므로 내가 그리스도를 위하여 약한 것들과 능욕과 궁핍과 박해와 곤고를 기뻐하노니 이는 내가 약한 그때에 강함이라"(고후 12:10)라고 말할 수 있을 겁니다.

문제는 '내가 약할 때'란 우리가 우리 스스로를 구할 수 없는, 구해내지 못할 것 같은, 그런 때라는 겁니다. 가장 밤이 깊을 때 별이 최고로 빛나듯이, 가장 절망적일 때 우리는 우리 자신의 본질에 대해 설명해주시는 하나님의 음성을 들을 수 있습니다. 하나님은 우리에게 설명해주시고 우리를 납득시키시고 설득하려 하십니다. 누군가 아플 때 우리가 그를 위로하고 굳세게 하려고 하듯이 말입니다. 그러나 정작 환자는 자주 고통에 대한 고통 때문에 우울증에 빠져 괴로움 속에 자기를 던져 넣고 거기서 빠져나오려 하지를 않습니다. 슬픔과 고통이 그의 삶의 내용이 되는 겁니다. 그것이 핑계가 되기도 하고, 방패가 되기도 하고, 구실이 되기도 하고, 무기가 되기도 합니다. 그런 식으로 삶을 규정지으면서 어느 정도씩 인생이 삐거덕거리면서 뒤틀립니다. 그러나 거기엔 하나님의 말씀이 없지요. 설명도 이해도 지성도 자기책임도 발생하지 않습니다.

'겨울이 되어서야 소나무와 잣나무가 시들지 않는다는 걸 알게 된다(歲寒然後 知松栢之後凋也)'《논어》, 〈자한〉편)는 공자의 말씀이 있습니다. 천지만물에 항상 충만한 말씀(하나님)이긴 하지만 진짜로 그 진가를 경험하는 때(시기)는 따로 있습니다. 같은 이유로 하나님을 체험하는 사람들도 따로 있습니다. 그 나머지는 하나님을 체험하는 사람들을 통해서 하나님을 아는 겁니다. 언제까지요? 자기 차례가 올 때까지 말입니다. 아마도 하나님이 그를 사랑하신다면 가만 내버려두시지 않을 것이고, 하나님이 사랑하시지 않는다면 마냥 내버려두실 겁니다.

아니지요. 그런 사람은 하나님이 말씀을 해준다 해도 알아듣지 못할 겁니다. 알아듣는다는 것은 지각(知覺)을 말하는 거 아닙니까? 지각했다는 것은 먼저 지각할 게 있었다는 것을 전제로 하는 말입니다. 뭔가 메시지가 있었기 때문에 지각한 겁니다. 멸망이든 죽음이든 성공이든 실패든 절망 가운데 주저앉는 것이든 다시 일어나는 것이든 거기엔 아마 먼저 뭔가 메시지가 있었을 겁니다. 다만 우리가 몰랐을 뿐이고, 그 메시지가 우리들의 정신활동에 의식적이지 않고 잠재의식적이기 때문인 겁니다.

말하자면 그것은 불수의적(不隨意的) 정신활동에 속해 있습니다. 그러므로 우리는 그것을 모릅니다. 그러나 그것을 좀 더 명확히 알게 되는 때가 오는데, 역설적으로 의식상의 현저한 위기가 찾아올 때 비로소 지각하게 됩니다. 그러나 그것에 관해 우리는 외려 거꾸로 이해하고 말하고 행동합니다. 즉, 아무것도 모를 때(태평할 때)는 모든 것을 다 아는 듯이, 모든 것이 명백해졌을 때(위기의 시기)는 아무것도 모르겠다고 말을 하는 겁니다. 이해가 가시는지요, 이 전도된 복잡함을. 우리는 그렇게 하나님을 거역하고 성령을 거스릅니다. 따라서 인간 조건이 복잡한 만큼 하나님 말씀도 단순 무식하게 적용할 수는 없는 겁니다.

중립의 참된 위치

신앙이란 이와 같이 끝없는 자기 탐구이며, 자기 탐구를 통한 인간 탐구입니다. 거기에는 독자적 자율성이 있어 원하는바 뜻대로 되지 않습니다. 인간의 모든 조건은 예기치 못한 자율성에 근거합니다. 그것은 끝없이 대립하고 거스릅니다. "사랑하는 자들아 거류민과 나그네 같은 너희를 권하노니 영혼을 거슬러 싸우는 육체의 정욕을 제어하라"(벧전 2:11). 정욕은 거슬러 싸우는 것이고 영혼은 거스름 없는 평화입니다. 제어한다는 것은 '고요하게 한다, 가라앉힌다, 본래 자리로 돌아가게 한다'는 의미입니다. 이게 하나님이 하시는 일입니다. 만일 거스르게 하고 싸우게 놔둔다 해도 하나님은 그 결과가 나타나게 하실 겁니다.

곧, 하나님의 해법은 일체의 영혼을 거스르는 육체의 정욕에 대한 '보상'이라고 할 수 있을 겁니다. 보상이란 뒤따르는 것, 상과 벌입니다. 하나님은 상도 주고 벌도 주십니다. 그러나 복음의 궁극적 지향은 상도 벌도 주지 않는 상태에 도달하는 것입니다. 상에서도 벌에서도 해방되는 것. 우리들은 여기 이렇게 존재하지만 이 모든 전인적 존재는 시시각각 여러 다른 관점과 비교와 대조를 통해 끝없이 조정되고 수정되면서 그에 대한 보상을 받고 있습니다. 이해가 가십니까? 심판하는 율법이 여러분 안에, 죽이는 사망이 여러분 안에, 잘난 체하고 절망시키는 상과 벌이 여러분 안에 있습니다. 그러니 우로나 좌로나 치우치지 말라는 말씀은 끝없이 요동하는 존재의 본질적 조건을 자각시키고 그것을 이겨내기 위해 더욱 강하고 담대하라고 요구하는 겁니다.

공자의 인본주의 사상은 그의 손자 자사(子思)가 쓴《중용(中庸)》에 피력된 중도(中道), 중용(中庸), 중립(中立), 중행(中行)으로 설명됩니다. 중도를 근간으로, 중용을 도덕으로, 중립을 정신으로, 중행을 실천으로 삼는 것이라 했습니다. 현대적 의미로 '중용'을 설명해본다면 인격의 현상적 모습은 개인적이고 주관적인 욕망에 의한 착각과 편견이라는 겁니다. 중용지도란 곧 '자기 성찰'의 직관을 통해 개인주의적이고 주관주의적인 착각과 편견에서 벗어나는 것을 의미합니다. '희노애락이 아직 드러나지 않은 것을 '중(中)'이라 한다(喜怒哀樂之未發謂之中)'고 했습니다. 이미 희노애락으로 드러난 개인들의 주관(편견)이란 본래적으로 자기를 옳다 하는 닫힌 관념이라는 겁니다. 이러한 자기 옳음(자기의)에 대한 반성적 성찰, 열린 사고가 중용입니다. 얼핏 이 중용역시 우나 좌의 중간쯤을 의미하는 위치적인 말로 들리지만 실제로는 벗어나서 흔들리지 않는 초월적 자리를 말하는 겁니다.

그러나 벗어나서 흔들리지 않는 관점도 실제 세계에 실상으로 드러날 때는 구체적인 하나의 입장이 됩니다. 왜냐하면 그것은 기계적 중립이나 행정적 중립이 아니기 때문입니다. 예를 들어, 최근 오달수라는 배우가 자신의 정치적 성향을 묻는 인터뷰에서 황지우의 시구를 빌어 대답한 말이 여기에 적절할 겁니다. "버스 운전사의 급격한 우회전은 승객들을 좌편향시킨다." 중도란 개인주의적이고 주관주의적인 편견과 착각에서 벗어난다는 점에서는 항구여일하지만, 그것이 실제 현실에 구현될 때는 상황에 따라 위치가 달라진다는 겁니다. 항구여일하여 흔들리지 않는 하나님의 말씀이 흔들리는 세계 속에서 어느 위치를 정해주든, 거기에 참여하는 것이 우로나 좌로나 치우치지 않는 겁니다. 경전의 가르침을 핑계로 한 형식주의적 중립, 원리주의적 중립은 기실 중립이라 할 수 없습니다. 그것은 무사안일이거나 이미 기울어진 운동장입니다.

내가 네 행위를 아노니 네가 차지도 아니하고 뜨겁지도 아니하도다. 네가 차든지 뜨겁든지 하기를 원하노라. 네가 이같이 미지근하여 뜨겁지도 아니하고 차지도 아니하니 내 입에서 너를 토하여 버리리라(계 3:15-16).

목욕물이 되려면 뜨거워야 하고 식수가 되려면 차가워야 한다, 이 말입니다. 미지근한 물은 목욕물로도 식수로도 적합지가 않습니다. 마찬가지로 기독교인이기 때문에 (정치적) 중립을 지켜야 한다는 주장을 자주 접합니다. 이때 중립을 지키는 것은 그야말로 '좌로나 우로나 치우치지 말라'가 됩니다. 그것은 아무 의견도 표명하지 않는 것이거나 표명해선 안 되는 것이며, 표명하는 것은 불순하고 위험한 일이며, 그럴 때 기독교인의 중립은 침묵하고 기도하는 것이라 합니다. 자, 이것은 과연 중립일까요?

프란치스코 교종이 우리나라에 와서 '고통 앞에 중립은 없다'는 말을 남기고 갔습니다. 고통 앞에 중립이 없는 게 아니라 고통이라는 현실적 사안에서는 중립의 위치가 바뀌는 것이겠지요? 고통 앞에서 중립이 없는 게 중립이 되는 겁니다. 기계적 중립, 행정적 중립, 법적 중립 같은 거라면 그것은 이미 치우친 것입니다. 이와 같이 중립을 내세우는 설교를 주의해야 합니다. 중립이 아니라 현실의 호도일 경우가 있기 때문입니다. 그러한 설교는 요동해야 할 것을 요동하지 않게 해주고, 요동하지 않아야 할 것들을 요동하게 하는 설교들입니다. 지금 이 세계에서 무엇이 요동치 않는 것이고 무엇이 요동하는 것일까요? 이 둘 사이의 중립은 무엇일까요?

'좌로나 우로나 치우치지 말라'는 말씀은 흔들리지 말라, 요동하지 말라, 벌써 흔들리며 요동하는 너의 상태를 수정하라는 말씀인데, 한국 교회는 빈번히 그 상태를 강화하는 쪽으로 이해하고 메시지를 전달해왔습니다. 그 설교자들의 공로로 말씀이 시대를 이끄는 게 아니라 시대의 부름에 역행하다가 억지로 끌려가기에 이르렀습니다. 무엇이든 지금 교회는 맨 꼴찌입니다. 꼴찌가 첫째가 되는 반전은 일어나질 않고 있습니다.

광야에서 오는 초인처럼

정말로 강하고 담대하길 원하신다면, 광야로 가야 합니다. 혼자가 되어야 합니다. 하나님이 말씀하시는 골방, 고통, 고독, 고립, 두려움이라는 현대의 인간 조건들을 평신도들이 지각해야 합니다. 대형교회의 회랑들과 주차장에서의 방황을 끝내고 진실한 개개인적 현실에 고요하고 치열하게 직면해야 합니다. 그래야 하나님이 자기들에게 말씀하시는 소리를 들을 수 있게 됩니다. 그 새로운 정신은 광야로부터 초인(超人)처럼 오는 겁니다. 거기는 예루살렘의 이해관계가 무의미하기 때문입니다. 이해가 되십니까? 예루살렘의 이해가 무의미해지는 광야로부터 개인의 갱생도 교회의 갱신도 가능할 중립의 행동이 나올 수 있습니다.

눈의 조절력 약화로 원근의 사물이 혼란스러워지는 걸 노안(老眼)이라 하지요? 그러나 육체 아닌 정신적 노안도 있습니다. 보기 싫은 것은 안 보이는 게 그겁니다. 지금 한국 교회와 성도들은 노안에 걸린 상태와도 같이 절실한 말씀은 싫어하고 밑 빠진 독 같은 감언이설에 귀들이 얇습니다. 말씀에 대한 '그러한가' 하는 자기 검증이 없고 '과연 그렇구나' 하는 자기 경험이 없습니다. 이토록 사회 전체가 항상적 위기 가운데 놓여 있음에도 약할 때 가장 강하게 하시는 하나님을 경험치 못하고 있잖습니까. 한국 교회가 자정능력을 상실했다는 말을 많이 들어보셨을 겁니다. 말하자면 모세가 이미 죽은 겁니다. 이제 어떡하실 겁니까? 강하고 담대해야 합니다. 흔들리지 말아야 합니다. 여러분이 여호수아가 아니면 누구입니까?

깨어나 프로테스탄트가 되자

고린도후서 4:6

우리가 복음의 본질에 충실했을 때, 성령 충만했을 때,
말씀을 내 것(!)으로 가졌을 때, 어떤 일들이 벌어졌나요?
삶은 단순하고 명료해지고 착해지고 건강하고 감동적이고
아름다웠습니다. 곧, 사랑이 있었습니다.

시대정신으로서의 문맹과 난독

우리나라가 OECD 국가들의 실질문맹률 비교에서 최하위 (22위로 꼴찌)를 기록했다는 기사를 읽었습니다. '실질문맹률'이라는 건 단순히 문자를 읽고 쓸 수 있느냐는 문제가 아니라 실생활에 사용되고 있는 일상 문서들을 해독할 수 있느냐를 말하는 것이고, 이걸 '문해율'이라고도 부른다고 합니다.

조사에 사용되는 국제성인문해능력조사(International Adult Literacy Survey, IALS)는 세 영역으로 이루어져 있습니다. 첫째, 논설, 기사, 시, 소설 같은 텍스트를 평가하는 산문문해, 둘째, 구직원서, 급여 양식, 버스·열차 시간표, 지도, 표, 그래프 같은 문서를 평가하는 문서문해, 셋째, 금전출납, 주문서, 대출이자 등 인쇄된 자료에 포함된 숫자나 수학공식을 평가하는 수량문해입니다. 자국어의 경우를 조사한 것이지만, 여기에 외국어(영어)까지 포함시킨다면 아찔하겠다는 생각이 들지 않을 수가 없습니다(출처: http://ideas0419.com/457).

'문해율'과는 다른 '난독증'이라는 말도 자주 듣습니다. 단순히 글을 읽고 해독하는 데 지장을 받는 병증이 아니지요? 관계의 소통을 불가능하게 만드는 완고함, 편협함, 신념 같은 것들이 난독의 원인입니다. 같은 말로 말하고 같은 글로 쓰는데 소통이 불가능하다는 것은, 일테면 외국어의 알파벳은 알지만 뜻은 모르는 것과 같습니다. 실질적으론 서로가 외국어로 말하는 외국사람이 됩니다. 문제의 비극성은 자기 나라 문자를 쓰면서도 그렇다는 겁니다.

우리는 다양한 경우의 문맹과 난독을 경험하면서 절망을 느낍니다. 이 문제는 지금 개인적 영역에 그치는 게 아니라 국민성 내지는 하나의 시대정신이라 해도 무방할 정도입니다. 예를 들어 고부간의 갈등이나 좌우의 대립처럼, 개개인들의 문맹과 난독은 하나의 전체적 문맹과 난독을 이루고, 다시 개개인들에게로 병적 영향을 끼치는 겁니다. 프랑스의 사회인류학자 르네 지라르는 모든 갈등은 처음엔 분명한 욕망(명분, 이유)으로부터 출발하지만 갈등의 양상이 격렬해지면 오로지 이겨야겠다는 욕망만 남게 된다고 말한 바 있습니다. 서로 간, 무엇이 우리 사이의 중대한 문제였는지조차 잊어버리게 되는 모방경쟁, 이것은 과연 어떤 종류의 문맹일까요?

전문성의 아성 엘리트주의

한때 가장 읽기 어려운 글이 영화평론이었던 적이 있었습니다. 문장을 읽고 각각 단어의 뜻을 다 이해했는데도 무슨 말을 하려는 것인지 파악이 안 될 때가 많았습니다. 마치 영화평론가라는 직업은 글을 얼마나 어렵게 쓸 수 있느냐를 보여주는 일이라는 생각이 들 정도였습니다. 글쓴이들의 미숙함도 있었겠지만,

여기에는 그보다 더 우선되는 원인이 있었다고 생각됩니다. 곧, 모든 것을 어렵게 만들려는 태도, 그것을 전문성이라고 인정해 주는 일종의 학문적 권위주의 내지는 성역 같은 겁니다. 또 거기엔 각 전문가 집단의 권위주의와 이기적 아성 같은 구조적 욕망들이 작용하고 있을 터입니다. 당신들은 모르고, 몰라야 하고, 우리만 알고, 알아야 하는 거지요? 그래서 일부러라도 전문용어를 사용해 좀 더 복잡하고 어렵게 만들어야 하는 겁니다.

신학(神學)도 마찬가지입니다. 대개 평신도들은 성경공부를 일정 정도 하는 수준이지 본격적으로 신학이라는 것을 접할 기회를 갖지 못합니다. 덕분에 신학의 권위에 대한 막연한 외경심 같은 게 있습니다. 목회자들이 이것을 십분 활용하지요. '목사의 장서는 평신도 제압용'이라는 우스갯소리도 있습니다. 목사들 사이에선 평신도들에게는 신학이 필요 없다고 주장하거나, 신학을 가르치는 것에 관해 찬반이 갈리기도 합니다. 그래서 '평신도 신학'이라는 말까지 생겨났을 정도입니다. '평신도 신학'이란 목회자 중심의 신학에 대한 반성이라기보다는 그냥 '쉬운 신학' 정도의 의미일 겁니다. 이런 상황은 중세기에 평신도들에게 성경을 읽지 못하게 했던 것과 내용상 크게 다르지 않을 것이라 생각합니다. 과연 평신도들에게 신학은 필요 없는 것일까요? 평신도에게 불필요한 신학은 누구에게 필요한 걸까요? 신학적 문맹이란 평신도의 문제일까요, 혹은 신학자나 목사들의 문제일까요?

비록 형식주의에서 멈춘 반쪽짜리이긴 하지만, '민주화'는 우리 사회의 다양한 현장에서 권위주의와 신비주의를 깨뜨리는 기여를 했습니다. 그것은 국민들에게 시각장애인이 갑자기 눈을 뜬 것에 방불할 정도의 반전을 보여주었습니다. 무엇일까요, 이 반전은? 오늘의 주제에 입각해 묘사해보자면 끝없이 전문화되고 복잡해짐으로써 그것을 운영할 수 있는 엘리트 집단에 의지할 수밖에 없었던 맹목적 의탁으로부터의 반전입니다. '참여', 이게 민주화의 본질입니다! 그것이 학문이든 정치든 경제든 예술이든, 권력의 본질은 언제나 소수 엘리트 집단을 형성하는 것이었습니다. 그들은 성벽을 쌓고 허락된 자들 외에는 출입을 금하는 전문성이라는 권위로 자신들의 아성을 방비합니다.

최근 표절사태로 진통을 겪고 있는 문학계의 논란을 들어보셨을 겁니다. 논쟁의 쟁점은 대략 두 가지입니다. 모(某) 작가의 작품이 표절이냐 아니냐 하는 문제와 그 논의를 둘러싼 문단권력 내지는 문학권력의 문제입니다. 방어하는 쪽은 부분적이나마 표절은 인정하지만 이 문제가 문학권력 논쟁으로 비화되는 것은 부당하다는 것이고, 공격하는 쪽은 본질은 표절이 아니라 오히려 문학권력에 있다는 주장이라고 볼 수 있을 겁니다. 하지만 여기서도 대중들을 이 단순한 문제에 참여하기 어렵게 만드는 전문성의 난해함이 엿보입니다. 우리가 일상을 살아갈 때는 척하면 척 사태 파악을 잘도 하면서, 조금만 전문성을 내세우는 부분에 들어가면 영락없이 전문가들의 권위 하에 방황하게 되는 겁니다. 왜 아니겠습니까? 문학권력의 문제는 표절의 문제보다 중대한 문제입니다. 인간이 관계하는 한 문제는 어디서나 똑같고 같은 문제의 다른 버전일 뿐입니다. 그리고 거기엔 본질을 알 수 없도록 자꾸만 미궁 속으로 복잡하게 만들려는 의지와 이해 가능하도록 정리해서 본질을 명료하게 만들려는 의지 사이의 각축이 있습니다.

감추인 것이 드러나지 않을 것이 없고 숨긴 것이 알려지지 않을 것이 없나니 이러므로 너희가 어두운 데서 말한 모든 것이 광명한 데서 들리고 너희가 골방에서 귀에 대고 말한 것이 지붕 위에서 전파되리라(눅 12:2-3).

신학권력의 네 가지 속성

편의상 저는 이 두 가지 의지를 이렇게 규정하고자 합니다. 첫째, 복잡하게 만들고 알 수 없게 만드는 의지를 '감춰진 의지(무의식의 의지)'라 부르고, 정리하고 이해시키려는 의지를 '전파된 의지(자각된 의지)'라 하겠습니다. 아직 권력(전문성, 권위주의, 신비주의)의 베일에 싸인 것은 무의식 상태에 감춰진 것입니다. 그러나 무의식적으로 돌아가는 판을 자각한다면 그때부터는 의식 상태에 놓인 것, 전파되는 것이라 하겠습니다. 곧, 자각된 사람은 그 자체가 전파자입니다.

무의식적으로도 자각적으로도 각각의 의지가 있음을 아시겠지요? 과연 이 의지는 누구의 의지일까요? 이렇게 묻는 이유는 선악에 속한 이 의지들이 언제나 개개인 인간들의 의지와 일체가 되어 있지 않기 때문입니다. 곧, 우리의 의지대로 되지 않는 의지들입니다. 따라서 누가 선인지 악인지 모호하고 애매하고 복잡합니다. 무지와 혼돈이라는 것도, 자각과 이해라는 것도 우리의 의지대로 되는 게 아니다 이 말입니다. 그러면 이 판을 자각케 하는 일깨움은 누구의 의지일까요?

> 내가 어렸을 때에는 말하는 것이 어린아이와 같고 깨닫는 것이 어린아이와 같고 생각하는 것이 어린아이와 같다가 장성한 사람이 되어서는 어린아이의 일을 버렸노라. 우리가 지금은 거울로 보는 것 같이 희미하나 그때에는 얼굴과 얼굴을 대하여 볼 것이요 지금은 내가 부분적으로 아나 그때에는 주께서 나를 아신 것같이 내가 온전히 알리라(고전 13:11-12).

신학의 문제로 돌아가보겠습니다. 오늘날 실제적인 신학이란 교회의 현 상태를 유지시켜주는 숨은 원리입니다. 신학은 그래서 중요한 것이고, 신학상의 문맹은 심각한 문제가 되는 겁니다. 다시 말해 한국 교회의 현 상태를 지탱해주는 게 지금 한국 교회의 신학이지 별 다른 게 있는 게 아닙니다. 여러분들이 공부를 할라치면 다양한 학자들의 이름과 그들의 저작과 사상들을 만나게 될 겁니다. 그러나 그것들은 사실 그렇게 중요한 게 아닙니다. 전문적인 것도 아니고 고차원적인 것도 아닙니다. 작정하고 공부하려면 못할 것도 없습니다.

그러나 그 모든 것들의 요체란, 어린아이가 철이 들어 어른이 되어서 무엇이 진짜 문제이고 무엇이 진짜를 혼돈케 하는 문제인지를 아는 것에 불과합니다. 우리들의 인생 역정(역사의 진행) 가운데 어떻게 하든지 어린아이 상태에 계속 머물게 하려는(머물고 싶은) 의지와 성숙해져서 미성숙의 상태로부터 벗어나려는(해방되려는) 의지가 작용하고 있음을 알게 되는 겁니다. 세상 권력은 언제나 하나님의 자리를 대신하거나 빙자합니다. 그 본질은 언제나 교묘히 숨겨져 있습니다. 하나님의 자리에 앉은 세상적 권력에 대하여 자기부정의 눈(십자가)을 획득할 때, 비로소 진정한 신학이 발생합니다. 이게 자각입니다.

문학권력과 마찬가지로 편의상 이것을 '신학권력'이라 부를 수 있을 겁니다. 문학의 문제가 문학 자체에 있는 게 아닌 것처럼, 지금 신학의 문제 역시 신학 자체에 있는 게 아니라 신학의 권력적 속성에 있습니다. 저는 이것을 '전체성, 율법성, 독점성, 수구성'의 네 가지로 정리해보려 합니다.

1) 전체성이란 하나의 집단적이고 전체주의적인 정신입니다. 예를 들어, '가톨릭(Catholic)'이라는 말이 '보편'의 의미인 걸 아실 겁니다. 우리 개신교는 가톨릭의 보편성을 부인하기 때문에 그 앞에 '로마'라는 말을 붙입니다. '로마 가톨릭'이란 '소위 가톨

릭' 정도가 되는 겁니다. 반면 비잔틴 교회를 이어받은 러시아정교회(Православие)는 자기들을 '정교회(Ортодоксальная церковь, 지상 유일의 정통교회)'라 부릅니다. 결국 '정교회'나 '가톨릭'은 같은 말입니다. 개신교(改新敎)를 가리키는 '프로테스탄트(Protestantism)'란 본래 이러한 권위적 전체성에 '대항하는 자들'이란 의미입니다. 전체성이라는 폭력에 대항하는 자로서의 태도와 지상 유일의 정통이라 주장하는 자로서의 정체성은 어떻게 다른 걸까요? 그러나 한국 개신교를 보면 프로테스탄트가 아니라 이미 저마다 자신이 지상의 유일한 정통교회라 주장하고 있습니다.

2) 율법성이란 이러한 하나의 전체성을 유지하기 위한 도구로 율법화된 규율이 사용되고 있음을 의미합니다. 여기서 말하는 율법이란 성경과 아주 상관이 없다고는 말할 수 없지만 어떤 목적에 의해 새로 파생된 교회의 관례나 전통이 규율화된 것을 말하는 겁니다. 여러분은 '성경이 그렇게 가르치지는 않지만'이라는 단서를 달면서 시작하는 수많은 교회의 율법들을 아실 겁니다. 이것들은 그야말로 성도들을 '구속(?)'하는 장치가 되고 있습니다.

알베르 카뮈(1913-1960)의 《전락》이라는 소설에 '겸손은 남의 이목을 끌려는 자의 방식이고, 겸양은 남을 이기려는 자의 방식이고, 덕성은 남을 억압하려는 자의 방식'이라는 말이 나옵니다. 이런 게 다 진리로부터 나오지만 변질된 율법의 작동이지요? 교회의 '신(新) 율법'들이 과연 진리의 목적에 부합하는 것들인지 재고해보아야 합니다.

3) 독점성이란 이러한 신 율법으로 전체 평신도 집단을 지도하고 이끄는 독점적 이너서클(inner circle)이 존재한다는 점입니다. 쉽게 말하면 성직자 집단, 어디서부터 어디까지라 특정할 수는 없지만 분명히 독점적인 엘리트(?) 집단이 존재합니다. 그들 중에는 사실상 교황 못잖은 권위와 명성을 누리며 성도들 위에 군림하는 목사들도 있습니다. 교회라고 다 같은 교회가 아니고 목사라고 다 같은 목사가 아닙니다. 특히 아들들을 후계자로 세우는 관행에 이르면 이 독점성이란 게 하나의 귀족문화라는 걸 이해하게 됩니다. '세습'이란 그런 의미입니다. 그런데 이상하지요? 북한식의 이런 봉건적 세습체제가 교회 안에서 가능하다는 것, 이런 식으로 특정인들이 교회를 독점지배하고 있다는 사실을 문제로 인식하지 못한다는 것, 그 문맹과 난독이 말입니다.

4) 수구성이란 이러한 전체성과 율법성, 독점성이 하나같이 사회 속에서 수구적 이해관계와 연결되어 있다는 점입니다. 이 점은 구구한 설명을 요하지 않으실 줄 압니다. 다만 이 수구성의 결과 우리 시대의 설교들이 대략 중산층 이상의 영적, 윤리적 부담을 덜어주는 데 바쳐지고 있다는 점을 지적하고 싶습니다. 그 부담이란 다름 아닌 복음서의 말씀과 그들의 실제적 삶이 현저히 다른 데서 오는 양심의 찔림입니다.

내가 깨달은 것은 오직 이것이라. 곧 하나님은 사람을 정직하게 지

· 으셨으나 사람이 많은 꾀들을 낸 것이니라(전 7:29).

문제는 조직의 어쩔 수 없는 관료주의적 속성입니다. 지두 크리슈나무르티(1895-1986)의 글에 보면 이런 얘기가 있습니다. 한 사람이 진리를 깨달았다는 겁니다. 그러자 한 젊은 악마가 탄식합니다. "저 사람이 진리를 깨달았으니 나는 망했다." 그러자 또 다른 연륜이 지긋한 노(老)악마가 이렇게 위로를 합니다. "걱정하지 마라. 내가 저 사람에게 '조직'을 만들게 하면 된다." 국제 라브리의 창설자 프랜시스 셰퍼는 '가장 늦게 마지못해 변하는 집단이 교회이고 신학'이라고 말한 바 있습니다. 저는 이 말을 가장 늦게 민주화되는 조직이 교회이고 신학이라고 번역하고 싶습니다. 신학이나 교회의 권위를 무시해서가 아닙니다. 우리들의 교회의 위치가 우리가 놓여 있는 사회현실과 너무나도 동떨어진 자리에 동떨어진 권위구조 아래 존재하는 구태의연한 위태로움을 말하는 것입니다. 교회라는 특수성을 어느 정도 감안해주더라도 청빙이나 사직, 의사결정 구조, 사례비, 프로그램, 사회 이슈에 대한 반응, 어느 것이나 세상을 선도하는 진보적이거나 능동적인 태도를 기대할 수가 없습니다. 모름지기 교회도 내재적 접근법으로 이해해야만 이해될 특수사회일지 모르겠습니다. 이 신학적이고 실질적인 문맹은 그것을 독점하는 쪽이나 거기서 소외된 쪽이나 다 함께 겪는 문맹이기도 하니 더욱 문제입니다.

어두운 데에 빛이 비치라

내가 진실로 진실로 너희에게 이르노니 나를 믿는 자는 내가 하는 일을 그도 할 것이요 또한 그보다 큰 일도 하리니 이는 내가 아버지께로 감이라(요 14:12).

가장 중요한 신학 중의 신학은 복음, 곧 그리스도를 믿는 것과 그가 하신 일을 하는 것입니다. 이 둘은 둘이 아니라 하나입니다. 곧, 믿는 것 자체가 일이고 실천입니다. 복음은 현실을 망각한 미래 비전과 기도 속에 있는 게 아니라, 현재적 십자가, 자기부인의 분투 속에 있습니다. 거기서 믿는다는 것은 마치 그것이 전부인 듯 보이는 자기 자신과 눈앞의 세상, 그리고 거기서 벌어지는 온갖 죄에 가담하지 않고 참여하지 않는 일입니다. 그 무기가 그리스도와 같은 사랑입니다. 따라서 믿는 것 자체, 사랑 자체가 세상의 신뢰 없음, 자신의 죄 됨, 사랑 없음의 숨겨진 어둠을 드러냅니다. 개인의 숨겨진 구조는 전체 세상의 숨겨진 구조의 축소판입니다.(이런 인식이 또한 신학입니다.) 자기 자신의 죄를 인식하는 사람이 세상의 죄도 인식합니다. 자기 죄를 인식하지 못하는 사람은 세상의 죄도 인식하지 못합니다. 달리 말해 지금 이 땅과 교회의 현실을 대하는 프로테스탄트들에게 그리스도를 믿는다는 것은 무엇인가? 그리스도의 일을 한다는 것은 무엇인가? 지금 편만해 있는 전체성, 율법성, 독점성, 수구성의 (변질된!) 신학에 가담하지 않고, 그것을 거부하며, 저항함으로써 그리스도의 의를 이루는 것이라 이 말입니다. 그것 외에 달리 어떤 방식이 가능할까요?

여러분들은 이런 설교에 혼돈을 느끼거나 배운 바와 다르다는 거부감을 가지실지 모릅니다. 저는 그런 말을 많이 들었습니다. 그러나 저로선 그러한 혼돈과 거부감에서 우리 시대의 신학상의 전체성과 율법성과 독점성과 수구성의 양상을 다시 보게 된다고 말씀드려야 정직할 겁니다. 좀 더 직접적으로 말하자면 이 시대의 교회들이 성도들에게 참여하도록 종용하는 대부분의 일들이 그리스도의 복음의 본질, 곧 그를 믿는 일과 그가 하신 일의 실천과 괴리되어 있다고 진단합니다. 소용없다거나 전부 다 없어져야 한다는 의미가 아닙니다. 그게 가능하겠습니까? 거기에 착한 내용이 전혀 없다거나 누구에게나 절대적으로 무의미하다는 말도 아닙니다. 그럴 리가 있겠습니까? "다른 복음은 없나니 다만 어떤 사람들이 너희를 교란하여 그리스도의 복음을 변하게 하려 함이라"(갈 1:7). 제가 말씀드리고자 하는 요지는 혼돈, 혼돈케 하는 양상들입니다.

어두운 데에 빛이 비치라 말씀하셨던 그 하나님께서 예수 그리스도의 얼굴에 있는 하나님의 영광을 아는 빛을 우리 마음에 비추셨느니라(고후 4:6).

여기서 말씀하는 '어두운 데에 빛이 비치라' 하는 말씀은 분명 창세기 1장 3절의 "하나님이 이르시되 빛이 있으라 하시니 빛이 있었고" 할 때의 "빛이 있으라"는 말씀일 겁니다. 그 빛은 해와 달이 창조(넷째 날)되기 전 첫째 날에 창조하신 빛이니 태양광선을 가리키는 빛이 아닙니다. 사도 바울의 이 해설을 통해서 우리는 이 빛의 동일하고도 찬란한 영광을 신약에서 다시 봅니다. "어두운 데에 빛이 비치라"는 말씀에서 '빛'이 무엇이겠습니까? 빛은 번쩍하는 섬광이고 깨우침이고 이해이고 명백함입니다. 그것은 지식이고 자각이고 분별력입니다. 더 이상 어둠이 아닙니다. 인간의 심혼, 곧 영혼이라는 존재의 본질에 모든 존재케 하시는 본질로 육박해 오시는 하나님의 나타나심입니다. 창세의 '있게 하시는 빛'이 그리스도의 얼굴을 통해 이제 '어떻게 있어야(존재해야) 하는지' 깨우치신 겁니다. 그 빛이 나를 재창조한 겁니다.

교회와 성도들이 이 복음의 본질로 충만했을 때 인류의 역사 또한 빛을 보았습니다. 지배 권력이 꺼뜨릴 수 없는 성도들의 각성이 전체 사회의 진전을 이루었습니다. 그러나 교회가 이 복음의 본질에서 멀어지게 되었을 때, 이 빛은 제사장 엘리의 가물거리는 골방의 촛불처럼 희미해졌습니다. 어두움 속에서는 헛되이 소비되는 역량들이 많은 법입니다. 다시 이 본질을 일깨울 예언자와 성도들이 나타나야만 하는 겁니다. 어디로부터요? "어두운 데에 빛이 비치라" 하시는 하나님으로부터입니다.

이것은 개인에게서 증거를 찾을 때 더욱 확실할 겁니다. 우리가 복음의 본질에 충실했을 때, 곧 성령 충만했을 때, 말씀을 내 것(!)으로 가졌을 때, 어떤 일들이 벌어졌나요? 삶은 단순하고 명료해지고 착해지고 건강하고 감동적이고 아름다웠습니다. 사랑이 있었습니다. 누구에게 인증받고 어떤 일에 의지해 증명된 게 아닙니다. 삶 자체가 사랑이었습니다. 나의 존재 자체가 하나님의 일에 참여하는 중이었습니다.

그러나 내가 내 것으로서 말씀의 체험(어둠 속에서 비추시는 빛에 대한 각성)을 상실하게 됐을 때 어땠습니까? 우리는 무력해지고 형식적인 말을 일삼는 무감동한 사람으로 변해갔을 겁니다. 오늘날 우리는 많은 곳에서 사랑 없음과 감동 없음의 곤란을 경험합니다. 문밖에서 소외된 캄캄한 혼란을 느낍니다. 그 안은 어떻던가요? 교회와 신앙, 목사와 믿음, 신학과 현실, 이런 것들 간의 괴리를 봅니다. 그 상태로 이 모든 것들이 유지되고 강화되고 고착화됩니다. 그런데 왜 여러분은 어둠을 비추는 자기의 믿음을 희생시키면서 본질(신학)적으로 상관도 없는 일에 계속 참여하고 있는 것입니까? 여러분은 무엇을 기대하시는 겁니까?

신앙의 핵심은 분별력

신앙의 핵심은 분별력입니다. '분별'이 곧 그 사람의 말이고 행동입니다. 분별에서만 진정한 행동이 나옵니다. 그것은 누군가를 의지하는 것도 아니고 예배당 속에 있는 것도 아닙니다. 오직 우리 안에 있는 것이고 거기서만 가능합니다. 이것은 누구의 의지에 따르는 것일까요? 이 분별력은 어디로부터 오는 걸까요?

어두운 데에 빛이 비치라 말씀하셨던 그 하나님께서 예수 그리스도의 얼굴에 있는 하나님의 영광을 아는 빛을 우리 마음에 비추셨느니라.

바로 이겁니다. 우리가 따를 것은 오직 그리스도이지, 그리스도를 내세운 어떤 사람들이 아닙니다. 유학자의 빛이 공자의 가르침이지 공자를 명분으로 내세운 도그마의 권력이 아닌 것과 같습니다. 불교도의 빛이 붓다의 가르침이지 그것을 빙자한 승려들의 권력이 아닌 것과 같습니다. 문제는 분명한 것과 분명치 않은 것이 교묘히 희석되는 것입니다. "도무지 왜 이러는지 이해할 수 없다", "어떻게 이런 것들이 가능한지 모르겠다"라고 혼란스러워하는 데서라면 여전히 깨어날 수 없을 겁니다. 이제는 그런 어린아이의 일을 버려야 합니다. "나는 이해할 수 없다"고 말하지 말고 "나는 이제 (무엇이 문제인지) 분명히 이해한다"고 말할 수 있어야 합니다. 그럴 수 없는 사람들은 아직 의식과 무의식, 감춘 것과 전파된 것의 불일치 사이에서 방황하고 있을 뿐입니다.
깨어나십시오. 정신을 차리십시오. 여러분이 계속해서 속는 이유, 점점 말씀으로부터 어긋나고 있는 이유, 병적인 양상이 깊어지는 이유가 무엇입니까? 신학 실종의 혼돈입니다. '영(본질)'으로 살지 못하는 정신의 혼란 가운데 빛을 잃었기 때문입니다. 만일 빛이 있다면 빛으로 드러나야 합니다. 하나님께서 여러분 자신에게 비추신 그리스도의 빛으로 분별의 여정에 과감히 나서십시오.

아무것도 하지 않고 가만히 있는 사람이 아니라 세상을 위하여 뭐라도 하려는 프로테스탄트가 되십시오. 아브라함도 사라도 리브가도 갈 바를 알지 못하고 광야로 떠남으로써 그 빛의 인도하심을 받았다는 사실을 기억하시기 바랍니다. 우리가 예언자들의 예언적 삶을 읽으면서도 그 이야기의 본질을 깨우치지 못하는 것은 어떤 연고입니까? 성경 지식을 단편적으로 알고 있는 것만으로는 모자랍니다. 안다는 것이 자기 속, 여러분의 무의식의 어둠을 밝혀주는 것이 아니기 때문입니다. 그러나 어둠 가운데 이미 빛이 비춘 것이라면 그 사람은 세상의 빛입니다. 누가 그 빛을 꺼뜨리겠습니까? 세상에 어둠이 가득할 때 불 켜진 산 위의 동네는 숨길 수 없습니다(마 5:14). 그리스도의 빛인 성도, 산 위의 동네인 교회, 그러나 이런 고색창연한 비유도 깨어난 성도의 새로운 분별력을 요구합니다. 교회가 너무 늙었기 때문입니다. 우리는 이 표현(빛과 소금)이 광야로부터 이제 막 도착하신 삼십 세의 청년 예언자 예수님의 입에서 나왔다는 사실을 간과해서는 안 되겠습니다.

선민이냐 우민이냐
_ 가짜 역사를 넘어서

출애굽기 12:29-30

교회가 아니라면, 성도가 아니라면,
누가 하나님을 대신해, 이 숨은 말씀을
삶으로 번역해 들려줄까요?

나그네 정신이 기독교 정신

교과서 국정화 문제로 나라가 어지럽습니다. 목적이 무엇일까요? 여러 대학의 역사학과 교수들이 반대와 집필 불참을 선언하고 있는데, 보수 장로교 몇 교단에선 국정화에 찬성을 표명했다는 기사를 보았습니다. 내친김에 역사 이야기를 나누어보려고 합니다.

우리에겐 신구약 성경이 있습니다. 그러나 하나님은 성경에 기록된 과거 말씀 속에 계신 죽은 신이 아니지요? 하나님은 '세세토록 살아 계신 이'라고 했습니다(계 10:6). 그러므로 성경은 모든 세대에게 그들의 현재와 현실 가운데 역사하시는 하나님을 일깨워주기 위한 가이드라인이어야 합니다. 과거의 죽은 역사가 아니라 오늘의 산 역사 속에 계신, 죽은 신이 아니라 산 하나님의 말씀을 일깨우는 구원의 역사, 우리는 그걸 '구속사(救贖史)'라 부릅니다.

성서가 제시하는 구속사에는 전(全) 인류를 향한 보편의 법칙이 전제되어 있습니다. 장 자크 루소(1712-1778)가 '자연으로 돌아가라'고 외쳤을 때 그 자연(自然, 스스로 그렇게 됨). 그것은 산천초목을 말하는 게 아니겠지요? 하나의 통일되고 절대적인 '원리'를 뜻하는 말이 '자연'입니다. 오로지 이 자연이라는 하나의 법칙 앞에 만인은 평등한 대접을 받고 심판을 받습니다. 그러므로 각 개인의 인생(의식과 현실)이라는 것은 이 법칙으로 돌아가는 하나의 간이정류장에 불과합니다. 하나님의 말씀은 전체 인간을 향한 것일지라도 그 전체란 추상적 집단으로서 전체가 아니라 개개인의 의식과 현실이라는 정류장을 통과한 전체입니다. 그래서 우리들이 놓여 있는 생활이나 현실은 절대적으로 무의미한 데서 끝나는 게 아니라 상대적으로 의미를 획득할 수 있는 가능성을 갖게 됩니다. 이것이 신적 택함(선택)과 버려짐(유기)의 교차점이겠지요? 같은 장소에서도 선택과 유기가 갈라집니다. 누군가 '모든 생명은 공허에 불과할지라도 하나의 기적'이라고 했던 말처럼.(이런 자각이야말로 기적일 겁니다!) 종교적 기적이란 공허한 인생으로부터 이런 자각을 건져 올리는 선택받음이라 할 수 있을 겁니다.

마찬가지로 개개 민족의 역사도 전체 인류를 향한 의미의 일부분으로서 개인보다는 좀 더 큰 공허와 기적의 계류장이 될 겁니다. 마침내 공허는 그 나온 본질의 공허로 돌아가고(그렇게 되면 티끌로 된 몸은 땅에서 왔으니 땅으로 돌아가고), 기적도 그 나온 기적으로(숨은 하느님께 받은 것이니 하느님께로 돌아가리라. 전 12:7, 공동번역) 돌아갑니다. 이것이 인간의 숙명입니다. 지상(시공간)의 정류장이란 잠시 머무는 곳이지 영구히 거주할 곳이 아닙니다. 그러니 지상의 바벨탑에 매달릴 일이 아니겠지요? 성서는 '인생은 가벼운 것이고 인간은 나그네와 같다'고 가르칩니다. 나그네에게는 나그네의 사는 방식이 있는 것입니다. 그러나 권력은 나그네를 붙잡아 바벨탑을 쌓게 합니다. 아브라함 일족은 그러한 권력자의 문명으로부터 광야로 부르심을 받은 '히브리(유랑자)'였던 것을 기억하실 겁니다. 곧, 나그네 정신이 기독교 정신입니다. 그 발이 땅에서 떨어져 있으므로 자자손손 지상에 건설할 제국이 아니라 돌아갈 본향을 생각합니다. 모든 폭력에 반대하고 압제에 반대하고 평화를 추구합니다.

누가 선택받은 민족인가

성서 속 이스라엘의 역사를 '구속사'라 부릅니다. 그것은 현재 중동에 존재하는 이스라엘의 역사 같은 세속사와는 차원이 다른 역사입니다. 이 차이를 이해하시겠지요? 성서의 구속사는 일회적인 역사, 그리스도를 통하여 점진적 구속의 완결을 보여준 '계시(특별계시)'로서의 역사입니다. 이런 성서의 관점을 좀 더 심화시켜보면 심지어 하나님의 말씀으로 기록된 이스라엘의 역사가 구속사인 것이지, 기록되지 않은 그 시대의 나머지 이스라엘 역사는 마찬가지로 세속사이기도 한 겁니다. 같은 이유로 우리는 구속사에 들지 않은 우리의 역사라도 성경을 통해 하나님의 구속의 뜻을 헤아려볼 수 있습니다. 그전엔 하나님이 없었던 게 아니라, 계시적 관점에서 '생각하는 사람'으로 자각됨으로써 우리 역사 속에도 계신 하나님을 알게 된 겁니다. 함석헌(1901-1989) 선생의 《성서적 입장에서 본 한국역사》(후일에 《뜻으로 본 한국역사》로 고침)가 그런 역사 읽기라고 할 수 있을 겁니다.

그러나 이런 구속사의 뜻을 착각하게 되면 그만 기독교가 삼천포로 빠져버리게 됩니다. 신구약에 기록된 이스라엘 민족(유대인) 자체를 신성시(신화화)하는 유대인 선민사상으로 변질되는 겁니다. 유대인들은 거기에 집착해 그리스도가 오셨을 때 알아보지도 이해하지도 못했고, 오늘까지 그 상태입니다. 그런데 더 한심한 일이 있습니다. 여러분도 무수히 들어보셨을 테지만, '유대인의 자녀교육'이라든가, '유대인의 성공비법'이라든가, 유대인이 이 세계에서 가장 우수한 민족이라는 신화가 교회 안에도 공공연합니다. 도대체 어디로부터 나온 것일까요? 성서에서 나왔겠지요? 그러나 성서적 입장에서 볼 때 도무지 유대인이 타민족들에 비해 월등하다는 주장이 성립될 수 있겠습니까? 본질은 못보고 외피만 보는 겁니다.

하나님의 성령으로 봉사하며 그리스도 예수로 자랑하고 육체를 신뢰하지 아니하는 우리가 곧 할례파라. 그러나 나도 육체를 신뢰할 만하며 만일 누구든지 다른 이가 육체를 신뢰할 것이 있는 줄로 생각하면 나는 더욱 그러하리니 나는 팔일 만에 할례를 받고 이스라엘 족속이요 베냐민 지파요 히브리인 중의 히브리인이요 율법으로는 바리새인이요 열심으로는 교회를 박해하고 율법의 의로는 흠이 없는 자라. 그러나 무엇이든지 내게 유익하던 것을 내가 그리스도를 위하여 다 해로 여길뿐더러 또한 모든 것을 해로 여김은 내 주

그리스도 예수를 아는 지식이 가장 고상하기 때문이라. 내가 그를 위하여 모든 것을 잃어버리고 배설물로 여김은 그리스도를 얻고 그 안에서 발견되려 함이니 내가 가진 의는 율법에서 난 것이 아니요 오직 그리스도를 믿음으로 말미암은 것이니 곧 믿음으로 하나님께로부터 난 의라(빌 3:3-9).

자기 자신을 유대인 중의 유대인이요 바리새인 중의 바리새인이라 칭했던 사도 바울은 전통적 유대주의를 허망한 신화와 족보에 몰두하는 것(딤전 1:4)이라, 배설물같이 여긴다고 고백합니다. 그런데도 오늘날 한국 교회에는 자신들이 중세로부터 제2차 세계대전까지 당해온 온갖 폭력을 지금 팔레스타인을 상대로 똑같이 저지르고 있는 패권국가 이스라엘을 성서상의 이스라엘과 혼동하는 사람들이 많습니다. '한 번 해병은 영원한 해병'이라는 식으로, 이스라엘을 아직까지도 선택받은 민족으로 생각하는 겁니다.

이 세상에 선민(選民)이 아닌 민족이 어디 있겠습니까? 신의 편애에 의해 유별나게 탁월하게 태어나는 민족이 따로 있겠습니까? 탁월하다면 그들이 저지르는 모든 악한 짓마저도 탁월함의 증거가 되는 걸까요? 하긴 요즘 같으면 자기모순에 대한 뻔뻔함과 악행에 대한 담대함이 탁월함의 증거일지 모르겠습니다. 그러나 탁월하고 뛰어난 민족만이 살아남고 칭송받을 자격이 있다면, 그것은 기독교도들이 과거에 그토록 반대하던 저 '사회적 다

위니즘'이나 '정글의 법칙'에 불과할 겁니다. 아돌프 히틀러도 아리안족의 우수성을 내세워 유대인 학살을 정당화했지요? 결국 선민주의는 각개 민족과 사회집단 내에서, 다시 혈연집단이나 출신 지방, 계층, 계급, 가문 등등의 하위로 뻗어나가는 겁니다.

사극 〈육룡(六龍)이 나르샤〉가 유아인 덕에 저희 집에서 인기입니다. 육룡이 누구입니까? 〈용비어천가〉에서 이성계를 비롯한 그의 조상 5대를 '해동육룡'이라고 치켜세운 겁니다. 그러나 이성계의 아버지 이자춘은 본래 고려를 배반한 원나라의 군인이었고, 이성계 자신도 마찬가지였지요? 그 가계는 사실 근본이 여진인지 고려인지도 알 수 없는 변방 호족이었습니다. 덕분에 '용비어천가'란 지금까지 아첨의 대명사가 됐습니다. '후손이 출세하면 조상을 붓으로 키운다'는 말처럼 거짓으로라도 과거를 비범하게 미화하고 싶은 거겠지요? 가짜일지라도 불멸의 이름을 꾸며서 갖고자 하는 탐욕입니다. 남의 논의 물을 끌어들이듯 역사의 본줄기에 슬쩍 자기 가계를 끌어다 붙이는 도둑질입니다. 북한의 김일성 왕가에서 보듯 이러한 패착에 희망은 없습니다. 독재가 독재자에게 이단이 교주에게 집중되듯, 역사의 패착에는 종교마저, 하나님마저, 가정 제사에 봉사하는 가족신이나 부족신으로 전락하게 됩니다.

'자각'은 선택과 유기의 중대한 기로

우리가 분명히 알아야 할 것은 인간 개체는 전체의 일부분이라는 사실입니다. 개인의 자의식은 자각되지 않은 것, 아직 전체의 의식에 일치되지 않은 것입니다. 그것을 일치시키는 동력은 개인의 자의식엔 속하지 않았습니다. 따라서 자기밖에 모르는 단순한 사람일수록 그 사람은 자신이 속한 전체 인간으로부터 분리되어 있습니다. 곧, 역사적으로 아무것도 아닌 존재에 불과하고 오히려 전체 집단의 반대편인 셈입니다. 그러나 계속 그대로 존재할 수는 없습니다. 왜냐하면 피할 수 없는 자연의 심판(보상)에 의해 끊임없는 자기수정이 따르기 때문입니다. 이 전체와의 접촉에 의한 끝없는 자기수정에 의해, 보상과 심판에 의해, 사람은 관계 속에서 계속 반대편이 되든 일치되어가든 전진해나가게 됩니다. 그러므로 자기를 부인하는 십자가를 깨우치는 것, '자각'이야말로 택함과 버려짐의 중대한 기로가 된다고 하겠습니다.

그렇다면 이 개인이든 전체든 이러한 자의식에 대한 자연, 곧 심판과 보상의 목표는 무엇일까요? 그것은 말하자면 숨겨져 있는 본질적 목적입니다. 숨겨져 있다는 것은 드러나기를 기다린다는 말입니다. 곧, 모든 육체에 숨겨져 있는 것, 무의식적으로 이루어지는 일들에 대한 의식적 자각입니다. 자각을 통해 개인의 의식은 자연이라는 의지와 통일과 통합, 화해와 동화를 목표로 성숙해집니다.

> 그 뜻의 비밀을 우리에게 알리신 것이요 그의 기뻐하심을 따라 그
> 리스도 안에서 때가 찬 경륜을 위하여 예정하신 것이니 하늘에 있
> 는 것이나 땅에 있는 것이 다 그리스도 안에서 통일되게 하려 하심
> 이라(엡 1:9-10).

자연이란 결국 하나 되게 하는 것이고, 모든 하나 되지 못하는
것들을 하나 되는 것 속에 수렴하는 것입니다. 달리 말하면 하나
되지 못하는 것들은 이 통일 속에 심판(소멸)받음으로써 그 적절
한 보상을 받는 것이라 하겠습니다. 여기엔 선인이든 악인이든
예외가 있을 수 없습니다.

도스토옙스키의 장편 《카라마조프가의 형제들》에 보면 살
아 있는 성인으로 추앙받던 조시마 장로가 죽자 곧바로 시체에
서 썩는 냄새가 진동합니다. 신부들은 서둘러 교회의 모든 문들
을 닫아겁니다. 그를 추앙하던 민중들이 시체 썩는 냄새를 맡고
경외감이 사라질까 염려했기 때문입니다. 우습지만 상징적이지
요? 그리스도의 몸처럼 성스러운 것은 썩지 않는다는 신념 때문
인데, 작가는 여기서 사람들이 성스럽게 여기는 것의 착각, 혹은
진정 성스러운 게 무엇일지 반성하게 해줍니다. 언제나 그런 착
각이 있겠지요? 설령 조시마 장로같이 존경받는 인물이라 하더
라도 죽음과 동시에 냄새를 피우며 그 육체가 썩는 겁니다. 그의

인격의 훌륭함이 거룩한 게 아니라 보다 근본적인 신성함이 있는 것이고, 그것 아닌 것들은 전부 다 그 신성의 세계로 흡수되는 겁니다.

그런데 왜 우리 인간들은 이 본질적 신성에 대해서는 둔감하고 끝없는 '신화 만들기'와 '영웅 만들기'에 몰두할까요? 향을 피우고 안 보이게 가려서 거짓 신성을 꾸미려 할까요? 왜 떳떳치 못한 과거를 지닌 아버지를 치장하고 역사에까지 '새마을 사업'을 펼치려 들까요? 그것은 비단 부끄러운 행적을 남긴 선조를 둔 권력자들만의 행사는 아닙니다. 그런 것을 긍정이라 하고 그러한 긍정이 올바른 생의 방식이라 주장하고 있는 우리 시대 교회의 보편적인 설교들도 거기서 멀지 않습니다. '염불에는 맘이 없고 젯밥에만 관심이 있다'는 말처럼 본질에는 둔감하고 거기 반(反)하는 비본질적인 것들에 몰두하고 있는 것 말입니다.

이 또한 인간 의식의 한 조건일 텐데, 그러면 하나님께서 이 모든 본질을 전체에게 어서 빨리 가르쳐주시면 안 될까요? 사회에 문제가 있다면 그 문제를 모든 국민이 즉각적으로 자각하면 되지 않겠습니까? 교회에 문제가 있다면 전체 기독교도들에게 성령께서 단번에 일깨워주시면 되지 않겠습니까? 그러나 그런 일은 거의 일어나지 않습니다. 왜냐하면 하나님은 그의 이 법칙을 인간의 의식적 기대에 부응하는 방식으로 알려주시지 않기 때문입니다. 어디까지나 스스로 그렇게 됨, 자연(自然)입니다. 숨겨진 상태로, 부단히, 조건 없이, 공짜로 알려집니다. 이해를 하든 말든 상관하지 않습니다. 아니지요? 이해하기를 바라시면서 부단히 알려주시는 것인데, 그 방식조차 자연이라 이 말입니다. 그러니 이 세상이 뜻대로 되지 않는다고 지나치게 절망할 필요는 없겠습니다. 본래 그러할 뿐이고 거기엔 반드시 '신적 정의(하나님의 선하심)'라는 심판과 보상의 본질적 의도가 들어 있기 때문입니다.

다만 누군가 이러한 하나님의 현존하는 말씀, 곧 심판과 보상의 진리를 가르치고 일깨워주어야 하겠는데, 누가 좋을까요? 종교가 아니라면, 교회가 아니라면, 성도가 아니라면, 누가 하나님을 대신해 이 숨은 말씀을 삶으로 번역해 들려줄까요? 교회에서는 누가 할까요? 오늘날 긍정과 욕망과 돈의 신전인 대형교회들이 그렇게 할까요? 주일마다 그 욕망의 대열에 자리를 채워주는 무자각한 성도들이 할까요? 그들의 신학을 이루는 물적 토대가 그것이기 때문에 불가능합니다. '엑소더스(Exodus)!' 탈출에 성공한 나그네만이 이집트에서 자기가 누구였는지를 깨닫게 되는 법입니다.

계승자가 없어야 압제가 끝난다

밤중에 여호와께서 애굽 땅에서 모든 처음 난 것 곧 왕위에 앉은 바로의 장자로부터 옥에 갇힌 사람의 장자까지와 가축의 처음 난 것을 다 치시매 그 밤에 바로와 그 모든 신하와 모든 애굽 사람이 일어나고 애굽에 큰 부르짖음이 있었으니 이는 그 나라에 죽임을 당하지 아니한 집이 하나도 없었음이었더라(출 12:29-30).

모세와 출애굽 이야기를 창세기로부터 계시록을 관통하는 구속사적 관점에서 이해하기 위해 몇 가지 질문을 던져볼 수 있을 겁니다. 첫째, 하나님은 왜 이집트인들에게 그토록 잔인하게 행동하셨는가? 택한 민족을 위해 버린(?) 민족을 가차 없이 살육하는 하나님을 신약적인 그리스도인들은 어떻게 받아들여야 하는가? 둘째, 열 가지 재앙이나 홍해가 갈라지는 기적, 혹은 십계명을 받고 만나와 메추라기가 내리고, 출애굽 1세대가 다 죽기까지 광야에서 40년을 방황하는 등등의 이야기들은 사실인가? 셋째, 이 모든 기록(!)을 통한 하나님의 목적은 무엇인가? 전(全) 인류적 구속에 있어 무엇을 가르쳐주시려는 것인가?

왜 이 세 가지 질문을 해보는가 하면, 지금까지 들어온 모세 이야기의 해설(설교 혹은 예술작품들)이 대개 이 세 질문의 대답을 결여하고 있기 때문입니다. 설교를 듣고 영화를 보고 나도 출애굽의 진정한 지도자이신 하나님의 뜻이 속 시원히 드러나지 않습니다. 다시 말해 결국 모세라는 개인의 스펙터클 영웅 이야기거나, 유대인의 해방을 위해 이집트인에게 격렬한 복수를 퍼붓는 하나님의 위대한 승리를 일방적으로 주장하는 데 그칩니다. 원리주의적이고 정복주의적인 기독교인들에게는 감동을 줄 수 있을지 모르지만, 이런 원리주의와 정복주의가 신약성서의 그리스도의 가르침, 곧 전 인류적 '사랑'과 모순된다는 문제가 발생합니다. 더 큰 문제는 이렇게 됨으로써 하나님이 이스라엘의 부족신으로, 구약성경이 누군가의 비아냥거림처럼 '이스라엘 삼국지'쯤으로 제한되는 점입니다. 이러한 제한은 이런 하나님, 이런 성경을 믿는 모든 이들에게 동일한 취약함으로 나타나겠지요? 즉, 구속사가 인류 공통의 보편적 원리인 사랑의 말씀으로 전파되는 게 아니라, 편파적 말씀, 또 하나의 폭력의 언어로 전파되는 겁니다. 실제로 주변의 기독교인들에게서 구약과 신약의 연속성이라는 것을 전혀 이해하지 못하는 경우들을 자주 봅니다(그렇다고 모순을 인식한다는 것도 아닙니다). 믿기만 하면 사랑을 받고 안 믿으면 저주를 받는다, '예수천당 불신지옥'이 여기서 나옵니다.

하나님은 왜 그토록 애굽인들에게 혹독하게 하셨나? 열 가지 재앙은 진짜로 일어난 사건일까? 가장 최근에 개봉된 영화 〈엑소더스: 신들과 왕들(Exodus: Gods and Kings)〉(2014)에 보면 10대 재앙에 대한 이집트 관료의 브리핑 장면이 나옵니다. 흡사 오늘날 무능력한 정부가 대국민 발표를 하는 모습을 연상시킵니다. 그에 의하면 이 재앙들은 특별히 모세나 그의 신에 의해 기획된 재앙이 아니라는 겁니다. 나일 강의 진흙이 쌓여 수위가 얕아졌고, 활동무대가 좁아진 악어들이 어부들을 죽였고, 피에 도취된 악어들이 서로를 물어뜯어 강이 피로 물들었고, 썩고 악취 나는 물에서 물고기가 떼죽음을 당했고, 물에 사는 개구리들이 살려고 물 밖으로 뛰쳐나왔고, 개구리가 죽으니까 파리와 구더기가 들끓은 것이라는 식입니다. 그러면 우박은? 그것은 나일 강의 진흙이 기상 조건의 이상을 가져와 일어난 기상이변이란 것이지요. 이것은 당시 관료의 해명이기도 하지만 출애굽기에 대한 창조과학적 해명이기도 할 겁니다. 그러자 파라오가 묻습니다. "그러면 파리 다음엔 무엇이 올 것인가?" 장관이 대답합니다. "음… 파리가 죽겠죠?"

성서에는 그것을 믿지 않는 비기독교인들뿐 아니라 믿는 교인들에게도 설명이 곤란한 난제들이 수두룩합니다. 그다지 성공적인 것 같진 않지만, 창조과학은 이런 것을 좀 더 합리적으로 설명해보려는 노력일 겁니다. 가령 아홉 가지 재앙을 여러 상황이 복합적으로 이루어진 연쇄적인 문제라 설명한다 해도 마지막 재앙, 곧 모든 살아 있는 것들의 첫 태생(아들)의 선별적 떼죽음에 대해서는 설명할 길이 없어집니다. 종교인이 되려면 확실한 종교인이 되든지, 아니면 자신의 의구심에 솔직해질 필요가 있겠지요? 그래도 상관없는 겁니다. 그러나 적어도 이 성경을 기록한 저자들에게는 우리와 같은 곤란한 고뇌가 전혀 없었으리라는 것은 분명합니다. 둘 중 하나겠지요? 그들이 다 거짓말쟁이였거나, 문자 그대로 실제 벌어진 일이었거나. 그러나 한 가지 가능성이 더 남아 있습니다. 그 점에 주목해주시기 바랍니다.

성경을 우리는 어떻게 읽어야 할까요? 과학으로, 문학으로, 혹은 신화로, 또 우리가 배워온바 일점일획의 가감도 용납되지 않고 오류가 있을 수 없는, 그렇게 믿을 수 있나 없나를 시험하시는 하나님의 말씀으로 무조건 믿어야 할까요? 아닙니다. 성경은 기본적으로 이야기이고 역사입니다. 그것도 특별한 이야기이고 특별한 역사입니다. 그러므로 여기엔 그 특별함에 대한 이해가 전제되어야 합니다. 곧, 영적인(본질을 꿰뚫는) 상상력과 이해의 언어로 읽어야 합니다. 그래야 모순 없이 정말로 문자 그대로 다 받아들일 수 있게 됩니다.

열 가지 재앙을 다분히 주관적 입장에서 읽으면 이스라엘에게는 통쾌할 것이고 이집트에게는 화가 날 것입니다. 오늘날 유대인이 있지만 이집트인도 있고 팔레스타인인도 있습니다. 그들은 성서를 어떻게 읽을까요? 그들에겐 어떻게 전파할까요? 그러나 이집트엔 일찍이 콥트교회가 있었고 팔레스타인자치정부 수반이자 테러단체로 뉴스에 오르내리는 파타(Fatah)의 지도자였던 그 유명한 야세르 아라파트(1929-2004)의 아내도 기독교인입니다. 문제가 되지 않겠습니까? 성서는 과연 분쟁의 소지를 남겨준 것일까요? 하나님 말씀은 인류를 분열시키는 걸까요?

열 가지 재앙은 두 가지 측면의 전체적 입장, 즉 붙들려 압제받는 히브리 곧 나그네 집단과 지상문명의 건설자요 제국의 통치자로 반(反) 하나님적인 가문과 가계와 민족의 영구통치를 꾀하는 왕들의 입장에서 보아야 합니다. 이집트와 유대인이 중요한 게 아닙니다! 그렇게 보면 열 번의 재앙을 감수하는 파라오의 모습은 끝까지 자신의 탐심과 폭력성과 그 공허를 인정치 않으려는 모든 권력의 모습으로, 세계의 정치가와 권력자들의 오만으로 바뀌어 보일 겁니다. 열 가지 재앙의 끝이 무엇입니까? 하나님 앞에서 지상의 권력자는 언제까지 버팁니까? 자기 아들이 죽기까지입니다. 왜 자기가 아니고 아들이 죽어야 끝날까요? 자신의 존재적 공허를 무력한 자들에 대한 폭력으로 치장하려는 불멸의 탐욕도 계승되는 것이기 때문입니다. 더 이상 계승자가 없어야 끝난다는 말입니다.

마찬가지로 우리는 왜 홍해가 갈라졌다고 믿어야만 하는지, 이집트의 군대가 다 거기에 수장되었다고 믿어야 하는지를 알게 됩니다. 아니 이건 이미 믿고 안 믿고 따위의 문제가 아니지요? 의식의 혁명입니다! 어떤 사람들은 원문에는 '홍해(紅海)'가 아니라 '갈대바다'로 되어 있다고 변명을 합니다. 갈대바다라 한들 바다가 아니고, 갈대가 날 정도의 얕은 물이 되는 걸까요? 그렇다면 그 얕은 물에 빠져죽은 군대는 접시 물에 코를 박고 스스로 죽은 것이 됩니다. 이 모든 이야기들은 특별계시로서 구속사의 숨겨진 심판과 보상의 원리를 드러내고 있습니다. 무조건 믿으라거나, 믿는다거나, 자기는 다 믿을 수 있다고 기염을 토하는 것은 정말로 무의미한 일입니다. 믿고 싶으면 믿으라지요. 믿을 수 있는 게 무슨 대수입니까?

신의 나라는 너희 속에 있다

이해가 없이는 믿음도 하나님의 말씀도 과녁을 벗어난 화살이 됩니다. 누군가에 의해 이해가 이루어져야 합니다. "그런즉 그들이 믿지 아니하는 이를 어찌 부르리요. 듣지도 못한 이를 어찌 믿으리요. 전파하는 자가 없이 어찌 들으리요. 보내심을 받지 아니하였으면 어찌 전파하리요. 기록된 바 아름답도다 좋은 소식을 전하는 자들의 발이여 함과 같으니라"(롬 10:14-15). 그러나 돕는 자가 없이 어찌 전파할까요? 이러한 자각의 메시지를 전하는 이들에겐 자각된 성도들의 도움이 필요합니다. 이것이 지성입니다. 이 지성이 없을 때 모세의 재앙은 지상에서 반복됩니다.

가짜 신상과 가짜 역사에 집착하여 하나님의 뜻에 반해 억울한 자들을 압제하며 대토목 공사를 일으키는 권력자들. 그들은 이집트의 파라오 람세스만이 아닙니다. 그럼에도 불구하고 파라오는 끝까지 죽지 않지요? (비록 성서에는 람세스의 아들이 죽었을지라도) 람세스는 죽지 않았습니다. 그럼 실제 세상에서는 누가 죽었나요? 누가 희생되었던가요? 세월호를 보십시오. 정신을 차려야 합니다. 이대로는 안 되는 겁니다. 심판(보상)에는 자각이 따라야 합니다. 자각이 따라야 보상은 심판이 아닌 구원이 됩니다. 우리가 최선의 노력을 다하고 낙심했을지라도 자각에 따르는 보상이라면 결국 우리를 도울 것입니다.

대형교회라 불리는 교회의 성도들에게 고합니다. 깨어나십시오. 정신을 차리십시오. 거대한 예배당과 웅장한 코러스가 여러분의 믿음을 보증해주는 게 아닙니다. 그것들은 속이는 도구요 취하게 하는 술이요 가짜 역사입니다. 거기서 나오는 신학이 어떤 것일지를 가늠할 수 있는 성도가 되어야 합니다. 왜 모세는 광야에서 하나님을 만나는 것일까요? 왜 하나님은 이스라엘을 광야로 이끌었을까요? 왜 예언자들은 모두 다 광야에서부터 왔을까요? 여러분 개개인의 삶의 고민은 무엇입니까? 이제부턴 교회를 만나지 말고 하나님을 만나십시오. 개인 인생의 역사든 한 민족의 역사든, 그 속으로 육박하시는 하나님을 영접하러 광야로 나가십시오. 광야가 어디입니까? '신의 나라는 너희 속에 있다'(눅 17:21). 세상과 문명이 아니라 여러분의 마음이 자연이자 광야입니다. 그 마음이 현실적 장소로서 이 시대의 광야가 어디인지도 가르쳐줄 겁니다. 종교의 핵심은 자신 안에서 이 자연을 만나는 것입니다. 그러나 지금 여러분이 계신 거기선 떨기나무의 불타오르는 말씀이 보이지 않을 겁니다. 보이지도 않는데 믿을 수 있으면 뭐하겠습니까? 말장난에 속지 마십시오. 보이지 않는 걸 무턱대고 믿는 게 아니라 보았기 때문에 믿는 겁니다. 보고도 못 보았다면 더 이상 할 말이 없겠습니다. 한국 교회와 성도들이 권력의 야만과 폭력으로 얼룩진 가짜 역사를 꿰뚫어보고 인간 심혼의 광야로부터 오는 구속의 역사를 통찰할 수 있기를 고대합니다.

역사의 부름에 응답한 마르틴 루터

로마서 1:17

루터가 말한 '여기'란 어디일까요?
육신의 궁지이지만 영혼의 진리인 자리.
자신에겐 그 자리가 아닌 다른 곳이야말로 안전하지 않고
안전할 수도 없다고 말했던 것입니다.

잊혀진 종교개혁기념일

오늘은 종교개혁 498주년 기념주일입니다. 마르틴 루터(1483-1546)가 비텐베르크 대학교회 정문에 교황주의와 면죄부 판매의 부당성을 적은 '95개조의 반박문'을 붙인 날이 1517년 10월 31일이었습니다. 루터교회와 조합교회가 이날을 종교개혁 기념일(Reformation Day)로 정했고, 개혁주의 및 복음주의 전통에 따르는 교회들도 가세해 기념하게 됐습니다. 그게 500년이 된 겁니다. '뿌리 깊은 나무는 바람에 흔들리지 않고, 샘이 깊은 물은 가뭄에 마르지 아니한다'(《용비어천가》)는 말을 새삼 새겨보게 됩니다.

그러나 솔직히 말하면 각자 구명도생(苟命圖生)만도 바쁜데 누가 종교개혁의 역사까지 기억하겠습니까? 모름지기 '95개조의 반박문'은 몰라도 〈잊혀진 계절〉은 기억할 겁니다. "지금도 기억하고 있어요 / 시월의 마지막 밤을 / 뜻 모를 이야기만 남긴 채 / 우리는 헤어졌어요." 농담이 아니라 제목과 가사가 참 절묘합니다! 사실 우리는 사는 게 너무 빠르고 바빠서 살아온 내력을 잊고 삽니다. 40년, 50년도 까맣게 잊기 쉬운데 500년일까요? 망각은 당연하고 자연스럽습니다. 그러나 그런 연고로 명절이 있고 기념일이 있는 거겠지요? 저는 전도사 시절부터 종교개혁주일에는 특별한 기념설교를 해왔습니다. 추수감사절도 아니고 종교개혁주일을 기념한다고 하면 동료 목사들도 특이하고 의아하게 받아들입니다. 여러분에겐 새삼스럽진 않을 겁니다. 그러나 제 바람을 말씀드리자면 새삼스럽지 않은 게 아니라 새삼스러워야 하고, 그다음 새삼스러운 게 아니라 새삼스럽지 않아야 하겠습니다.

소박함의 위대함

대부분 역사는 몇몇 권력자나 천재를 중심으로 기술되게 마련입니다. 종교개혁사도 불가피하게 마르틴 루터부터 거론하게 됩니다. 그러나 루터 얘기를 하는 것은 영웅 루터의 위대함 때문이 아닙니다. 그는 도구입니다! 정작 루터의 위대함은 오히려 소박함에 있었습니다. 여러분이 사진을 보셨을지 모르겠지만, 루터는 전형적인 독일 병정 스타일입니다. 장군감도 아니고 성직자감도 아니고 기품 있는 귀족이나 지성미 넘치는 학자로 보이지도 않습니다. 아돌프 폰 하르낙(1851-1930)이라는 신학자는 그를 가리켜 "현명함 없는 현인이며, 정책문(政策文) 없는 정치가이며, 예술품 없는 예술가이며, 세계 안에서 세계를 구하는 사람이며 … 늘 중심에서 벗어나지 아니하며, 권위를 비웃으나 권위에 매어 있고, 이성을 배격하나 또한 옹호한다"라고 평했다고 합니다.

현 독일 총리인 앙겔라 메르켈(동독 출신 목사의 딸입니다)도 그렇고, 일반화할 순 없지만 독일 역사를 보면 그런 경우들이 더러 보입니다. 비근한 예로 저 악명 높은 히틀러도 출신을 생각하면 그의 권력이 어떻게 가능했을까 싶어집니다. 비교할 수 없는 위대한 인간이지만 루터에게도 그런 점이 있었다는 게 중요하다면 중요하다고 하겠습니다. 그에게 왜 비범함이 없었겠습니까? 그러나 우리가 강조해야 할 것은 루터를 통해 드러난 복음입니다. 복음의 위대함이 그를 각성시켰고, 루터는 복음의 부름에 소박하게, 정직하게, 그리고 용기를 다해 응답해나갔던 겁니다. 이 점이 끝까지 역사의 현장에서 고립되지 않은 지도자로서 일반적인 권력자들과 다른 그의 위대함일 겁니다.

세상을 변화시킬 수 있는 건 결국 종교다

마르틴 루터는 1483년 11월 10일 독일의 아이슬레벤에서 구리광산 광부의 8남매 중 둘째로 태어났습니다. 당시는 중세기의 끝으로, 개명되지 못한 시대였습니다. 교황과 고위 성직자, 황제와 제후들의 각축과 전쟁 아래 민중들은 신음했습니다. 그러나 고통의 의미를 자각하진 못했습니다. 오히려 교황과 교회에 대해서라면 순종적인 분위기였던 겁니다. 고통에서 벗어나기 위해 교회가 제공하는 순례와 죽은 자를 위한 미사, 성자 숭배, 성모 마리아와 그녀의 어머니인 성(聖) 안나 숭배에 매달려 있었습니다. 부유층에서는 성자 유골 수집이 유행했고, 면죄부가 팔리고 있었습니다. 아직 문제를 지적하는 사람은 없었습니다.

시오노 나나미는 르네상스 시대 교황과 추기경들의 이야기를 통해 종교개혁 전야를 재생시켜준 바 있습니다. "돈을 사랑함이 일만 악의 뿌리가 되나니 이것을 탐내는 자들은 미혹을 받아 믿음에서 떠나 많은 근심으로써 자기를 찔렀도다"(딤전 6:10). 그러나 문제는 이런 상태가 일상이라는 데 있겠지요? 일상이란 갑자기 생겨난 게 아니라 늘 그래왔던 겁니다. 성직 매매, 친족 등용, 성직 겸직, 축첩 등에 얽힌 온갖 추문과 협잡과 살인과 음모는 늘 그래온 일상이었기 때문에 특별할 게 없었습니다. 새롭게 이름 붙여지는 세금과 공공요금과 벌금들도 마찬가지입니다. 이런 게 다 관행입니다. 고위 성직자에게 세금을 부과하면 피라미드처럼 타고 내려가 결국 평민들이 짊어지게 되는 구조입니다.

한편 상층부와 달리 실제 목양을 담당하는 하위 성직자들은 대부분 교육을 받지 못했고, 지독히 가난했습니다. 교육을 받았다 해도 별수는 없었을 겁니다. 구조적 무력함이라는 게 있잖습니까? 변화라는 것도 어느 정도 틈과 여유가 있어야 가능해집니다. 사회를 지배하는 억압이 워낙 일상화된 구조여서 단지 몇 사람의 각성으로 가능할 개혁이 아니었습니다. 적어도 외면적으로 중세기는 안정적이었습니다. 그러나 놀라운 건 바로 이런 정체 속에서도 계속되는 영적 흐름이 있다는 사실입니다! 설교는 교회와 강단에만 있는 게 아닙니다. 말씀이 육신이 되어 역사 속으로 들어오시는 하나님은 도구에 제한을 받지 않으십니다. 교회가 세상을 가르칠 수 없을 때는 세상이 교회를 가르치기도 하는 겁니다.

교회가 세상의 위협을 받는 것은 종교에 대한 무관심 때문만
은 아닙니다. 교회가 세상을 향해 진리를 전파하려는 것만큼이
나 세상도 교회를 향해 그것을 요구합니다. 역설이지요? 고통이
있는 곳에 발생하는 영적 갈망이야말로 교회의 위협이 된다는
역설이 있습니다. 가장 성서적인 입장이 가장 교회의 위협이 된
다는 사실. 교회가 시대의 영적 요구에 부응하지 못할 때, 각성은
교회 밖에서도 옵니다. 16세기 데시데리위스 에라스뮈스(1466-
1536)에 의해 주도된 기독교 인문주의자들의 활동이 그런 것입
니다.

인문주의(人文主義, humanism)는 르네상스(Renaissance, 고전시
대로의 부흥, 재생, 복귀의 종합적인 문화운동)의 열매로 생겨난 경향입
니다. '휴머니즘'은 '인간중심주의'라는 의미와 '박애주의'의 의
미를 함께 갖습니다. 기독교 인문주의자들은 거룩한 문학과 인
간적인 문학, 성서와 인문교양을 함께 연구하고 가르침으로써
세상을 변화시킬 수 있으리라는 기대를 갖게 됩니다. 이때 세상
이란 교회이기도 했습니다. '교회를 변화시켜야 세상이 변화된
다', '세상을 변화시킬 수 있는 건 결국 종교다'라는 두 가지 의미
를 같이 가졌던 겁니다. 지난해 개봉된 김재환 감독의 〈쿼바디스
(Quo Vadis)〉라는 다큐멘터리 영화의 한 인터뷰에서 누군가 이런
말을 했습니다. '한국 교회가 바뀌지 않으면 한국이 망할 거다.'
이 말이 그런 의미일 겁니다. 교회에 대해 무조건 적대하고 분쇄

하려는 게 아니라 오히려 기대하고 있다는 거지요? 이런 점이 인문주의자들과 개혁자들의 교집합이자 합집합입니다. 루터도 이런 시대적 분위기 속에서 나고 자랐다는 말씀을 드리는 겁니다.

오직 의인은 믿음으로 살리라

생애 초기에 루터는 자신의 죄성과 불안의 문제에 대해 깊은 자의식을 가지고 있었다고 합니다. 종교와 자의식이 따로따로 존재한 게 아니었습니다. 자기의 모든 문제가 곧 종교의 문제였던 겁니다. 1501년 문학석사를 마치고 법학부에 다니던 어느 날, 급우가 낙뢰로 사망하는 현장을 목격한 그는 큰 충격을 받게 됩니다. 공포 속에서 성(聖) 안나에게 수도사가 되겠다는 서약을 합니다. 비범한 아들에게 기대가 컸던 아버지는 실망해 매우 화를 냈지만, 그는 끝끝내 법학을 포기하고 아우구스티누스회 은둔수도원으로 들어갔습니다. 자기 영혼의 문제에 관해서라면 무엇과도 타협할 수 없다는 고집과 순수한 신앙을 가지고 있었다고 할 수 있을 겁니다.

수도원에서 루터는 철저한 금욕과 계율에 입각한 청빈생활을 하면서 설교와 성서연구를 하게 됩니다. 그는 끊임없이 공부하고 탐구하는 진지한 학자로 수도원의 연구 책임자가 됩니다. 동시에 수도원 교구를 맡아 설교자로도 사역을 했습니다. 그러나 자신의 영혼이 안식하지 못한다는 뿌리 깊은 고뇌가 늘 그를 붙어 다녔습니다. '내가 하는 이 일을 하나님이 인정하신다는 증거가 무엇인가?' 심지어 사제로 서품되는 순간에도, 자신이 집전한 첫 미사에서도, 불안과 의심으로 딴생각에 빠져 미사를 망쳐버립니다.

덴마크의 민담에 이런 게 있다고 합니다. 어느 날 한 목사님이 두 요정에게 주기도문을 가르치려 합니다. 그 요정들은 제대로 따라하려고 온갖 노력을 다하지만 첫 문장에서부터 '하늘에 계시지 않은 아버지여'라고 말해버립니다. 지나치게 잘하려다 보니 엉뚱하게도 거꾸로 된 말이 튀어나오는 겁니다. 그런 정도는 아닐지라도 이런 곤혹스런 경험이 있으실 겁니다. 말하자면 루터는 이러한 믿음의 곤혹들을 믿는다는 자기 세뇌로 그냥 덮어버린 게 아니었습니다. 미숙하고 어리석어 보일지라도 자신의 실존의 고뇌와 정직하게 싸우면서 믿었던 겁니다.

그는 1502년 작센의 선(選)제후 프리드리히 3세가 세운 비텐베르크 대학의 교수가 됩니다. 그리고 1510년에서 1511년까지 로마를 여행하게 되는데 거기서 또 한 번 기억에 남을 경험을 하게 됩니다. 이 죽은 삼촌을 위해 면죄부를 샀는데 다른 조상들의 영혼이 자꾸만 생각났지만 돈이 모자라 살 수가 없었던 겁니다. 참 난감하면서도 곤혹스런 일이었겠지요? 곧이어 참회를 위해 바티칸 성당 계단을 피가 나도록 무릎으로 기어 올라가던 중이었습니다. 갑자기 '이 모든 일들이 얼마나 우스꽝스러운 일인가? 하나님과 무슨 상관이 있는 것인가?' 하는 의구심이 들었던 겁니다. 믿고자 하면 할수록, 거룩하고자 하면 할수록, 그 반대의 의구심도 커져만 갔습니다. 안 믿는 것도 아니고 믿는 것도 아닌 상태. 그 상태에서 하는 확신 없는 행위들. 누군가 가르쳐준 대로 따라하는 관행. 하나님으로부터 오는 진정한 체험이 없는 일방적 신앙의 무의미함을 절감했던 겁니다.

루터는 1512년 신학박사가 되었고 성서학 교수로서 시편과 신약성서를 강의했습니다. 그러나 영적인 평안을 얻지 못했습니다. 그를 압도하는 하나님 앞의 죄의식은 고해성사와 금욕으로도 해결되지 않았습니다. 선량한 그의 고해신부는 그가 너무 자주 고해를 하러 오니까 "죄들을 모았다가 한꺼번에 가지고 오라"거나, "참된 회개는 하나님에 대한 두려움이 아니라 사랑에서 나온다"며 "믿음을 가지고 담대하게 죄를 지으라"고 용기를 주기도 합니다. 결국 사변적 신학이 구원의 문제를 해결해주지 못한다는 결론에 이르러 마침내 두 손 두 발 다 들었을 때, 로마서 말씀이 그를 구원해줍니다!

복음에는 하나님의 의가 나타나서 믿음으로 믿음에 이르게 하나니 기록된 바 오직 의인은 믿음으로 말미암아 살리라 함과 같으니라 (롬 1:17).

이 말씀으로 그는 구원이란 인간의 공로가 아니라 그리스도를

통한 용서에 근거한 하나님과의 새로워진 관계라는 진리를 깨닫
게 됩니다. 오직 무조건적 용서만이 구원이었습니다! 자신의 오
랜 회의와 고통의 의의가 이로써 밝혀진 겁니다. 곧, 구약성서적
율법은 구원의 수단이 아니라 죄인으로 하여금 죄를 깨닫게 해
주고 '자기 의'를 철저히 부수기 위한 것이었습니다. 한데 뒤엉
켜 통일되고 일관된 신앙을 가르쳐주지 못하던 지식들이 정리되
고 분명해지면서, 오랜 마음의 고뇌가 불현듯 뚫렸습니다.

95개조의 반박문을 쓰다

깨달음 뒤에는 항상 '그렇다면 지금까지 벌어지고 있는 현실
은 무엇인가?' 하는 비판적 의문이 따라옵니다. 그것이 깨달은
자의 소명이기도 합니다. 루터는 이러한 의문과 소명에 입각하
여 가톨릭교회의 가르침들의 비성서적인 점들을 발견했습니다.
교회가 가르치고 요구하는 행위들을 통해 하나님이 은총을 주신
다는 설교는 거짓이고 인간들의 지배욕의 도구에 다름 아니라는
결론에 도달합니다. 그의 결론은 이미 한 개인의 구원 문제를 넘
어선 주제가 되어 있었던 겁니다.

1517년 루터는 갈수록 더해지는 교회의 악폐에 대한 반대의
사를 표명해야 할 의무를 느낍니다. 이해에 교황 레오 10세는 알
브레히트라는 성직자에게 한 번에 세 곳의 주교직을 허용했습니

다. 목회를 하지도 않고 앉아서도 천리 밖의 세금을 거두어들이게 된 겁니다. 알브레히트는 은행가에게 거액을 빌려 겸직 금지를 면제시켜준 교황에게 상납을 했습니다. 그 대신 로마의 성 베드로 대성당 건축을 위해 교황이 발행하는 면죄부를 자기의 모든 교구에서 팔고, 수익의 절반을 챙기기로 계약을 맺었습니다.

수금 담당자는 요한 테첼(1470-1519)이라는 부흥사였습니다. 그는 가능한 한 많은 수입을 얻기 위해 온갖 극적인 효과를 낼 줄 아는 능력 있는(?) 설교자였습니다. "금고 안에 동전 한 닢이 소리를 내며 떨어질 때 한 영혼이 연옥에서 솟아오른다." 그러나 이 말쟁이에 대한 비판도 만만치는 않았습니다. 테첼은 작센에 입국을 허락받지 못했습니다. 그러나 어리석은 민중들은 국경을 넘어 면죄부를 사러 몰려갔습니다. 예나 지금이나 이런 일들이 비일비재하지요? 루터는 마침내 면죄부 판매를 맹렬히 비판하는 설교를 하고 '95개조의 반박문'을 쓰게 됩니다. 그는 그것을 비텐베르크를 관할하는 알브레히트 대주교와 히에로니무스 주교에게 보낸 다음 대학교회의 문에도 붙였습니다. 그날이 1517년 10월 31일입니다.

대주교와 교황 사이의 거래를 알 만한 위치에 있지 않았던 루터는 순진했습니다. 면죄부 판매를 비판한 것은 단지 목회적이고 신학적인 이유 때문이었습니다. '95개 조항'이라는 문서도 학문적 토론을 위해 라틴어로 쓰였고 대폭발을 일으킬 만큼 과격한 문서가 아니었습니다. 그는 교황의 면죄부 판매의 권리 자체를 부인하진 않았습니다. 다만 교리적으로 잘못되었다는 점을 이해한다면 그만두게 될 것이라는 낙관적 기대를 가졌던 겁니다.

면죄부보다 그가 더 중요하게 다룬 것은 회개와 고해성사에 대한 잘못된 이해와 관행이었습니다. 즉, 회개와 용서란 고해성사라는 의례를 통해 이루어지는 일회적인 것이 아니라, 마음과 지성의 자각에 의한 평생에 걸친 계속적 변화라고 주장했습니다. 고해성사 무용론인 셈이지요? 하나님과 죄인 사이의 중보자로 위치한 성직자라는 직책에 대한 근본적 성찰을 불러일으킨 민감하고 위험스런 주장이었던 겁니다.

'95개 조항'은 독일어로 번역되어 단 몇 주 만에 전 유럽으로 퍼지게 됩니다. 확산의 주동자들은 독일의 인문주의자들이었습니다. 루터는 비로소 비텐베르크 밖에도 자신과 공감하는 사람들이 있다는 사실을 알게 된 것입니다.

르네상스와 종교개혁의 본질

잉골슈타트 대학의 신학교수요 한때 루터의 친구이기도 했던 요한 마이어 엑크(1486-1543)는 루터를 이단으로 기소합니다. 1518년에 대주교 알브레히트와 도미니크회 수도사들에 의해 루터는 다시 로마에 공식적으로 고소됩니다. 이렇게 해서 그는 무조건 굴복할 것인지, 아니면 끝까지 주장을 밀고 나갈 것인지,

타의에 의해 선택에 내몰리게 됩니다. 교황 레오 10세는 루터의 책을 검열하고 답변서를 제출토록 했고, 로마 교회는 면죄부 판매를 할 수 없다고 주장하는 사람은 이단이라고 못을 박습니다. 60일 이내에 로마에 출두하도록 명령받은 루터의 운명은 선제후 프리드리히에게 맡겨지게 된 겁니다.

프리드리히는 자신의 영지에서 유명해진 젊은 신부를 사지로 보낼 수는 없다고 판단해 일단 로마의 지시를 거절합니다. 그 대신 아우크스부르크의 제국의회에서 교황의 사절에게 답변하도록 타협안을 제시합니다. 교황의 사절은 루터와 일절 토론하지 말고 어떻게든 그를 체포하라는 명령을 받고 옵니다. 사절단은 교황의 면죄부 판매 권한을 인정만 하면 사건은 끝나게 될 것이라 설득했지만 루터는 거부합니다. 나아가 이 문제를 공의회에 부칠 것을 제안했습니다. 무명(無名)의 일개 수도사가 공의회를 요청하다니 가톨릭교회는 황당할 정도의 당혹에 빠지게 됩니다.

독일 인문주의자들은 이때야말로 독일 민족이 로마로부터 독립할 기회라 생각하고 루터를 돕기 위해 결집합니다. 루터는 이제 이 문제가 얼마나 크고 거대한 문제였는지를 깨닫게 됩니다. 교황이라는 체제로부터 비로소 적그리스도의 얼굴을 발견하게 됐던 겁니다. 마침내 독일을 교황으로부터 영적으로 해방시키는 것이 자신의 의무임을 인식하고 받아들입니다. 〈독일 귀족에게 고함〉이라는 논문에서 그는 독일 전체가 종교개혁에 참여할 것을 역설합니다. '교황의 학정은 끝나야 한다. 공공요금과 과세는 억제되어야 한다. 억압은 철폐되어야 한다. 독일 교회의 문제는 독일 감독에 의해 이루어져야 한다. 성직자는 결혼할 수 있어야 한다. 과다한 교회 축일은 절제되어야 한다. 탁발종단과 걸식은 금지되어야 한다.' 마치 선거 유세를 하듯 공창의 폐지, 사치의 억제, 대학과 신학교육의 실천적인 개혁안들을 제시합니다. 독일 사회는 열렬한 환영으로 들끓기 시작했습니다.

그러나 당시 신성로마제국 황제로 선출된 카를 5세는 부분적 개선에는 동의하지만 로마 체제로부터의 이탈에는 반대하는 입장이었습니다. 그는 문제 해결을 위해 보름스 의회를 열었습니다. 교황은 대칙서를 통해 루터를 파문하는 파문장을 보냅니다. 그러나 이미 교황의 권위를 부정하게 된 루터는 이것을 찢어버립니다. 황제는 루터가 이단이라고 생각합니다. 그러나 제후들뿐 아니라 독일 민족 전체의 지지를 받고 있는 그를 정죄하고 죽일 만큼 어리석지는 않았습니다. 그 덕에 루터는 보름스 의회에서 입장을 밝힐 마지막 기회를 갖게 됩니다. 의회는 루터에게 물었습니다. 그간의 교황에 대한 모든 불경을 취소할 것인가? 루터는 자신의 성서적 논증이 잘못됐다는 확신이 들지 않는 이상 철회할 수 없다고 대답합니다. 그는 "나는 달리 할 수 없습니다. 나는 여기에 서 있습니다. 하나님 나를 도우소서"라는 말로 청문회를 끝냈다고 합니다. 루터가 말한 '여기'란 어디일까요? 육신의 궁지이지만 영혼의 진리인 자리. 자신에겐 그 자리가 아닌 다른 곳이야말로 안전하지 않고 안전할 수도 없다고 말했던 것입니다.

황제는 분노했고 토론을 중단시켰습니다.

　루터는 누가 보든 곧 죽임 당할 운명에 놓인 사람이었습니다. 그러나 강력한 중앙집권국가가 아닌 독일의 정세가 다시 한 번 그를 살립니다. 선제후가 그를 납치해 바르트부르크 성으로 도 피시켰고 그가 사라지자 독일 민중들이 들끓기 시작했던 겁니 다. 그는 저술을 통해 종교개혁의 지도자로 부상합니다. 그의 글 과 함께 종교개혁의 불길이 독일 전역으로 번져갔습니다. 루터 는 서둘러 독일어로 신약성서를 번역합니다. 독일어판 신약성서 는 개혁의 상징이 되었습니다. 역사상 유례없는 일이었겠지요? 성서가 민중을 각성시키는 원천이 되어 역사의 전면에 나왔던 겁니다! 당시 '새들의 성'이라는 의미를 가진 바르트부르크 성에 서 루터가 직접 작사 작곡한 노래가 〈내 주는 강한 성이요〉라는 곡입니다. 개신교 찬송가의 기원이라고 할 수 있겠지요? 역사가 토머스 칼라일(1795-1881)이 '알프스의 눈사태'라 표현했던 그 찬송입니다.

　1521년 가브리엘 츠빌링은 미사를 비판하고 성직자 서약의 철폐를 촉구합니다. 이에 따라 많은 수도사들이 직책을 버렸습 니다. 성탄절에 카를슈타트는 사제의 의복, 헌물, 봉헌 없이 평 신도들에게 잔을 주고 성찬을 거행했습니다. 모든 성직자가 결 혼해야 한다고 선언하고 자신도 결혼합니다. 그는 공중예배에서 성화, 오르간, 그레고리오성가를 거부했고, 예배를 독일어로 드 리도록 했고, 시 예산으로 구제를 하여 빈민들의 구걸을 없애도록 개혁조치를 실현시켰습니다.

같은 시기 스위스의 취리히에서도 울리히 츠빙글리(1484-1531)의 주도로 개혁운동이 시작됩니다. 이후 독일과 프랑스, 스위스, 영국 등 전 유럽에서는 민족운동이 일어나 농민반란과 종교개혁이 뒤엉킨 혼란사태가 벌어집니다. 마침내 신교와 구교의 대립은 전쟁으로 치닫게 됩니다. 이 역정에서 루터는 프로테스탄트(Protestant, 저항하는 자)의 지도자로 흔들림 없이 종교개혁을 지도했습니다. 얼마나 많은 사람들이 진리를 위해 혹은 진리에 반한다는 명목으로 죽어갔는지 모릅니다. 이것이 단지 몇몇 교리의 문제였을까요? 면죄부의 문제였을까요? 역사의 부름과 소명이란 언제나 개인의 인식보다 더 큰 틀의 인식을 필요로 합니다.

츠빙글리는 카펠 전투에서 자신의 아들과 함께 전사했습니다. 스위스의 제네바에서는 장 칼뱅(1509-1564)이 개혁운동을 이끌어갔습니다. 마르틴 루터와 울리히 츠빙글리와 장 칼뱅, 이 세 사람을 '종교개혁의 세 지도자'라 부릅니다. 그러나 다시 강조해야 할 것은 역사란 단지 이 세 사람에 의해 이루어진 게 아니라는 사실입니다. 그들은 오히려 큰 틀의 역사가 불러낸 도구들이었고, 지도자나 권력자로서가 아니라 철저히 도구로서 역사의 부름에 응답했습니다. 그것이 그들의 위대한 점입니다.

니콜라이 바실리예비치 고골(1809-1852)의 소설 《죽은 혼》에 등장하는 죽은 농노를 팔러 다니는 사기꾼처럼, 그 옛날 이집트의 파라오처럼, 로마 교회는 끝까지 민중을 풀어주려고 하지 않았습니다. 그러나 하나님의 형상을 닮은 영혼들의 자유를 향한 갈망은 죽음을 불사하고 번져나갔습니다. 하나님의 안식일적 창조, 그리스도의 성육신, 성령의 현재적 역사. 이것이 전진하는 인간의 역사 속에서 영적 전투를 이끌어온 모든 세대 개혁운동의 본질입니다. 단지 몇 가지 교리의 문제나 부분적 폐단의 문제가 아닙니다. 묶어두고 지배하려는 자들과 벗어나려는 자들의 분투. 이 본질을 가리고 치장하려는 모든 장치들은 기만적 허위에 불과합니다. 이렇게 해서 르네상스는 종교개혁으로 열매 맺으려 하고 있었던 겁니다.

비텐베르크와 제네바의 정신

루터는 1546년 2월 18일, 63세의 나이로 세상을 떠났습니다. "하늘에 계신 나의 아버지, 주께서 나에게 주의 사랑하는 아들, 우리 주 예수 그리스도를 나타내 보이셨습니다. 나는 그를 사람들에게 가르쳤으며 그를 알았고 내 생명처럼 그를 사랑했습니다. 나의 혼을 주께 드립니다. 내 영을 주께 의탁합니다. 주께서 나를 구속하셨습니다. 하나님께서 세상을 이처럼 사랑하셔서 그의 독생자를 주셨으니 이는 그를 믿는 사람은 누구든지 멸망하지 않고 영생을 얻게 하려 하심이라." 기도하는 가운데 그는 하나님께로 돌아갔습니다.

1555년 마침내 '아우크스부르크 화의(Augsburg Settlement)'라 불리는, 신성로마제국 황제와 프로테스탄트 제후들 간의 강화가 이루어집니다. 이로써 개신교(루터파)와 로마 가톨릭 사이에 신앙적 갈등을 중단하고 각 군주가 종교를 선택할 수 있는 권리(자유)가 인정됩니다. 그러나 오늘날 한국 교회의 주류를 형성하는 '장로교'라 불리는 '칼뱅주의적 개혁파'는 여기서도 군주의 교회 지배를 반대함으로써 중앙집권화된 종교적 위계를 거부했기 때문에 제외되었습니다. 이해하시겠지요? 개혁주의 교회는 세상 권력에 대해 그토록 철저하고 비타협적인 진리의 반석 위에 세워진 교회였던 겁니다. 그것이 모름지기 오늘날까지 이어지고 있는 스위스 제네바의 정신일 겁니다.

오늘날 우리 사회는 자연적 망각이 아니라 강요에 의해 과거를 잊을 것을 강요당하고 있습니다. 역사를 바꿀 순 없으니 역사 교과서라도 바꾸어 집단 기억 속에 몇몇 개인들을 우상화하려 합니다. 그 최종적 목적은 무엇일까요? 그들에 대한 비난과 칭송을 떠나, 개인을 신격화한다는 데서부터 문제가 있습니다. 그것은 진실이 아닙니다. 거기엔 그 시대의 물밑으로부터 차오르던 민중의 기대와 각성의 진전을 다시 몇몇 개인의 성공 신화 속에 묻어버리려는 음험한 의도가 들어 있습니다. 그것이 역사전쟁의 본질입니다. 우리가 살아나온 역사는 단지 몇 명의 위대한 위인이 생산해낸 공로가 아닙니다. 세속사뿐 아니라 교회사도 마찬가지입니다. 지도자를 신화화하고 그 공로(성공)와 명성에 편승하려는 욕망들이 두드러집니다. 그들이 마르틴 루터와 같은 지도자였기라도 했다면 얼마나 좋았을까요? 인간에 대한 찬양과 높임 뒤에는 반드시 '통치자들과 권세들과 이 어둠의 세상 주관자들'(엡 6:12)의, 숨겨진 악의 중층구조가 있습니다. 그런 흑역사야말로 우리를 다시 어둠 속으로 끌고 가려는 사탄의 술수입니다.

복음에는 하나님의 의가 나타나서 믿음으로 믿음에 이르게 하나니 기록된 바 오직 의인은 믿음으로 말미암아 살리라 함과 같으니라.

개인에게 나타나서 그를 살리는 하나님의 의로우심과 믿음은 개인에게 그칠 수 없는 겁니다. 개인이든 국가든 교회든, 역사를 잊어버린 미래란 있을 수 없습니다. 특히 우리가 빠져나온 질곡의 역사를 망각한다는 것은 겨우 빠져나온 터널에 다시 들어가는 것과 같다고 하겠습니다. 그러나 국가나 권력의 지도자들이 회개한 역사를 찾기 어렵듯이 목사들이 교회를 변화시킬 수 없음도 증명되고 있습니다. 다만 믿을 것은, 하나님의 부르심과 인간의 영적 갈망은 지루하고 고통스러운 이 시대에도 중단 없이 진전되어가고 있다는 사실입니다. 어린 종 사무엘의 장막에 불이 꺼지지 않듯. 한나의 기도가 그치지 않듯. "여호와를 대적하는 자는 산산이 깨어질 것이라"(삼상 2:10).

우리는 지금 어디에 서 있는 걸까요? 하나님의 이 종말론적 부르심을 감지하고 참여하는 평신도 여러분들이 되시기 바랍니다.

독일의 비텐베르크와 스위스 제네바의 개혁정신이 우리들의 교회와 나라에 구현될 날이 속히 오기를 고대해봅니다.

구령의 열정
_ 복음 전파냐 반복음의 전파냐

고린도후서 5:14-17

우리가 그리스도를 본받아 사랑의 삶을 삶으로서
누군가에게 구원의 통로가 된다는 것은
곧 우리가 그리스도의 역할을 하는 것입니다.
그러나 우리 자신을 그리스도로 착각해서는 안 됩니다.

교회에 희망을 기대는 이유

언젠가 〈아들아, 너는 목사가 되지 마라〉라는 글을 쓴 적이 있습니다. 저는 아들이 없기 때문에 거기 쓴 아들의 모델은 제 친구의 아들입니다. 아들이 목사가 되기를 바라는 친구나 목사가 되겠다는 그의 아들이 제 글을 어떻게 생각할진 별로 생각해보지 않았습니다. 곤혹스러움 때문이겠지요? 만일 누군가 저에게 목사가 된 것을 후회하지 않느냐고 물어온다면 이런 대답이 어떨지 생각해봤습니다. (이 대답은 어디선가 배운 겁니다.) '그렇다. 나는 지난 10년 동안 목사가 된 걸 후회했다. 그러나 만일 목사가 되지 않았다면? 일생동안 후회했을지 모르겠다.' 그러나 저 같은 사람 하나가 후회하고 안 하고는 문제가 아닙니다. 중요한 것은 후회하면서 아쉬워하고 아쉬워하면서 후회하게 되는, 보다 중대한 문제입니다. 말하자면 '한번 해볼 수도 있었을 텐데 영 못하고 마는 건가' 하는 무언가에 대한 아쉬움과 후회 말입니다.

목사로서 저는 오늘날 한국 교회와 기독교인의 문제를 항상 두 가지로 정리합니다. 첫째는 복음의 문제이고 그다음은 복음의 왜곡 곧 반(反)복음의 문제입니다. 이 둘이 다 '전파'의 문제입니다. 하나로 합쳐 교회의 문제라 해도 되겠지만 보다 명쾌한 이해가 요구됩니다. 교회를 떠난 복음 전파를 논의하긴 어렵습니다. 그러나 교회 자체가 복음의 스캔들이기도 합니다. 여러분이 사도 바울의 편지들을 읽어보시면 그가 교회 문제를 다룰 때 언제나 복음의 원리로 돌아가 거기서부터 해답을 제출한다는 것을 발견하게 되실 겁니다. 교회는 자신들이 복음을 떠맡았기 때문에 자기들의 가르침이 곧 복음(하나님의 일)이라 주장하지만 바로 거기서부터 반복음의 문이 열리게 됩니다.

도스토옙스키가 《카라마조프가의 형제들》에서 무신론자인 이반 카라마조프를 통해 설파한 '대심문관 이야기'가 바로 그것입니다. 교회가 주장하는 것과 그리스도의 복음은 상관이 있는 것 같지만 전혀 다른 이상한 왜곡이라는 겁니다. 심지어 그리스도가 다시 오신다고 해도 교회로부터 거부당하고 추방될 수밖에 없는 심각한 왜곡이 일어났다는 겁니다. 작가는 여기서 개신교를 포함한 서구의 기독교, 특히 로마 가톨릭을 적그리스도요 반복음의 온상으로 규정하고 있습니다. 이런 점에서 그는 로마 가톨릭과 공산주의자들을 같은 부류로 분류했습니다. 예를 들어, 오늘날 프란치스코 교종의 진보적 실천을 보면서 의에 주리고 목마른 사람들이 열광합니다. 당연한 일입니다. 그러나 엄밀히 말해 그들을 열광케 하는 것이 복음일까요? 반대하는 자들도 마찬가지입니다. 여기엔 심각하고 교묘한 논점의 왜곡이 들어 있습니다. 과연 대작가다운 통찰이라 할 수 있겠지요?

우리는 수많은 사람들처럼 하나님의 말씀을 혼잡하게 하지 아니하고 곧 순전함으로 하나님께 받은 것같이 하나님 앞에서와 그리스도 안에서 말하노라(고후 2:17).

예수님이 가르치신 것은 사실 매우 간단합니다. '서로 사랑하고 미워하지 말고 분노하지 말라', '시기, 경쟁, 질투, 미움 등 이 세상 사람들이 얽매여 살게 되는 모든 탐욕에서 할 수만 있으면 자유하라', '그 사랑과 자유를 전파하라'는 겁니다. 복음은 가난한 자도 행복할 수 있는 가장 단순한 존재 방식입니다. 가난한 자도 행복할 수 있는 방식이기 때문에 모든 사람을 구원하는 복음인 겁니다. 한국 교회가 100년 동안 이 복음을 전파해왔다면 어땠을까요? 이런 복음의 영향력을 사회에 끼쳐왔다면 어땠을까요? 그러나 교회는 복음을 가난한 자들을 동정하고 도와야 한다는 도덕적 선행으로 왜곡해왔습니다. 교묘하지요? 착한 일을 하는 한 무슨 일을 해도 그것이 가능해진 겁니다. 이런 걸 프레임의 덫에 빠졌다고 합니다.

부패한 자들을 비난하는 도구도 이 '선행 프레임'에 갇힌 윤리성입니다. 여기서 더욱 극심한 혼란이 빚어졌습니다. 가장 부패하고 반복음적인 자들도 얼마든지 윤리적 주장, 도덕적 제스처, 실천적 휴머니즘을 내세우기 때문입니다. 누군가 하는 말과 행동을 통해 그 사람을 곧이곧대로 믿을 수 없게 됐습니다. 비판하는 자나 비난당하는 자가 같은 부류일 경우가 허다합니다. 이제 가난한 자들은 결코 행복할 수 없게 됐습니다. 교회는 가난한 자들, 고통받는 자들이 없는 세상을 추구하는 게 아니라 도리어 그들이 있어야 할 필요가 생겼습니다. 싸움의 방식은 복음에서 선행으로 바뀌었으니까요. 그래서 가난한 자들은 적대받으면서 사랑받는 이집트의 노예 상태에 놓였습니다. 누가 이들을 해방시킬 수 있을까요? 백년 묵어 노회해질 대로 노회해진 교회는 아닙니다. 교회는 영혼을 해방시키는 복음이 아니라 교회 안에 영혼들을 묶어둘 복음을 발전시켜왔기 때문입니다. 이해가 가시는지요?

지금 우리가 분명히 인식해야 할 사실은 중세기의 로마 가톨릭 교회가 반복음의 온상이었던 것처럼 지금 한국 교회라 통칭되는 조직과 기구 역시 반복음의 온상이라는 점입니다. 예수님은 바로 그것과 싸운 겁니다. 저는 탈교회를 주장하거나 무교회주의를 추구하는 사람은 아닙니다. 한 명의 기독교도로서, 그리고 아직도 교회에 희망을 걸고 있는 목사로서 복음의 현실을 진단하고 미래를 모색할 뿐입니다. 16세기의 종교개혁은 개신교를 탄생시켰지요? 그렇지만 이미 개신교가 탄생된 지금 또 어떤 것이 와야 할까요? 저는 아직 모르겠습니다. 다만 그것이 가나안 성도들의 느슨하고 광범위한 연대라거나, 탈교회 무교회주의적인 어떤 것이라고는 생각되지 않습니다. 그건 그저 무력한 분산일 뿐입니다. 아직 목사로서 교회에 희망을 기대는 이유가 이것이라 말씀드리고 싶습니다.

선지자가 예루살렘 밖에서는 죽는 법이 없다

한때 오스왈드 스미스(1889-1986)의 《구령(救靈)의 열정》

이라는 책에 고무된 경험이 있습니다. 캐나다 출신의 목사이자 저술가이자 선교가인 그가 세운 교회가 코즈모폴리턴교회(Cosmopolitan Church)입니다. 이를 번역한다면 '세계시민교회'라 할 수 있겠지요? (제가 일하는 '자유인교회'라는 이름에도 모종의 영향이 있었을 겁니다.) 그 책에서 그는 이렇게 탄식합니다. "일반적으로 대개 교회들은 어떤 큰 결과를 목표로 삼지 않고 그저 운영해나가는 것같이 보인다. 여러 사람이 설교하지만 실제로 어떤 위대한 일이 일어날 것은 별로 기대하지도 않고 꿈도 꾸지 않는다. 우리는 얼마나 멀리 떠내려온 것일까? 왜 이렇게 무기력해졌는가?"

탈색되어 한물간 느낌이 들기는 합니다. 그러나 여기서 그가 말하는 '어떤 큰 결과'나 '어떤 위대한 일'이 대형교회를 말하는 건 아닙니다. 영향력을 말하는 거겠지요? 쉽게 말하면 복음의 전파를 통해 기대해볼 수 있는 어떤 결과, 곧 복음의 사회적 파급으로 시대적 진전까지 이르는 하나님나라의 꿈을 역설했다고 볼 수 있겠습니다. 그러나 그가 구령의 열정을 깨우며 외쳤던 '크고 위대한 일'이 대형교회와 대형건축물로 수렴되는 과정에 제가 말씀드리는 심각한 복음의 왜곡이 있었다고 하겠습니다. 곧, 어떤 '가만히 들어온 자들'이 구령의 열정을 교회성장으로 엿 바꾸어 먹었고, 대형화된 교회들이 나타나자 곧바로 구령의 열정은 식어버렸습니다. 저도 한때는 거리전도에 열심이었지만 언제부턴가 시들해지고 말았습니다.

왜 그럴까요? 우리들의 배경인 교회가 만일 구령의 열정을 가지고 있었다면 복음 전도는 우리의 명예가 되었을 겁니다. 우리는 당당하고 자랑스럽게 전도를 계속할 수 있었을 겁니다. 그러나 교회가 복음을 왜곡해버리자 성도는 구령의 동력을 상실했습니다. 의미가 없기 때문입니다. 오늘날 구령의 열정은 이단들이나 떠드는 한물간 메뉴가 되고 말았습니다. 잃은 것은 기독교 복음이요 얻은 것은 교회의 도덕입니다. 실종된 것은 기독교 신학이요 발견된 것은 교회의 신율법입니다. 상실한 것은 복음적 구령의 열정이요 갈수록 허풍이 심해지는 것은 예배의 과장된 센티멘털리즘입니다. 그러면 어떡할까요?

형통한 날에는 기뻐하고 곤고한 날에는 되돌아보아라. 이 두 가지를 하나님이 병행하게 하사 사람이 그의 장래 일을 능히 헤아려 알지 못하게 하셨느니라(전 7:14).

너희 중에 고난당하는 자가 있느냐 그는 기도할 것이요 즐거워하는 자가 있느냐 그는 찬송할지니라(약 5:13).

어렵지 않습니다. 개인이나 시대나 형편이 어려우면 어려울수록 최소화된 근본적인 것, 기초적인 것으로 돌아가면 됩니다. 곧, 복음으로 돌아가 영혼을 구원하시는 하나님의 말씀을 회복하면 됩니다. 복음으로 돌아가 기독교인으로서의 구령의 열정을 회복하면 됩니다. 그러나 그러려면 이 휘황찬란한 예루살렘에서는 안 됩니다. 인간이 야망으로 건설한 대형 건축물의 예배당과 로비와 회랑의 군중들 속에선 영혼의 구원이란 게 뭔지 갈피를 잡지 못할 겁니다. 광야로 나가야 합니다. 거기에 무엇이 있지요? 아무도 없습니까? 아닙니다. 모세 앞에 나타나신 하나님의 사자(使者)가 있을 겁니다.

모세는 광야에서 고난받는 히브리인들을 자기의 골육으로 인정하게 됩니다. 아니, 자기가 히브리인 중의 하나가 됩니다. 자기가 메시야가 아니었습니다. 인간이 메시야가 아닌 겁니다. 예언은 광야에서 외치는 자의 소리이고 선지자는 언제나 광야에서 오는 법입니다. 예언자들처럼, 예수님처럼, 예루살렘의 기만과 왜곡이 미치지 않는 광야로 나가 영혼의 신선한 생명을 회복해 돌아와야 합니다. 가나안 성도가 되든 탈교회가 되든, "선지자가 예루살렘 밖에서는 죽는 법이 없다"(눅 13:33)는 말씀처럼, 먼저 광야로 나가 자기 영혼을 살리고, 그다음 구령의 열정을 회복해 하나님의 크고 위대한 일을 가슴에 품고 돌아오면 됩니다. 얼마면 될까요? 400명이면 될까요?

그러므로 다윗이 그곳을 떠나 아둘람 굴로 도망하매 그의 형제와 아버지의 온 집이 듣고 그리로 내려가서 그에게 이르렀고 환난당한 모든 자와 빚진 모든 자와 마음이 원통한 자가 다 그에게로 모였고 그는 그들의 우두머리가 되었는데 그와 함께한 자가 사백 명가량이었더라(삼상 22:1-2).

영혼은 왜 아름답고 사랑스러운가

'환난당한 모든 자와 빚진 모든 자와 마음이 원통한 자가 다 그에게로 모였다'는 기술에서 두 가지를 생각해볼 수 있겠습니다. 첫째는 개인적 환난과 빚과 마음의 원통함이고, 둘째는 그러한 개인들이 다윗에게로 (하나로) 모였다는 점입니다. 영혼의 구원이란 먼저 개개인의 실존적 갈망과 고통의 배경을 가진다는 것, 그리고 그것들이 모임으로써, 곧 서로의 실존이 서로에게 실존적으로 영향을 줌으로써 고통과 갈망이 극복되고 해소되는 구원이 가능해진다는 점입니다. 환난과 빚과 마음의 원통함이란 본래 공동체로부터의 소외이고 고립이었습니다. 광야로 나가기 전 그들은 이미 광야에 추방된 상태였습니다. 그런데 그 광야에서 새로운 가능성, 본래 공동체에서 받지 못한 사랑과 연대와 거기서 나오는 힘과 희망을 발견합니다. 같은 힘과 희망이래도 그것은 전혀 다른 새로운 것입니다.

무엇을 말하는 걸까요? 전에는 개인적 안전과 행복, 가족 단위의 소박한 평안의 추구라는 최소 단위의 사랑조차 불가능하게 했던 게 공동체였습니다. 세상에 대해 절망할 수밖에 없었습니다. 그러나 그들은 광야에서 바로 그 최소 단위의 사랑을 회복하게 됩니다. 무엇을 통해서요? 공동체를 통해서입니다. 다른 게 구원이 아니라 이게 그들에게 구원이었던 겁니다.

저는 모태신앙으로 교회에서 자라났지만 청년시절 대부분을 교회를 떠나 있었습니다. 유학 간 다음 외로워 친구들을 따라 교회를 다시 나가게 됐습니다. 거기서 어느 날 정말 눈물이 왈칵 쏟아질 정도의 감동적인 말을 듣게 됐습니다. 그때도 지금처럼 예배를 끝내고 식사하면서 교제를 하는데 누군가(제 아내였는지도 모르지요) 이렇게 말하는 거였습니다. "영혼들이 제게 너무나 사랑스럽고 아름답게 느껴졌어요. 여러분 정말정말 주님의 이름으로 사랑합니다." 전율이 일어났습니다. 어린 자매들이 저에게 'OO 형제님' 하고 부르는 소리도 닭살이 돋을 판인데, '영혼들'이라니! 무슨 《죽은 혼》도 아니고? 그런데 '영혼들'이라는 그 말이 그렇게 아름답고 다정하게 느껴지는 거였습니다. '그렇구나. 우리가 바로 영혼들이로구나!' 그러곤 영혼이라는 말을 곰곰 생각해보게 됐습니다.

우리말에서 '영혼(靈魂)'이란 '영(靈)'과 '혼(魂)'을 합친 말입니다. '영·혼·육'이라는 말도 쓰는 데, 굳이 설명해보자면 영과 육의 매개를 혼이라 할 수 있을 겁니다. 그러니까 영이란 생명의 본질을 말하는 것이고, 육이란 육체를 말하는 것이고, 혼이란 그 육체와 영을 살아 있는 생명으로 인식 가능토록 매개하는 '의식'이라 할 수 있습니다. 그러나 영·혼·육은 설명처럼 따로 존재하는 게 아니라 전인적으로 하나입니다. 그러니 인간을 가리켜 '영혼들'이라거나 '육체들'이라거나 '혼들'이라 한대도 결국 같은 말이라 하겠습니다.

영이란 본래 히브리말 구약성경의 '루아흐(רוח)'를 신약에서 헬라말 '프뉴마(πνεῦμα)'로 번역한 것으로, '호흡', '숨', '바람' 같은 의미입니다. '성령'이라 할 때도 가끔 '거룩한'이라는 형용사가 붙긴 하지만 기본적으론 그냥 '프뉴마'입니다. 우리말 성경에서 '영혼'이라 쓰일 때 영어성경에는 대개 '(living) soul'로 번역되어 있고, '영'은 'spirit'으로 되어 있습니다. 이 'spirit'을 일반적으로 '정신(精神)'이라 번역하지요? 아무튼 그러니까 '영혼'이란 살아 있는 인격을 가리키는 신학적 표현이라 할 수 있을 겁니다. 그러니 그 자매가 '영혼들이 너무나 아름답고 사랑스럽다'고 말했을 때, 신학적으로 이런 전체적인 내용들이 자매의 영혼의 감동과 함께 감동적으로 표현되었다고 할 수 있을 겁니다.

그날 이후로 저는 '영혼의 구원'이라 하면 곧바로 마치 거대한 공장의 기계들이 돌아가는 듯한, 우주의 천체들이 돌아가는 듯한 느낌이 들곤 했습니다. '한 영혼이 천하보다 귀하다'(막 8:36. 사실 이런 말씀은 성경에 없습니다. 굳이 말하자면 '생명이란 천하보다 귀한 것이다'라고 할 수 있을 겁니다)는 말을 들으면, 그 한 사람 안에서 돌아가는 영과 혼과 육의 쉴 새 없는 기계적 과정이 떠오르곤 했습니다. 그렇게 보니 아무리 천한 인간일지라도 세상에 신기하고 귀하지 않은 인격이 없었습니다("어떤 사람도 육신을 따라 알지 아니하노라." 고후 5:16). 예를 들어 우리가 부르는 찬송 가운데 '너의 영혼 통해 큰 영광 받으실 하나님을 찬양' 하는 노래가 있지요? 이런 고백이 가능해지는 건 '영혼'에 대한 신학적이고 감동적인 고백 때문입니다. 그렇지 않다면 너의 영혼 통해 하나님이 받을 큰 영광은 얄궂게도 선교나 봉사 같은 교회적 선행으로 귀착되고 맙니다. 그렇다면 그 찬양도 결국 어리석은 영혼들을 속여서 (육체적으로!) 부려먹으려는 수단이 될 뿐입니다.

인간 정신의 변화무쌍함과 다양함과 무한함은 실제로 전체 천하(우주)만큼이나 신비롭습니다. 그러니 '영혼이 구원받는다, 구원받았다'는 말은 일회적인 도장 찍기의 문제가 아닐 겁니다. 그것은 이전과 이후로 갈라지는 어떤 상태의 변화를 말합니다. 즉, 자기 영혼에 관한 무지와 거기로부터 나오는 온갖 고립되고 궁지에 몰린 영의 고통, 혼의 고통, 육체의 고통으로부터 일어난 상태적 변화, 영·혼·육의 전인격으로서의 자기(自己)에 대한 근본적 자각을 전제로 합니다. 여기서 타인에 대한 사랑도 가능해지는 겁니다. 개인의 심리적이고 상황적인 자각에 그치는 게 아니라 어떤 형태로든 자각이 점점 자라간다는 말입니다. 어디를 향해서요? 영, 곧 모든 존재의 보편적 본질을 향해서 말입니다. 그리고 거기로부터 자각된 내가 살아갈 실천의 방향과 방식과 순서가 매겨집니다. 이것이 그리스도가 보여주신 십자가, 자기 컨트롤(부인), 자기 안에 들어오시는 신성의 자각(경배와 복종), 신적 사명의 깨우침(실천)입니다.

자각한 다음 전혀 요동이 없다는 말은 아닙니다. 구원이란 주님과 함께 십자가에 달렸던 살인자처럼 어떤 선행이나 공로에 의하지 아니한 순간적인 귀의와 깨우침(깨우침과 귀의)에 의한 것입니다. 현실의 신분이나 상황이 달라진 것은 아닙니다. 그러나 생명의 본질, 곧 하나님의 신성과 내 의식이 맞닿았습니다. 일체가 됐습니다. 마치 《죄와 벌》에서 살인자 라스콜리니코프가 거리의 매춘부 쏘냐에게서 구원을 발견했듯이 말이지요. 가장 비참한 환경 가운데서도 그 속에 물들지 않고 썩지 않고 변하지 않는, 순수와 긍정과 사랑의 세계를 만난 것입니다. 그 본질적 경험에 의해 그다음 상태, 타인에 대한 행동이 결정됩니다. 이런 자각과 체험이 전파되지 않을 수 있겠습니까? 경험한 사람 자체가 이미 전파자인 겁니다. 동시에 전파된다는 것은 홀로 있지 않다, 고립을 거부한다, 함께 느끼고 체험할 대상을 찾는다는 의미입니다. 그러면 그는 누구일까요? 결국 나와 같은 사람입니다. 나 같은 갈망, 나 같은 고통, 나 같은 결핍을 가진 존재, 그래서 나 같은 구원을 찾고 있는 사람입니다. 그런 사람을 만나면 우리는 기꺼이 그를 형제님이요 자매님이라 부를 것입니다. 또 그에게서 영혼의 아름다움과 사랑스러움을 보게 될 것입니다. 억지로 구령의 열정을 강조하지 않더라도 구령의 열정이 솟구칠 겁니다.

구체적인 사랑만이 구원이다

그리스도의 사랑이 우리를 강권하시는도다. 우리가 생각하건대 한 사람이 모든 사람을 대신하여 죽었은즉 모든 사람이 죽은 것이라. 그가 모든 사람을 대신하여 죽으심은 살아 있는 자들로 하여금 다시는 그들 자신을 위하여 살지 않고 오직 그들을 대신하여 죽었다가 다시 살아나신 이를 위하여 살게 하려 함이라. 그러므로 우리가 이제부터는 어떤 사람도 육신을 따라 알지 아니하노라. 비록 우리가 그리스도도 육신을 따라 알았으나 이제부터는 그같이 알지 아니하노라. 그런즉 누구든지 그리스도 안에 있으면 새로운 피조물이라. 이전 것은 지나갔으니 보라 새것이 되었도다(고후 5:14-17).

어떤 사람은 저에게 말하기를, 자기는 하나님은 믿는데 예수님은 도저히 못 믿겠다고 했습니다. 그래서 저는 이렇게 대답해 주었습니다. "계속 하나님을 믿으십시오. 그러나 하나님을 믿으려면 하나님에 대해서 알아야 하겠지요? 하나님에 대해서 알려면 제가 당신 앞에 하나님을 데려오면 됩니다. 그러나 그럴 수는 없습니다. 그건 불가능합니다. 가능한 것은 당신에게 하나님에 관해 알려주는 겁니다. 당신 스스로 하나님을 알 수 있을 때까지. 당신이 제 말을 잘 알아듣는다면 당신은 제가 이해한 하나님을 만나는 법을 알게 될 겁니다. 그러나 다시 말하건대 그것이 당신이나 내가 안 하나님은 아닙니다. 우리는 어떻게, 무엇을 통해 하나님을 알았다고 하는 거지요? 하나님에 관한 말(지식, 경험)을 통해서입니다. 그러나 정확하지는 않습니다. 하나님에 관한 말과 지식과 경험이 우리 안에서 어떤 작용을 일으킨 겁니다. 우리 안에서 어떤 작용을 일으킨 바로 그것을 우리는 하나님의 말씀, 성령의 감화, 감동, 역사(役事)라 부릅니다. 그러니까 하나님의 말씀이 하나님과 우리 사이의 중개자가 되어야만 우리는 하나님을 알 수 있는 겁니다. 요한복음에선 그리스도를 '말씀(로고스, λόγος)'이라고 했습니다. '로고스'란 '중개자'를 가리키는 단어입니다. 그리스도가 중개자라니요? 맞습니다. 우리는 역사 속으로 오신 예수 그리스도와 그의 가르침과 사적들을 통해 그에게서 하나님을 아는 로고스를 봅니다. 하나님을 깨우쳐주시는, 하나님께로 인도해주시는, 하나님나라를 제시하시는, 영혼의 전형, 모범, 모델, 표상, 곧 그리스도(메시아, 구원자)를 봅니다. 그래서 그를 하나님의 아들이자 하나님이라 부를 수 있습니다. 육체로만 본다면 예수님을 하나님이라 부르는 이치를 이해할 수 없을 겁니다."

오늘날 그리스도를 믿고 전파하는 신실한 기독교인들 가운데서도 그리스도가 누구신지에 관한 이해가 부족한 경우를 많이 봅니다. 어떤 목사님은 (자기도 몰라서인지) 아예 믿는 데는 지식이 중요한 게 아니라는 말로 넘기는 경우도 봤습니다. 무조건 예수를 믿기만 하면 구원을 받는다고 하는데 이 참 난감하고 황당한 이야기입니다. 기독교는 경전이 있고 설교가 있는 종교입니다. 만일 믿기만 하면 구원받는 거라면 성경도 설교도 그야말로 교회도 필요 없는 게 아닙니까.

그리스도가 누구냐? 그는 하나님께로 우리를 이끄시는 중개자요 매개자입니다. 라스콜리니코프에게 쏘냐와 같이 말이지요. 그러나 여기서 쏘냐는 다시 그리스도의 중개자가 되는 것이지 그녀가 그리스도는 아니지요? 우리가 그리스도를 본받아 사랑의 삶을 삶으로서 누군가에게 구원의 통로가 된다는 것은 곧 우리가 그리스도의 역할을 하는 것입니다. 그러나 우리 자신을 그리스도로 착각해서는 안 됩니다. 왜냐하면 그것은 그리스도를 로고스가 아닌 육체로 이해하는 것이기 때문입니다. 우리는 인간적 공로에 의해서가 아니라 그리스도의 빛, 곧 복음의 깨우침과 자각을 통해 구원에 이릅니다. 자꾸만 〈패션 오브 크라이스트 (The Passion of The Christ)〉 식으로 예수님의 육체를 강조하는 것도, 무조건 예수님을 신적으로 비약시키는 것도 다 문제입니다. 육체와 신성이 같이 중대합니다. "비록 우리가 그리스도도 육신을 따라 알았으나 이제부터는 그같이 알지 아니하노라"가 바로 이런 말입니다.

말을 들어도 그게 뭔지 모르기 때문에 꼼짝할 수 없는 글로벌 자본주의와 신자유주의라는 괴물이 있습니다. 현대판 네피림이라 할 수 있는 이런 리워야단들이 각 지역에 뿌리박은 가족 단위의 소농과 소상인과 소규모 자영업자들을 파탄시키듯, 대형교회라는 매머드도 작은 교회 공동체들을 해산시켜왔습니다. (그게 왜 우리 잘못이냐고 묻는 것은 비성경적입니다. 세상에 태어난 이상은 누구나 살 권리가 있는 거니까요.) 저희 교회도 개척 이래 지금까지 교회에 출석했던 사람들을 다 합친다면 모르긴 몰라도 100명은 훨씬 넘을 겁니다. 그러나 그들은 지금 다 어디로 갔나요? 거의가 대형교회로 흡수됐습니다. 여러분이 알고 하나님 앞에서 고백하건대 저는 그들 중 누구와도 미워하는 일을 만든 바 없고 미워하는 일이 발생한 적도 없었습니다. 그러나 다시 묻고 싶어집니다. 제가 나쁘거나 교회가 싫지도 않았는데 왜 떠났을까요? 이유는 다양합니다. 그러나 결과는 하나입니다. 그들이 부디 원하는 것을 얻었기를 바라지만 저는 동시에 그들이 상실한 것도 알아주기를 바랍니다. 그것이 무엇일까요? 말하자면 우리가 매 주일 나누는 광야의 차려진 성찬과 식탁 같은 겁니다. 그들이 우리를 떠난 것이 아쉬워 드리는 말씀이 아닙니다. 천만에요. 자존심이 있지요. 그들이 우리와 함께 얻었던 것을 못 얻을 게 아쉬운 겁니다. 이 실존적이고 소박하고 구체적인 인간관계를 통한 영혼 구원의 경험 말입니다. 이해가 가시겠지요? 왜 여러분이 자식들을 사랑하듯 사랑하는 구체적 사랑만이 여러분에게 구원인지 말입니다. 서로간의 영혼을 발견하지 못한 영혼 구원이란 어불성설에 언어도단입니다.

청년 그리스도의 구령의 열정

오늘날 현대적 설교들은 신학적으로 모순될 뿐 아니라 나쁜 의미로 자극적입니다. 막장 드라마들이 생산되는 배경과 다르지 않습니다. 대중의 콤플렉스에 맞추어 작동하기 때문입니다. 대형 교회의 설교들은 대개 중산층 이상 부유층의 양심의 갈등을 해소해주는 데 그 핵심이 있습니다. 나머지는 울며 겨자 먹기로 따라가는 겁니다. 중세기의 면죄부 판매와 다르지 않습니다. 본질에 도달하지 못하고, 도달하려는 부단한 신적 인도하심에도 도달하지 못하게 하는 것, 쉽게 말해 성도들과 공동체를 무한반복의 기도응답 같은 데 몰두하게 만드는 것, 그 속에 광명의 천사로 자처하며 복음의 빛을 가리는 사탄적 저의가 숨겨져 있다고 해야 할 겁니다. 그들은 공동체 전체의 복음적 자각을 결코 원하지 않으며 끝없이 훼방합니다. 정직한 설교라면 오히려 그들의 모순과 콤플렉스의 구조가 드러나야 합니다. 부유하고 안일한 사람들이 믿는 세상이 밑뿌리부터 흔들려야 합니다. 그들이 바라보는 하늘이 무너져 내려야 합니다. 그것이 '회개하라 천국이 가까웠다'(마 4:17) 하는 종말론적 계시입니다.

복음은 이와 같이 사람들의 눈과 귀에 기쁜 소식과는 명백히 다른 길입니다. 영혼의 근본적 자각이고 각성된 자들의 전파입니다. 광야에서 외치는 복음의 울림이, 내일은 삼수갑산을 가더라도 오늘은 무사태평하리라는 예루살렘의 안일함을 흔들어 깨우는 구령의 열정이 회복되기를 바랍니다. 영혼의 자각이 부르는 직면(直面)의 결단이 없이 고립된 심리적 자기모순을 거대한 예배당과 센티멘털 예배로 무마하려는 세태의 풍조에서 깨어나십시오. 복음인지 반복음인지 스스로도 헷갈리는 혼합된 양심의 콤플렉스 대신, 광야로부터 이제 막 당도한 청년 그리스도의 신선한 복음을 품고 더 이상 노회한 교회의 상업적 욕망에 가담치 않는 용감한 평신도들이 되시기를 바랍니다. "예수께서 가르치심을 시작하실 때에 삼십 세쯤 되시니라"(눅 3:23).

먼저 인간이 되라
_ 복음 바로 세우기

고린도전서 16:13-14

현대인들은 대부분 누구나 콤플렉스를 가지고 있다는
지식 정도는 알고 있습니다. 그러나 융이 말한 것처럼
콤플렉스가 그 사람을 가지고 있다는 사실은 모릅니다.

설교의 두 가지 의의

하나님의 말씀, 곧 자연(自然, 스스로 그렇게 됨의 원리)의 설교(說敎, message)는 인간의 실존을 향해 있습니다. 오직 인간만이 지성을 사용해 자연과 교감합니다. 인간은 자연을 통해 하나님의 지성(知性, 智聲)을 들을 뿐 아니라 생각하고 해석합니다. 그러므로 두 가지가 중요합니다. 첫째, 설교는 자연이라는, 나를 둘러싼 세계의 원리 자체를 일깨워주는 지식이어야 하고, 둘째, 그 메시지가 나라는 개인의 현재적 상황을 향한 지혜라는 의의를 환기시키는 것이어야 합니다(성경은 그를 위한 특별한 도구입니다). 오늘의 기독교 설교가 무얼 하나님의 말씀이라고 선포하는 건지 알 수 없게 됐고, 그런 설교가 성도들의 실존적 삶에 부합될 리 없기 때문입니다.

하나님의 말씀(기독교 메시지)은 전체 세계를 대상으로 하지만 그것을 수용하는 대상은 한 사람입니다. 하나님은 개인에게 오셔서 개인을 변화시킴으로써 진리를 증거하십니다. 최종 목적 때문에 개별 상대를 놓고 서두르거나 건너뛰는 법이 없으십니다. 그러니 하나님의 말씀을 들으려는 사람은 먼저 차분해져야 합니다. 설교의 대상인 개인의 정신은 '주의력결핍과잉행동장애(ADHD)'를 가진 아이처럼 예측할 수 없이, 다양하게, 쉼 없이 변화무쌍하기 때문입니다. 한번 복음을 받아들인 구원의 경험은 분명 획기적이고 놀라운 사건이지만, 그것은 시작에 불과합니다.

어제보다 오늘이 더 진지해지고 차분해져야 공부가 계속될 수 있습니다. 여기서 설교(전도)가 문제가 아니라 설교자(전파자)가 문제임이 드러납니다.

하나님의 말씀을 전한다는 것은 성경을 그대로 옮기는 것일까요? 그럴 수 없습니다. 도구(매개)가 없이는 전파가 안 됩니다. 성경도 전도자도 다 매개입니다. 교회도 기독교인들의 삶도 매개입니다. 도구가 적절치 않으면 전파는 불가능합니다. 그러나 도구는 어디까지나 도구이지 하나님이 아닙니다. 그러면 무엇이 하나님의 말씀인가요? 설교자인가요, 설교인가요? 설교란 무엇이고 설교자는 누구일까요?

예수께서 길에 나가실새 한 사람이 달려와서 꿇어앉아 묻자오되 선한 선생님이여 내가 무엇을 하여야 영생을 얻으리이까. 예수께서 이르시되 네가 어찌하여 나를 선하다 일컫느냐. 하나님 한 분 외에는 선한 이가 없느니라(막 10:17-18).

아무리 고매한 선생일지라도 온전히 선한 인간이란 있을 수 없습니다. 예수님은 자신이 선하지 않다는 게 아니라 그 점을 상기시켜주는 겁니다. 혼자 분리된 우월한 삶이 있을 수 없는 것처럼 혼자 분리된 우등한 정신도 있을 수 없습니다. 그런데 강단에만 올라가면 마법의 가운(실제로 각종 가운들을 걸치고 있지요!)과 기적의 혀를 부여받은 듯 행동하는 설교자들이 있습니다. 그것이 어떤 내용인지 이해도 못하지만 멋지게 연기를 하는 배우들이 있습니다. 관객들은 배우와 연기를 혼동합니다. 그러나 배우와 그의 연기에 감탄하는 한, 영화의 진정한 주제에는 접근할 수 없는 겁니다. 배우도 관객도 마찬가지로 말입니다.

설교는 자연이라는 나를 둘러싼 세계의 원리를 일깨워주어야 합니다. 그 의미가 나라는 개인의 현재적 상황을 향한 것임도 환기시켜주는 것이어야 합니다. 설교자 자신이 하나님의 말씀과 그런 방식으로 소통하고 있지 않고서는 가능하지 않겠지요? 어떤 설교자든 자신이 도달한 정신과정의 수준에서 설교도 나오는 겁니다. '기도 많이 하면 성공한다', '돈 많이 내면 복 받는다', '예수천당 불신지옥', 이런 설교를 더 이상 하나님의 말씀이라 생각해선 안 될 이유가 있습니다. 그것들은 진리의 원리를 일깨워주지 못할뿐더러 우리의 현 상황을 향한 것도 아닙니다. 그런 설교자들은 대개 엉뚱한 행실을 통해 자신을 증명하지요? 당연한 일입니다. 천국과 주님을 그토록 사랑하는 분들이 금전과 권력과 육신의 명성을 사랑하시다니.

우리는 어떤 사람의 말뿐 아니라 행동을 통해서도 그 사람을 믿을 수 없는 시대를 살고 있습니다. 들을 귀를 가진 사람이라면 이런 질문들을 해봐야 할 겁니다. '왜 그 본문을 선택했는가? 그 본문을 어떻게 해석하는가? 결론적으로 하려는 말이 무엇인가?' 그리고 그걸 다시 이렇게 물어야 할 겁니다. '오늘 목사님의 설교는 나를 둘러싼 세계의 원리를 일깨워주었는가? 그 의미는 나

의 현재 상황을 향해 있는가?'

무엇을 믿을 것인가

1세기 유대의 역사가 플라비우스 요세푸스(37년경-100년경)는 본래 반(反)로마 항전의 지휘관이었습니다. 포로가 된 뒤 자신의 변절에 대한 변명으로 《유대전쟁사》를 저술했습니다. 전한(前漢) 시대의 역사가 사마천(기원전 145?-86?)도 궁형(宮刑)이라는 치욕을 당한 뒤 《사기(史記)》를 저술했습니다. 그는 패전한 지휘관인 친구를 변호하다 무제(武帝)의 박해를 받았습니다. '의분이 붓을 일으킨다'는 유명한 말을 그는 남겼습니다. 변절이나 형벌이 그들의 저술에 영향을 미쳤기 때문에 그것들이 정당하지 않다는 주장을 하려는 건 아닙니다. 변명이든 의분이든 자신의 경험에 관해 정직하기만 하다면 의미는 충분할 겁니다. 제가 말하려는 것은 그들의 저술이 개인적 삶의 굴곡을 통해 영향을 받았다는 점입니다. 독자들은 거기에 저자의 개인사적 경험이 배어 있음을 기억해야 합니다. 설교자의 설교도 곧이곧대로 설교가 아니겠지요? 저는 설교의 공적(公的) 가치를 부정하는 건 아닙니다. 누구보다 그 가치를 아끼는 마음으로, 부정직한 설교를 남발하지 못하도록 제한하려는 것입니다.

설교자는 자신의 설교 행위를 통해 말하고자 하는 의식적(!)

주제를 가집니다. 흔히 말하는 '깔때기 이론'처럼, 그가 무슨 말을 하든지 결국 이 주제로 설교가 완성될 겁니다. 다시 말해 그 말하고자 하는 주제가 설교를 한다고 해도 과언이 아닙니다. 이 것을 그의 '특별한 목적'이라고 해둡시다. 이러한 목적은 설교자의 (목회) 현실적 삶으로부터 나온 것이지만, 그 이전에 그의 실존적(영적) 현실로부터 출생한 것이기도 합니다. 제가 이런 설교를 하는 것도 마찬가지겠죠? 때문에 그 진정한 출처는 설교자 자신의 무의식의 베일에 싸여 있습니다. 어쩌면 그 자신조차 자신이 이런 말을 해야만 한다고 생각할 뿐 왜 그렇게 생각하는지에 대해서는 모를 수도 있는 겁니다. 그러면 그의 설교에서 이 '특별한 의식적 목적'을 제거하고 나면 무엇이 나타날까요? 그것은 설교를 준비하기 전 벌써(처음부터) 그에게 있었던 겁니다. 설교보다 더 근원적인 메시지라고 해야 할 겁니다.

심리학은 개인이 인생을 통해 직면한 물리적 상황에 대응하며 축적해온 정신의 지속적 과정이 있음을 밝혀주었습니다. 그것이 자기를 통합적으로 인식하게 하는 자아(自我)를 형성합니다. 사람이 겉으로 무슨 말을 하든지 그 속엔 그것과 상관없는, 혹은 상관이 있든 없든 그것대로 의미를 지니는 자율적인 정신의 구조가 있습니다. 어둠 속의 원시인처럼 자아는 그때그때 자신을 지키기 위한 여러 재료들로 내면의 아성을 구축해왔습니다. 카를 융은 이렇게 형성되는 구조들을 '배열'이라 표현했습니다. 사람이 배열된다는 것은 그만이 가지는 고유한 방식으로 반응하게 되는, 그럴 수밖에 없는, 오랫동안 준비되어온 정신의 과정을 의미합니다. 배열은 무의식에서 이루어지는 자발적 과정이기 때문에 마음먹기에 의해 중단될 수가 없습니다. 예를 들어 우리가 괴로움에 빠진 동료를 위로하거나 격려할 때, 마음을 굳게 먹으라거나 긍정적으로 생각하라고 한들 당사자는 결코 간단히 그렇게 될 수 없다는 겁니다. 이렇게 의지와 상관없이 무의식에 구축된 배열의 구조를 콤플렉스라 합니다. 즉, 각각의 콤플렉스들은 마음속에서 서로 다른 구조를 가진 자율적 힘으로 감춰져 있다는 겁니다.

표면적 말과 행동만으로 그 사람을 곧이곧대로 믿을 수 없고, 그래서도 안 될 이유가 여기에 있습니다. 우리가 믿어야 할 것은 누군가(설교자)의 말이나 행동이 아닙니다. 그러면 무엇을 믿어야 할까요? "영생은 곧 유일하신 참 하나님과 그가 보내신 자 예수 그리스도를 아는 것이니이다"(요 17:3). 말할 것 없이 하나님과 그의 보내신 자 그리스도 예수님의 복음을 믿어야겠지요? 당나라의 선승 임제의현(臨濟義玄, ?-867)은 "부처를 만나면 부처를 죽이고, 부모를 만나면 부모를 죽이라" 가르쳤다고 합니다. 진리를 추구하는 사람은 누군가를 본받아 답습하는 정도가 아니라 그를 능가하려는 열망을 가져야 한다는 겁니다. 하나님과 그의 보내신 자를 믿는다는 말은 사람과 그의 말을 믿지 않는다는 말이 되기도 하는 겁니다.

기독교든 무엇이든 본질에서 벗어나 부패하지 않으려면 어디까지나 이 원리를 고수해야만 합니다. '나는 하나님의 복음을 깨달았으므로 이제부터 내가 하는 말은 곧 하나님 말이다'라고 절대로 주장할 수 없는 겁니다. 왜냐하면 그렇게 말하고 행동하는 순간 그는 벌써 하나님의 복음에서 떨어져 거기에 참여할 수 없기 때문입니다. 그의 말은 그때부터 자기변명이 되거나 의분이 되거나 야망이 됩니다. 교회와 강단이 존재하는 의의는 항상 이런 부패의 단초를 환기시켜주기 위한 것이라 하겠습니다.

콤플렉스가 그 사람을 가지고 있다

바리새인들이 하나님의 나라가 어느 때에 임하나이까 묻거늘 예수께서 대답하여 이르시되 하나님의 나라는 볼 수 있게 임하는 것이 아니요 또 여기 있다 저기 있다고도 못하리니 하나님의 나라는 너희 안에 있느니라(눅 17:20-21).

"하나님의 왕국은 미래적으로 언젠가 올 것이 아니다. 또 가시적으로 '이것이다, 이쯤이면 된다'고 말할 수 있는 것이 아니다. 그것은 지금 현재적으로 너희 안에 있다." 여기서 '너희 속'이라는 말은 '마음'을 가리키기도 하고, '현실의 상황'을 가리키기도 하고, '진실'을 가리키기도 합니다. 곧, 마음과 현실의 진실, 거기에 하나님나라(복음의 진리)가 있습니다. 우리가 복음의 설교를 듣고 그 원리를 이해할 때, 그것이 지금 현재적으로 나에게 말씀하시는 나를 향한 말씀이라는 점을 깨우칠 때, 우리는 있는 그대로의 자기를 온전히 신께 바치는 제물(도구)로 삼아 그의 나라와 그의 의에 참여하게 됩니다. "정직한 자들에게는 흑암 중에 빛이 일어나나니 그는 자비롭고 긍휼이 많으며 의로운 이로다"(시 112:4).

중요한 것은 정직, 진실입니다. 그러나 안타깝게도 교회는 정직에 기초하지 않고 있습니다. 그 증거가 이런 것입니다. 어떤 잘 믿는다는 신자들은 모든 사안을 종교적 감탄으로 대체하기에 바쁩니다. 상황의 구체성을 헤아려보기도 전에 하나님에 대한 감사로 무마해버립니다. 또 어떤 사람들은 모든 고통을 당사자의 죄에 대한 정죄로 환원시킵니다. 이런 모습들은 표면적으론 믿음이 좋은 것 같지만 사실은 진실에 참여하기를 거부하고 있음을 보여줄 따름입니다. 숨겨진 어떤 정직에 직면하기를 꺼리기 때문이겠지요? 대상과 거리를 두기 위한 회피의 수단으로 재빨리 모든 것을 좋다고 하거나, 괜찮다고 하거나, 감사하다고 하거나, 주님의 뜻 혹은 사탄의 음모라고 단정해버리는 겁니다.

현대인들은 대부분 누구나 콤플렉스를 가지고 있다는 지식 정도는 알고 있습니다. 그러나 카를 융이 말한 것처럼 콤플렉스가 그 사람을 가지고 있다는 사실은 모릅니다. 말로는 '모든 사람이 죄를 지었다'고 하면서도 실제로는 온갖 '자기 의'로 행동하는 겁니다. 모든 사람이 죄인이라면 죄인 된 그 양상으로부터 복음이 나와야 합니다. 개인뿐 아니라 교회, 교회뿐 아니라 사회를 조직해나가는 원리도 그러한 배려로부터 복음적으로 구현되어야 합니다. 그러나 오늘날 기독교인들이 세상 속에서 과연 복음을 구현하며 전파한다고 말할 수 있을까요? 이는 다 자신의 극히 일부인 의식적 생각을 아무런 성찰 없이 전부로 여기기 때문입니다. 지극히 일부인 피상적 견해를 전부라고 믿는 무지한 신념 때문에 무의식적 콤플렉스는 오히려 견고해집니다. 자신에 대한 자신의 선입견이라 부를 수 있겠습니다. 이런 선입견을 가진 사람은 하나님의 말씀에 관해서도 선입견을 가지기 쉽고, 모처럼 자기를 일깨우는 하나님 말씀을 들었더라도 자기를 깨뜨리는 것이 두려워 제 입맛에 맞도록 곧바로 가공해버릴 겁니다.

> 누구든지 말씀을 듣고 행하지 아니하면 그는 거울로 자기의 생긴 얼굴을 보는 사람과 같아서 제 자신을 보고 가서 그 모습이 어떠했는지를 곧 잊어버리거니와(약 1:23-24).

하나님의 말씀일지라도 자기 자신의 무의식적 의도에 의해 이미 설정된 도구로밖에는 기능하지 못하는 경우들이 많습니다. 인간이 하나님을 섬기는 게 아니라 하나님이 인간을 섬겨주는 것으로 여기는 거지요? 딴생각에 사로잡혀 거울을 보고서도 그 모습을 곧바로 잊어버리는 겁니다. 무슨 말을 들어도 접수되지 않는 사람은 들으려고 하는 사람이 아닙니다. 그러나 그 사람에게도 목적은 있습니다. 오직 그 하나의 목적을 위해 모든 것을 동원하고 이용하고 희생시키는 겁니다. 그럴 때, 그 사람의 내면의 현실과 그것을 향한 하나님의 말씀과 그 사람은 어떤 관계에 있게 되는 것일까요?

'내 마음 나도 몰라'가 이끄는 세상

우리는 자주 설교자들의 유창하고 빼어난 설교와 그들의 삶이 보여주는 차이에 놀랍니다. '어떻게 저토록 은혜 있는 말씀을 전하는 목사님이 그런 짓을 할 수가 있지?' '어떻게 저런 거짓말로 일관하는 비열한 사람이 그토록 호소력 있는 설교를 할 수가 있지?' 그럴 수 있는 겁니다. 가능한 겁니다. 배우들을 보십시오. 양심에 짓눌려 괴로워할 거라고요? 천만의 말씀입니다. 그들은 오히려 주님을 위해 일하다 보니 사탄에게 오해와 핍박을 받는다고 엄살을 부릴 겁니다. 마음의 구조가 항상 그렇게 준비되어 있으니까요. 문제는 여전히 그런 자들을 보통 사람과는 구별된 설교자요 하나님의 종으로 높여놓고 특수하게 바라보는 착한 성도들입니다. 언제인들 그런 복음의 초점을 벗어난 설교자가 없었겠습니까? 그러나 지금 교회는 그런 부류들을 걸러낼 분별의 능력이 없어졌습니다.

아르투르 쇼펜하우어(1788-1860)는 "가장 어리석은 대중을 상대로 하는 저자가 가장 많은 독자를 거느린다"고 했습니다. 안타까운 것은 이런 설교자들이 강단을 점령해버림으로써 교회와 복음에 대한 잘못된 선입견이 만연됐다는 점입니다. 그것은 교회를 폐쇄화하고 교회 밖의 대중들이 복음을 듣고 안으로 들어올 가능성을 차단하는 데 특히 탁월한 효과를 냈습니다. 왜 그럴까요? 그런 메시지를 전하는 설교자들이 지닌 폐쇄성 때문입니다. 폐쇄되어 있는 채로 그것을 고수하게 만드는 고립된 콤플렉스의 역동이 거기엔 있습니다. 아마도 그 설교자들이 정상적인 사람들이었다면 자신들의 폐쇄성 자체를 못 견뎌 하면서 거기서 벗어나려 노력했을 겁니다. 그러나 그들은 공부를 하는 대신 그 자신의 폐쇄성을 무기화했습니다. 남보다 무식한데다가 특별히 용감하기까지 한 겁니다. 흡사 코미디언이나 배우와 같은 그런 용기(?)를 대중들은 카리스마라고 불러주며 호응했던 겁니다. 끼리끼리 모이는 것. 왜 그랬을지 이해가 되실 겁니다.

오늘날 특히 대형교회들은 많은 문제점을 항상 지적받고 있으면서도 하나도 바꾸려 하지 않는 완고하고 강력한 신념의 성채를 형성하고 있습니다. 그러나 그럴수록 그들의 콤플렉스는 의식의 통제를 거의 받지 않으며 모든 영역에서 독립된 이물체(異物體)처럼 거대해지고 있습니다. 마치 건강한 몸을 파괴하는 바이러스나 암과도 같이 말입니다. "너희가 자랑하는 것이 옳지 아니하도다. 적은 누룩이 온 덩어리에 퍼지는 것을 알지 못하느냐"(고전 5:6). 그러나 어떤 의미로 그들은 그것을 위해서 존재하는 겁니다. 왜냐하면 그들의 콤플렉스란 오랫동안 바로 그것을 목적으로 준비되어온 것이기 때문입니다. 복음이 말하는 근원적 성찰과 획기적인 의식의 변혁이 이루어지지 않고서는 자기부인은 불가능합니다. 그리스도의 십자가도 집단 콤플렉스 앞에선 전혀 다른 의미가 되기 때문입니다. 회고해보건대 기독교 역사상 위대한 스승들도 역동하는 온갖 콤플렉스들의 발호는 막을 수 없었던 겁니다.

카를 융에 따르면 콤플렉스는 강한 의지에 의해 억압될 순 있지만 제거될 순 없습니다. 그것은 적절한 기회가 오면 본래 가지고 있던 힘을 가지고 다시 등장합니다. 활동곡선은 물결 모양의 특징을 지니고 있고 한 파장은 몇 시간, 며칠, 혹은 몇 주에 걸쳐 지속된다고 합니다. 융은 이런 콤플렉스의 역동에 의해 일어나는 정신현실을 '의식의 해리(解離)'라 불렀습니다. 한 사람 안에 다중적인 정신이 존재하는 겁니다. 키에르 자네라는 프랑스의 정신병리학자는 한 사람에게서 4중, 5중으로 분리된 인격을 발견하는 데 성공했다고 합니다(《융 기본 저작집》). 곧, 어떤 사람이 있는데 그에게 의식적 주인은 없는 겁니다. 그의 내면에는 각각의 고유한 성격과 기억을 가진 인격의 조각들이 공존합니다. 그것들은 서로 독립해 존재하며 각축을 벌여서 수시로 정권을 교체합니다. 이와 같이 고도의 자율성을 가지고 있기 때문에 의식과 상관없이 저희들끼리 그 사람을 이리저리로 끌고 다니는 겁니다. 곧 '내 마음 나도 몰라'의 정신을 가진 지도자들이 이 세상을 이끌어가고 지배하기도 하는 겁니다. 이런 심리학적 발견이 우리 교회에 환기시켜주는 사실은 무엇일까요? 그런 건 다 세상의 초등학문, 정신없는 환자들의 이야기라고 치부해버릴 수 있을까요?

많은 가정이 붕괴되고 인간관계가 파산하고 사람들이 자살하고 있습니다. 기독교인이라고 예외가 아닙니다. 그런데도 국가와 사회는 '아몰랑' 하면서 여전히 추구하던 욕망을 계속 추구하느라 정신을 못 차립니다. 어느 한 분야 예외라 할 것 없이 대한민국 전체가 정신병리학적 콤플렉스의 역동으로 정신병원이 되어가고 있는 것 같습니다. 이러한 때, 우리는 어떻게 '구더기도 죽지 않고 불도 꺼지지 아니하는'(막 9:48), '헬 조선'이라 명명된 이 현실에서 벗어날 수 있을까요? 하나님의 말씀은 이와 같은 정신을 차릴 수 없는 말과 말, 욕망과 욕망, 거짓과 거짓들의 자율적인 역동 가운데서 어떻게 능력 있게 생명의 질서를 다시 회복시키시는 걸까요?

인식하면 직면할 용기가 생긴다

건강한 사회와 인간관계를 파괴하는 근원적 원인은 개개인의 콤플렉스들의 역동입니다. 콤플렉스는 갑을 잔인하게 만들고 을을 비참하게 만들며, 가진 자를 우쭐대게 만들고 못 가진 자를 위축시킵니다. 불행한 자를 연속적으로 불행에 빠뜨리고 재난 당한 자를 계속 재앙에 떨어뜨립니다. 잔혹한 자들을 계속 잔혹하게 만들고 위선자들을 더욱 위선으로 몰아갑니다. 탐하는 자들을 더욱 탐심으로 부추기고 갈등하는 자들을 더욱 갈등하라 불 지릅니다. 그러나 하나님의 진노가 쌓이듯 파괴는 서서히 이루어지고 파국도 차근차근 준비되고 있습니다. 결정적인 날이 오면 그때는 이미 늦은 겁니다.

삶이 파괴된다는 것은 모든 관계의 단절과 파행과 파국을 말합니다. 단지 개인의 내면이나 인간관계에 그치는 걸까요? 가장 두려운 것은 영혼의 구원, 진리의 문제, 하나님과의 관계입니다. "기초가 바닥부터 흔들리는 이 마당에 의인인들 무엇을 할 수 있겠는가?"(시 11:3, 새번역). 콤플렉스란 온전한 전체로부터 떨어져 나간 정신의 조각들입니다. 콤플렉스로 사는 사람은 마찬가지로 온전한 완전성으로부터 떨어져나간 파편입니다. 한 개인, 한 가정, 한 교회, 한 국가가 이런 식으로 구원으로부터 떨어진 파편 조각으로 파괴되어가고 있습니다. 누가 일깨울까요? 누가 바로잡을까요? 일이 이 지경인데도 지금 교회와 교회의 지도자들이 관심을 두고 벌이는 딴전들을 보십시오.

성도들은 어떻습니까? 고립된 섬으로 밀려나고 있으면서도 아직은 아무렇지 않은 척, 서로 사랑하는 척, 가장 아름답고 훌륭한 인격을 가진 척, 배우들처럼 행동하고 있습니다. 드라마와 영화의 메시지와는 상관없이 배우들에게 열광하듯 대형교회와 스타 목사들에게 몰린 채 복음의 본질에서 점점 멀어지고 있습니다. 역사는 왜 이렇게 하나님과 복음의 진리에 위배되게 진행되는 것일까요? 맞습니다! 콤플렉스의 원인은 도덕적 갈등, 즉 '위배(거리낌)'에 있습니다. 해서는 안 될 일을 하고 있고, 해야만 하는 일을 하지 않고 있기 때문입니다. 처음 이러한 도덕적 위배와 갈등이 일어난 이유는 우리가 자신의 실존적 현실을 받아들이기가 불가능한 데 있었습니다. 즉, 자기 자신을 있는 그대로 사랑한다는 것이 불가능했기 때문에 끊임없이 가짜 자기를 만들어온 결과입니다.

> 깨어 믿음에 굳게 서서 남자답게 강건하라. 너희 모든 일을 사랑으로 행하라(고전 16:13-14).

사도 바울의 이 강력한 권면은 복음을 전제로 했을 때만 가능해지는 태세입니다. 단순히 긍정적인 마인드를 가지라는 권면이 아닙니다. 공동번역 성서는 이 문장을 이렇게 번역하고 있습니다. "여러분은 늘 깨어 있으십시오. 굳건한 믿음을 가지고 씩씩하고 용감한 사람이 되십시오. 그리고 모든 일을 사랑으로 처리하십시오." 그러나 뭔가 부족합니다. 원문의 의미를 살려서 다시 풀어본다면 "깨어나십시오. 믿음 안에 굳게 서십시오. 강력함으로 사람이 되십시오. 여러분의 모든 것이 사랑 안에 있게 하십시오"라고 할 수 있을 겁니다.

여기서 '남자'란 남성을 가리키는 말이 아닙니다. '온전한 인격'으로서의 '사람'을 가리키는 말입니다. '먼저 인간이 되어라', 그런 말입니다. 그러나 그러려면 강력함을 갖추어야 한다는 겁니다. 강력함으로 먼저 사람이 되어라. 어떻게요? 우리의 모든 것을 하나님의 사랑(복음의 진리) 안에 있게 할 때 가능해집니다. "사랑 안에 두려움이 없고 온전한 사랑이 두려움을 내쫓나니 두려움에는 형벌이 있음이라. 두려워하는 자는 사랑 안에서 온전히 이루지 못하였느니라"(요일 4:18).

하나님의 말씀은 내면의 빛을 비추어 우리의 실존적 고통의 구조(위배의 구조)를 자각하게 합니다. 인식하면 그때부터 정면으로 직면할 수 있는 용기가 생깁니다. 우리가 하나님의 사랑 안에 있기 때문입니다. 그 사랑을 깨달았기 때문에 더 이상 직면이 두려워 핑계 대며 회피해온 어린아이 상태에 머물지 않습니다. 맞서서 책임지는 굳건한 어른으로 성장합니다. 목사가, 교회가 그것을 도와주는 게 아닙니다. 여러분 자신이 해야 합니다. 그게 각 사람에게 하나님이 주신 인생의 사명입니다. 타인을 돕거나 사랑한다는 것은 언제나 그다음의 일입니다. 여러분에게 거창한 사명은 없을지라도 누구나 자기 일상의 사명은 발견할 수 있을 겁니다.

깨어나야 합니다. 정신을 차려야 합니다. 지금 교회와 성도의 최우선의 사명은 복음의 본질을 바로 세우는 일입니다. 복음을 살려야 교회도 살고 성도도 삽니다. 여러분의 직관을 믿으십시오. 복음과 교회의 미래를 위해 합당치 못한 역기능 공동체들로부터 과감히 떠나야 할 때가 왔습니다. 적은 누룩이 온 덩어리에 퍼졌기 때문입니다. 정직히 말씀드립니다. 결단하십시오. 깨어 복음에 굳게 선 사람으로서 강력하십시오.

글을 읽을 줄 모르는 목사들에게 1
_ 세월호 참사에 즈음한 설교들을 바로잡는다

누가복음 13:1–5

이토록 참혹한 죄악의 실상과
총체적 부패와 무능의 잔혹함을 겪고도,
이 정권과 정부와 책임 있는 자들에게 책임 하나 묻지 않으며,
각자 회개를 하면서 가만히 있으라는 설교가
도대체 가당키나 한 것일까요?

도덕은 힘이 세다

성경의 말씀을 도덕적 관점으로만 해석하는 것을 'moralize' 라고 합니다. 도덕화는 대개의 설교에서 가장 힘이 셉니다. 도덕적인 설교를 반박하기는 어렵기 때문이지요. 목사들이 가장 써먹기 좋은 것이 도덕화인 이유입니다. 요컨대 공부를 많이 하고 사색을 깊이 하지 않아도 가장 쉬우면서 가장 효과를 내는 것이 도덕화된 설교인 것입니다.

금번 세월호 침몰 사고를 겪으면서 교회들에서 가장 많이 써먹은 성경 구절이 있다면 누가복음에 나오는 다음 구절이었을 겁니다. 어찌 그리 상상력들이 없는지, 판에 박힌 레퍼토리로 무슨 대형 재난 사고가 날 때마다 지겹게 되풀이되는 설교이기도 합니다. 그것도 너무나도 엉뚱한데 너무나도 뻔뻔해진 도덕화의 의상을 걸치고 있습니다. 무지(無知)의 위력이라니! 대개 세상을 어지럽히는 기만의 실상이 이렇게 뻔뻔합니다.

그때 마침 두어 사람이 와서 빌라도가 어떤 갈릴리 사람들의 피를 그들의 제물에 섞은 일로 예수께 아뢰니 대답하여 이르시되 너희는 이 갈릴리 사람들이 이같이 해 받으므로 다른 모든 갈릴리 사람보다 죄가 더 있는 줄 아느냐. 너희에게 이르노니 아니라. 너희도 만일 회개하지 아니하면 다 이와 같이 망하리라. 또 실로암에서 망대가 무너져 치어 죽은 열여덟 사람이 예루살렘에 거한 다른 모든 사람보다 죄가 더 있는 줄 아느냐. 너희에게 이르노니 아니라. 너희도 만일 회개하지 아니하면 다 이와 같이 망하리라(눅 13:1-5).

깊이 생각할 필요 없이 이 두 가지 실례를 들어 예수가 말씀하시는 것은 '회개하지 않으면 너희도 다 이런 불의의 희생을 당할 수 있다, 당할 것이다'라는 것입니다. 여기서 무식한 자들에게 가장 어필하는 단어가 '회개'입니다. 얼마나 쉬운가요? 그다음 이 말씀을 세월호 사건에 그대로 갖다 붙이면 됩니다. 거기서 희생당한 학생들이 너희보다 죄가 많은 줄 아느냐? 아니다. 너희도 회개하지 않으면 이와 같이 망하리라. 그러면 결론이 나옵니다. 그런 것 가지고 책임의 소재를 따지고 누군가를 비판하고 비난하고 큰소리치면서 왈가왈부 떠들지 말고 조용히 골방에 들어가 회개하라. 회개하지 않으면 너희도 그같이 망한다.

글을 읽을 줄 모르는 무식함

필자도 명색이 목사이지만 목사들의 무식함이 이와 같습니다. 그들은 '글'이라는 것을 읽을 줄 모릅니다. 그것은 사실 신학적으로 '축자영감'이니 '문자주의'니 하는 말에도 미치지 못하는 그저 '글을 읽을 줄 모르는 무식함'일 뿐입니다.

글에는 주제를 드러내는 뼈(핵심)도 있고 그 뼈대를 붙들어주는 근육과 살(표현, 비유)도 있습니다. 뼈로만 이루어진 글은 성립 되기 어렵고, 근육과 살로만 이루어진 글은 의미가 없습니다. 그러니 글을 읽을 때 문장을 이루는 여러 요소들을 다 함께 읽음으로써 소위 '맥락(脈絡)'을 이해하게 됩니다. 그 맥락 속에 뼈도 있고 근육과 살도 있습니다. 이것을 간파하고 분별해내는 것이 독서의 내공입니다. 즉, 문장의 문법을 이해함으로써 주제의 맥락을 짚어내는 것이라 하겠습니다. 그러니 단순히 눈에 띄는 주제를 제멋대로 파악했다는 것만으로는 독서라 할 수 없습니다. 그 주제를 이루는 문장의 전후맥락을 이해할 줄 알아야만 하는 거지요. 맥락을 이해할 때 주제를 오롯이 말할 수도 있고, 문체의 맛을 말할 수도 있고, 표현의 묘미를 말할 수도 있고, 그 전체적 사상과 맥락을 보다 광범위하게 적용할 수도 있게 됩니다. 달랑 눈에 띄는 단어 하나 가지고 문장을 해석했다고 하는 것은 너무나도 빈약한 이해이고 삭막한 해석인 것입니다.

화 있을진저, 너희 바리새인이여

폐일언, 누가복음 13장 1-5절로 돌아가봅시다. 첫 문장에 '그때'라는 말이 나옵니다. '그때'란 어느 때인가? 그 '어느 때'라는 시간에 이런 일이 있었다는 것은 '이런 일'이 바로 '그때'와 관련이 있다는 것이고, 관련이 있기 때문에 그때와 연결시켜 기록된 것입니다. 그러면 그때가 어느 때인가? 그 이전으로 가봐야겠습니다.

예수님의 하나님나라 선포를 위한 설교와 집회가 사회적 반향을 불러일으키면서 급기야 수만 명의 추종자들이 모여들게 되니까 권력자들, 특히 바리새파 사람들과 마찰이 많이 일어났습니다. 그러니까 예수님의 말씀과 설교는 반(反)바리새파적 특징이 제일 두드러졌다고 볼 수 있겠습니다. 바리새파란 율법주의, 형식주의, 명분주의, 도덕주의 따위의 신앙의 모습을 말합니다. 그런데 그것은 대개는 가장 신뢰받고 존경받는 신앙의 모습입니다. 쉽게 말하면 그들은 사회의 지도층 인사들, 지식인들, 선생들이었습니다. 스스로 가장 존경받고 신뢰할 만한 신앙을 가졌다는 사람이 그 위상에 공격을 받으면 무엇보다 노여움이 크겠지요? 그래서 예수님은 자신의 반바리새파적 입장에 대한 이유를 보다 분명히 밝혀야 할 필요가 생겼습니다.

한마디로 줄이자면 예수님이 바리새파를 미워하는 이유는 그들의 착함과 도덕주의와 명분과 율법이 이 세계를 항상 똑같은 상태로 유지시킨다는 데 있습니다. 세상은 끝없는 변화를 요구하고, 변화가 필요합니다. 왜냐하면 지금 이 상태라는 것은 언제나 불만족스러운 상태이기 때문입니다. 보다 낫고 완벽하고 완전한 사회를 향해서 가려면 지금 이 상태의 부족함으로부터 부단한 변화가 일어나야 합니다. 그리고 신적 요구란 다른 어떤 데 있는 것이 아니라 현실의 온갖 구체적인 불만족스러움을 통하여 그 현실의 구체적 변화를 요청하는 것이기도 합니다.

그러면 '누가 이 현실의 변화를 가장 강력히 간절히 바라는 가?' '누가 이 현실의 변화를 가장 강력하고 간절하게 반대하는 가?'라는 것이 문제가 됩니다. 이 점에서 바리새인들이 가장 복지부동인 채로 변화를 반대한다는 것입니다. 또 달리 말하자면 반대한다기보다는 현실을 그대로 지탱시키는 역할을 하고 있다는 겁니다. 곧 '지금까지 해온 그대로', '이대로 영원히'가 그들의 사상입니다. 그것을 다른 말로 바꾸어본다면 '우리가 세상의 선생 노릇을 하고 있는 이 상태 그대로, 우리가 세상의 지도자 노릇하고 있는 이 상태 그대로, 우리가 세상의 기득권인 이 상태 그대로, 변화가 있다면 우리가 지시해주는 정도로, 지시해주는 방향으로, 허락해주는 한에서만'입니다.

세상은 사실 급진적 변화를 요구하고 있습니다. 이대로는 안 된다고 하는 모든 변화의 요청은 다 시급한 것들입니다. 그리고 그런 것들은 대개 근원적입니다. 근원적이 아니면 안 되는 요구로부터 현실적인 변화의 시급한 요청이 나오는 겁니다. 이것이 신적 요청의 특징이지요. 그러나 인간 집단은 그 신적 요청을 자신들의 입장과 권리와 권력과 소유에 맞는 적절한 것으로 바꿉니다. 왜곡시킵니다. 그 역할을 누가 하느냐? 소위 사회의 선생들이 맡아서 해줍니다. 가장 지성적이고 점잖은 것 같으면서 사실은 가장 잔인한 짓을 하는 셈입니다. 지식인들이 허위와 기만을 버리고 이 시급한 변화를 요구하는 진실에 봉사할 때 사회는 변화되지만, 그들이 그저 말뿐인 공소한 논쟁이나 일삼고 지식 자랑이나 하고 명성이나 명예를 위해 기득권과 결탁하여 지식을 이용할 때 세상은 본질에서 이탈하여 표류하게 됩니다.

예수님은 이러한 점을 들어 바리새적 인간들이 이 세상에서 가장 반(反)하나님적인 존재들이라고 선언해버립니다. 적당히 점잖은 자들, 적당히 지성적인 척하는 자들, 적당히 사랑하는 척하는 자들, 적당히 봉사하는 척하는 자들, 적당히 겸손한 척하는 자들, 그러나 안에서는 자기 것을 유지하고 지키고, 더 높아지려는 욕망이 똬리를 틀고 있는 자들이라는 겁니다. 화려한 옷을 입고 시장에서 문안받고 잔치 자리에서 상석에 앉고 싶어 하는 자들이 그들입니다. 이들은 자기의 신분상승이나 기득권 유지를 희구할 뿐 근원적으로 세상이 변화되길 원하지 않습니다. 변화를 요구할지라도 그런 요구를 함으로써 권력자들과 높은 곳에 있는 자들과 사귀고, 궁극적으로는 자기도 거기에 올라가고 싶어 하는 자들일 뿐입니다. 그런데 사실 세상에는 이런 자들이 가장 많은 법이지요. 그래서 예수님은 가장 통렬하게 이들을 비난하는 겁니다.

화 있을진저 너희 바리새인이여 너희가 박하와 운향과 모든 채소의 십일조는 드리되 공의와 하나님께 대한 사랑은 버리는도다. 그러나 이것도 행하고 저것도 버리지 말아야 할지니라. 화 있을진저 너희 바리새인이여 너희가 회당의 높은 자리와 시장에서 문안받는 것을 기뻐하는도다. 화 있을진저 너희여 너희는 평토장한 무덤 같아서 그 위를 밟는 사람이 알지 못하느니라(눅 11:42-44).

종교적 외형으로서의 십일조는 드려도 사회적 정의로움과 자비로움과 믿음은 없는 자들, 오로지 높은 자리, 명예·명성을 사랑하는 자들, 위선자들. 그들은 가장 의로운 척을 하면서 사실은 세상의 변화를 요구하는 목소리들(예언자들)을 죽이는 자들입니다. 여기서 예언자는 일반적인 이런 선생들과 다른 부류로서 바로 그 시급한 변화를 부르짖는 자들입니다.

화 있을진저 너희는 선지자들의 무덤을 만드는도다. 그들을 죽인자도 너희 조상들이로다. 이와 같이 그들은 죽이고 너희는 무덤을 만드니 너희가 너희 조상의 행한 일에 증인이 되어 옳게 여기는도다(눅 11:47-48).

그렇지 않습니까? 의로운 자들을 죽이는 자들은 악인들만이 아닙니다. 사실 악한 권력자들은 몇몇에 지나지 않지만 그 권력을 지탱해주는 자들은 스스로 의로운 척하는 대다수의 지식인들입니다. 그들은 언제나 근원적이고 급진적인 요구를 점잖게 묵살하고 무마해주는 역할을 합니다. 그런데 그것은 다른 측면에서 본다면 매우 비열하고 잔인한 짓입니다. 왜냐하면 그런 방식으로 세상의 시급한 변화를 요청하는 예언자를 고립시키고 무시하고 죽게 하기 때문입니다. 그런 방식으로 자기 시대의 예언자들이 정의를 외치다 죽어가는 것을 모르쇠 하는 자들이 또한 짐짓 진지한 얼굴을 하면서 옛날 버림받고 외면당하고 죽임당한 예언자들의 무덤을 꾸밉니다. 곧, 그 기념사업들을 자기들의 독점적 영역으로 삼아 그것으로써 선생 노릇을 하는 겁니다.

나는 세상에 불을 던지러 왔다

문제는 이와 같이 그들이 이 현실의 권력을 지탱하고 있다는 점입니다. 그들은 표면적으로 많이 배우고 유능하고 유익한 외관을 취하고 있기 때문에 그들에게 대항하는 것은 계란으로 바위 치기일 뿐입니다. 그들은 실체도 없고 일체화된 움직임도 없지만, 그러나 그들의 대오는 서로가 서로를 지탱해주는 하나의 '조직(마피아)'과 같은 견고한 철옹성입니다.

예수님은 자신의 추종자들에게 이 믿음의 길을 가려면 가장 먼저 그들의 현실적인 권력을 두려워 말라고 설교했습니다. 그들을 높게 보거나 존경스럽게 여기지 말라. 그것은 한 줌도 되지 못하는 이 세상의 권세일 뿐이다. 그들의 권위의 위세에 눌리지 말라. 그보다는 진정한 생명의 원천이신 신(하나님)을 두려워하라. 신을 두려워하게 되면 사람을 두려워하지 않게 된다. '사람을 두려워하지 않고 신을 두려워할 때만 세상을 변화시킬 수 있다'

라고 가르쳤습니다.

내가 내 친구 너희에게 말하노니 몸을 죽이고 그 후에는 능히 더 못하는 자들을 두려워하지 말라. 마땅히 두려워할 자를 내가 너희에게 보이리니 곧 죽인 후에 또한 지옥에 던져 넣는 권세 있는 그를 두려워하라. 내가 참으로 너희에게 이르노니 그를 두려워하라. 참새 다섯 마리가 두 앗사리온에 팔리는 것이 아니냐. 그러나 하나님 앞에는 그 하나도 잊어버리시는 바 되지 아니하는도다. 너희에게는 심지어 머리털까지도 다 세신 바 되었나니 두려워하지 말라. 너희는 많은 참새보다 더 귀하니라(눅 12:4-7).

이러한 진실을 깨달은 불굴의 믿음을 마음에 갖추고 두려움 없이 다가오는 하나님의 나라를 선포하며 나아가라. 그러면 누군가 권력이 너희를 잡아갈 수도 있겠지?

사람이 너희를 회당이나 위정자나 권세 있는 자 앞에 끌고 가거든 어떻게 무엇으로 대답하며 무엇으로 말할까 염려하지 말라. 마땅히 할 말을 성령이 곧 그때에 너희에게 가르치시리라 하시니라(눅 12:11-12).

내가 불을 땅에 던지러 왔노니 이 불이 이미 붙었으면 내가 무엇을 원하리요. 나는 받을 세례가 있으니 그것이 이루어지기까지 나의 답답함이 어떠하겠느냐(눅 12:49-50).

내가 세상에 화평을 주려고 온 줄로 아느냐. 내가 너희에게 이르노니 아니라 도리어 분쟁하게 하려 함이로라. 이후부터 한 집에 다섯 사람이 있어 분쟁하되 셋이 둘과, 둘이 셋과 하리니 아버지가 아들과, 아들이 아버지와, 어머니가 딸과, 딸이 어머니와, 시어머니가 며느리와, 며느리가 시어머니와 분쟁하리라 하시니라. 또 무리에게 이르시되 너희가 구름이 서쪽에서 이는 것을 보면 곧 말하기를 소나기가 오리라 하나니 과연 그러하고, 남풍이 부는 것을 보면 말하기를 심히 더우리라 하나니 과연 그러하니라. 외식하는 자여 너희가 천지의 기상은 분간할 줄 알면서 어찌 이 시대는 분간하지 못하느냐. 또 어찌하여 옳은 것을 스스로 판단하지 아니하느냐(눅 12:51-57).

예수님의 출현은 세상의 현상 유지를 위한 것이 아니라 현 상태를 깨뜨리는 분쟁의 불을 던지기 위해서였습니다. 그것은 마치 비를 부르는, 바람을 부르는 전조와 같이 우리 시대에 현저하게 나타나고 있는 징조들 속에서 오리라고 예상되는 것들입니다. 대개 파국의 징조들입니다. 이 상태로는 그대로 파국인 겁니다. 거기서 회개가 나옵니다. 이 '천기의 징조'라는 것을 유념해 두시기 바랍니다. 이 징조가 무언가를 요청하고 있고, 그 요청을 알고 그것에 민감하기 때문에, 그렇지 못한 자와의 분쟁이 필연적으로 발생하는 겁니다.

바로 그 분쟁을 통과하여 변화가 옵니다. 그리스도는 그것을 요청하러 왔고, 그 불이 아직 활활 붙지 않았음을 답답하게 여기십니다. 그런데 바리새파는 끝없이 그를 공격하고 그가 붙이려는 이 분쟁의 불을 꺼뜨리려 합니다. 입으로는 같은 하나님을 믿는다고 하는 자들이면서, 스스로 권위를 즐기며 선생 노릇을 대단히 여기는 자들이면서, 사실은 하나님의 뜻을 이렇게 모른 채 외면하고 있는 겁니다. 외면함으로써 적대하고 있는 겁니다. 바로 '이러한 때'입니다.

'회개하지 아니하면'의 참 의미

두어 사람이 와서 빌라도가 어떤 갈릴리 사람들의 피를 그들의 제물에 섞은 일에 대해 예수께 말했습니다. 그러자 예수님이 묻습니다. "너희는 이 갈릴리 사람들이 이같이 해 받으므로 다른 모든 갈릴리 사람보다 죄가 더 있는 줄 아느냐?" 그들이 해 받았다는 것을 가지고, 너희 아직 해 받지 않은 자들보다 죄가 더 있다고 생각하느냐? 아니다. 죄가 있어서 해를 받은 게 아니다. 그럼 이 사건을 어떻게 받아들여야 하느냐? "너희에게 이르노니 아니라. 너희도 만일 회개하지 아니하면 다 이와 같이 망하리라." 단순히 죄를 회개하라는 말이 아닙니다. 앞에서 분명히 죄 때문에 해를 받은 것이 아니라고 했기 때문에 여기서 죄를 회개하지 않으면 너희도 이같이 된다고 하면 결국 그들이 해 받은 게 죄 때문인 것이 되고 맙니다. 그렇게 해석하면 예수의 말을 스스로 모순되게 만드는 것입니다.

여기서 중요하게 해석해야 할 부분이 '회개하지 아니하면'입니다. 여기서 말하는 '회개하지 아니하면'이란 지금까지 예수께서 이야기해온 '이 세상의 근원적인 변화를 요청하고 있는 이 급진적이고 시급한 신적 요구를 이해하지 못하고 여전히 바리새적 단계에 머물러 있다면'입니다. 더 쉽게 말하면 이 세상을 변화시킬 구체적인 행동의 변화가 없이 말로만 떠들고 있을 뿐이라면, '그다음은 너의 차례가 될 수도 있다', '반드시 그렇게 될 것이다'라는 말씀입니다. 그다음.

또 실로암에서 망대가 무너져 치어 죽은 열여덟 사람이 예루살렘에 거한 다른 모든 사람보다 죄가 더 있는 줄 아느냐. 너희에게 이르노니 아니라. 너희도 만일 회개하지 아니하면 다 이와 같이 망하리라.

같은 말이지요? 그들이 너희보다 죄가 더 있어서 깔려 죽은 줄 아느냐? 여기 나오는 실로암 망대가 무너진 이유는 분명하지 않지만 모든 재난이 그렇듯이 단순 천재지변이라기보다는 무언가 인재에 의한 억울한 죽음, 희생 같은 일입니다. 아니다. 너희도 그렇게 될 수 있다. 아니, 반드시 그렇게 된다. 어떻게 하면? 회개하지 아니하면. 어떤 회개? 지금까지 이야기해온 신적 부르심의 급진적 변화 요청에 응답하는 방식의 변화가 없다면. 지금 이대로의 세상을 이대로 유지시켜나가는 것이 너희들의 신념이고 신앙이고 기도이고 욕망일 뿐이라면. 그것은 당연한 결과가 아닌가!

그러므로 결론은 '회개하고 가만히 앉아서 기도나 하라'는 식이 될 수 없습니다. 오히려 정반대입니다. '너희는 그들이 당한 희생과 같이 너희도 희생되는 구조를 되풀이하지 않으려면 행동해야 한다', '바꾸어야 한다', '변화해야 한다', '가만히 있어서는 안 된다'가 될 것입니다. 연이어 나오는 말씀이 그것을 보충해줍니다.

이에 비유로 말씀하시되 한 사람이 포도원에 무화과나무를 심은 것이 있더니 와서 그 열매를 구하였으나 얻지 못한지라. 포도원지기에게 이르되 내가 삼 년을 와서 이 무화과나무에서 열매를 구하되 얻지 못하니 찍어버리라. 어찌 땅만 버리게 하겠느냐. 대답하여 이르되 주인이여, 금년에도 그대로 두소서. 내가 두루 파고 거름을 주리니 이후에 만일 열매가 열면 좋거니와 그렇지 않으면 찍어버리소서 하였다 하시니라(눅 13:6-9).

포도밭에 무화과나무를 심었습니다. 그냥 폼으로 심은 게 아닙니다. 열매를 원했습니다. 그러나 3년 동안 열매가 없습니다.

'어찌 땅만 버리겠는가. 찍어버리라.' 그러자 포도원지기가 '금년까지만 봐주십시오. 내가 두루 파고 거름을 주겠습니다. 이후에 만일 열매가 열면 다행이지만 그렇지 않다면 그때 찍어버리십시오'라고 했다는 것입니다. 곧, 지금 세상은 파국이 유예된 상태, 심판이 유예된 상태라는 것입니다. 그 유예된 기간에 우리는 어떻게 할 것인가? 가만히 앉아서 기도나 하라? 왈가왈부하지 말고, 경거망동하지 말고, 혼란도 일으키지 말고, 그저 순종하면서 시키면 시키는 대로, 이끌면 이끄는 대로 따라가라고? 모든 것은 하나님이 다 알아서 하실 것이니 인간은 그저 아무 일 하지 말고 믿기만 하면 된다고? 그러면 그다음 차례는 바로 우리들 자신, 우리의 자녀들이 될 것입니다.

가장 시급히 해야 할 회개

'회개'라는 단어 하나를 즉물적으로 해석하는 무지가 대개 이와 같이 정반대의 해석을 낳습니다. 그리고 세월호 참사 같은 인재에 의한 희생을 되풀이하게 합니다. 기독교인들은 특히 이 점을 깊이 생각해보아야 합니다. 이토록 참혹한 죄악의 실상과 총체적 부패와 무능의 잔혹함을 겪고도, 이 정권과 정부와 책임 있는 자들에게 책임 하나 묻지 않으며, 각자 회개하면서 가만히 있으라는 설교가 도대체 가당키나 한 것일까요? 이 모든 것이 나의 죄라고 고백하는 것은 또 다른 차원의 일인 겁니다. 이 모든 것이 나의 죄이기 때문에 그 죄를 엄히 묻고 처벌해야 하는 것입니다.

다시 묻고 싶습니다. 회개하지 않으면 너희도 이와 같이 된다니, 그 아이들이 죄가 있어서 죽었다는 말인가요? 회개를 안 해서 그렇다는 것인가요? 분명히 말씀드립니다. 그들은 아무런 죄가 없이 희생되었습니다. 그것이 바로 우리의 죄인 것입니다. 바로 우리가, 이 시점에, 그 아이들이 아무런 죄도 없이 희생되었다는 이 사실을 회개하지 않으면, 우리는 반드시 망하리란 말씀입니다. 덧붙여 말하고 싶습니다. 부디 무식한 목사들에게서 하루속히 떠나야 합니다. 그리스도의 의로우신 나라를 열망하기에, 그의 희생을 헛되이 하려는 자들을 미워하는 의분으로 마음을 가다듬지 못하고 씁니다. 부디 헤아려 결단해주시기 바랍니다. 아무것도 할 수 없다고 말하지 마십시오. 무식한 목사들, 안일한 지도자들에게서 떠나는 그것이 지금 당신이 할 수 있는 가장 시급한 회개가 아닐까요?

21

글을 읽을 줄 모르는 목사들에게 2
_ 사탄은 결코 사탄을 내쫓지 않는다

로마서 12:17−13:10

신약성서의 기자들이 분명히 말할 수
없었던 이유를 이해했다면,
이제는 분명히 말해야 합니다.

지상의 권력과 하나님 나라의 대립

유대 기독교 신앙은 세속국가에 대한 대립적 개념으로서의 '하나님의 나라'로부터 발생한 것입니다. 구약성경은 국가의 기원을 폭력의 결집, 곧 아담의 낙원 추방과 가인의 형제 살해로부터 시작된 폭력적인 문명이 하나의 현실 체제로 출현시킨 것이라 설명합니다. 성서는 처음부터 이 폭력 기반의 국가를 신뢰하지 않는 것입니다. 예컨대 바벨탑 사건에서 보듯이 이 국가 건설은 그 시작에서부터 흩어짐, 곧 멸망을 선고받고 있습니다. 하나님의 나라는 바로 그 멸망의 과정에서 나타나는데, 그것은 노아의 홍수 사건, 소돔과 고모라의 멸망에서 보듯이 기본적으로 종말론적입니다. 그러나 여기서 강조하고 환기시켜야 할 것은 이러한 종말을 하나님의 심판이라고 부를지라도 그것은 인간 집단 자신의 죄악에 의해서 스스로 붕괴되는 종말이라는 점입니다. 성경은 오히려 그러한 멸망 가운데서 하나님에 의한 의인의 희생과 구원을 이야기합니다.

어찌하여 뭇 나라가 술렁거리며, 어찌하여 뭇 민족이 헛된 일을 꾸미는가? 어찌하여 세상의 임금들이 전선을 펼치고, 어찌하여 통치자들이 음모를 함께 꾸며 주님을 거역하고, 주님과 그의 기름 부음 받은 이를 거역하면서 이르기를 "이 족쇄를 벗어 던지자. 이 사슬을 끊어버리자" 하는가? 하늘 보좌에 앉으신 이가 웃으신다. 내 주님께서 그들을 비웃으신다. 마침내 주님께서 분을 내고 진노하셔서, 그들에게 호령하시며 이르시기를 "내가 나의 거룩한 산 시온 산에 '나의 왕'을 세웠다" 하신다(시 2:1-6, 새번역).

국가들이 출현하여 세상을 지배하는 이 세계는 폭력에 의거한 지배가 이루어질 수밖에 없습니다. 그것은 불가피한 일일지라도 근원적으로 '헛된 일'입니다. 그들이 늘 하는 일이란 전선을 펼치고 음모를 꾸미는 일입니다. 그리고 이 세속 국가들이 가진 폭력적인 권력은 근본적으로 하나님나라에 대한 거역의 욕망에 의해 종말로 치달립니다. '이 족쇄를 벗어 던지자. 이 사슬을 끊어 버리자' 하는 것이 그 내용입니다. 하나님의 나라는 바로 그 세속 권력의 진리 외면에 대한 비웃음과 하나님의 권위와 영광과 은혜를 배반하고 거역하는 데 따르는 분노로부터 나옵니다. 즉, 신본주의적 입장에서 세속 권력이란 하나님의 것을 찬탈하여 자기 것으로 삼고 그것으로 하나님의 창조 세계를 지배하려는 반역 행위와 같은 겁니다.

구약성서 이스라엘의 역사는 이 하나님의 나라와 세속 국가 간의 싸움과 그 실패를 기록하고 있습니다. 그 과정은 신정국가 이스라엘이 하나님의 나라로서의 그 본래적 기능을 상실하고 세속국가와 동일하게 변질됨으로써 멸망하게 되는 과정입니다. 신약성서에 와서 예수 그리스도는 하나님나라의 개념을 외형적 싸움이 아니라 영적이고 내재적인 싸움으로 재설정해줍니다. 본질적으로 그 싸움은 보이는 권력을 빼앗아 다른 것으로 대체하는 식의 싸움이 아닙니다. 십자군 전쟁에서 보듯 모든 이교도들을 정복해서 기독교로 개종시킴으로써 성취되는 것이 아닙니다. 그러나 동시에 이 싸움은 이 세상의 국가들 속에서 살면서 싸워야 하는 싸움이기는 합니다. 무엇과 싸우나요? 국가들 속에 들어 있는 폭력의 메커니즘입니다. 메커니즘이라 함은 외형과 정신을 포괄하는 말입니다. 외형적 폭력과도 싸워야 하고 그 정신과도 싸워야 합니다. 왜냐하면 폭력은 모든 국가들이 존재하는 존립의 메커니즘이기 때문입니다. 그것은 현실적 지배에서 종교적이고 신적인 위상을 가지고 있음으로 반(反)하나님적이지만, 동시에 그 종교적이고 신적인 위상 때문에 사람들은 그것이 반하나님적인 모든 형태의 폭력의 근원이라는 점을 제대로 인식하지 못합니다. 과거에는 왕권신수설(王權神授說)이 있었다면 지금은 국가주의가 있는 것이라 할 수 있습니다.

사도들이 놓이매 그 동료에게 가서 제사장들과 장로들의 말을 다 알리니 그들이 듣고 한마음으로 하나님께 소리를 높여 이르되 대주재여 천지와 바다와 그 가운데 만물을 지은 이시요 또 주의 종 우리 조상 다윗의 입을 통하여 성령으로 말씀하시기를 어찌하여 열방이 분노하며 족속들이 허사를 경영하였는고 세상의 군왕들이 나서며 관리들이 함께 모여 주와 그의 그리스도를 대적하도다 하신 이로소이다. 과연 헤롯과 본디오 빌라도는 이방인과 이스라엘 백성과 합세하여 하나님께서 기름 부으신 거룩한 종 예수를 거슬러 하나님의 권능과 뜻대로 이루려고 예정하신 그것을 행하려고 이 성에 모였나이다. 주여 이제도 그들의 위협함을 굽어보시옵고 또 종들로 하여금 담대히 하나님의 말씀을 전하게 하여주시오며 손을 내밀어 병을 낫게 하시옵고 표적과 기사가 거룩한 종 예수의 이름으로 이루어지게 하옵소서 하더라(행 4:23-30).

신약성서의 첫 기록자들이자 기독교 교회의 첫 지도자들이고 첫 번째 설교자들인 예수님의 제자들은 이러한 세속국가 체제와 하나님나라의 신앙 사이의 차이점과 연관성을 잘 이해하고 있었습니다. 사도 베드로의 시편 인용과 빌라도와 헤롯과 같은 세속 권력의 통치에 대한 사도적 입장은 이 점을 잘 드러내줍니다. 그러나 사도들은 세속국가의 권력이 곧 사탄이라고 직접적으로 언급하지는 않습니다. 그 대신 그들만의 고유한 말들로 그것을 지칭했습니다. 곧 '권능', '권세', '공중 권세 잡은 자', '하늘에 있는 악의 영', '세상 임금' 따위가 그것들입니다. 직접 지칭하지 않고 은유적으로 지칭하는 것입니다. 왜 그랬을까요? 분명 사도 베드로는 십자가의 신앙이 가르쳐주는 하나님의 나라와 현재적인 일반 국가 권력 사이의 특별한 연관성과 대립성이 있음을 알고 있었습니다. 그러나 그것들을 곧바로 하나님의 나라를 위해서 타도해야 할 사탄이라고 말하지는 않았습니다. 왜 그랬을까요?

세상의 임금, 공중 권세 잡은 자

　폭력은 하나님의 선하심에 위배되는 권력입니다. 폭력적이라는 것은 그 자체가 권력으로서 신적 속성을 가지게 됩니다. 그러나 폭력이 선한 것은 아닙니다. 폭력은 선한 면모를 보일 때조차 폭력일 뿐입니다. 동시에 모든 권력이 다 극악무도한 것은 아닙니다. 역사상 선한 의지를 가졌던 권력이 하나도 없었던 것은 아니었습니다. 다만 권력이라는 제도 자체는 폭력에 의거해 있기 때문에 그것이 표면적이고 일시적으로 선한 모습을 하든 그렇지 않든 폭력성을 가진다는 겁니다. 그것은 가변적인 것으로, 언제 기분이 바뀌어서 폭력의 본래 속성을 드러낼지 모릅니다.

　가령 선거 시즌이면 정치인들은 비굴할 정도로 선량한 심부름꾼의 모습을 하겠지만, 일단 권력을 잡으면 언제 그랬느냐는 듯이 일방적으로 민의를 외면하거나 권위적으로 태도를 바꿉니다. 권력을 갖지 못했을 때는 얼마든지 겸손한 제스처를 취할 수 있겠지만 권세를 부릴 라이선스를 획득하고 나면 태도가 표변합니다. 이 같은 일은 크든 작든 권력의 자리를 차지한 개인들의 모습에서도 흔히 보이는 것입니다. 이와 같이 모든 권력이 사탄적이지는 않지만 동시에 사탄적 폭력성을 기반으로 한다는 점에서, 그리고 언제든지 그 폭력을 휘두를 수 있다는 점에서, 권력, 특히 국가라는 권력은 사탄의 작은 체계, 마귀의 시스템인 것입니다.

물론 이런 식의 말을 하면 반발할 사람들이 많을 것입니다. 하지만 그 반발이야말로 사탄적인 폭력성을 나타내주는 증거라고 할 수 있지 않을까요? 왜냐하면 우리가 믿고 추구하는 하나님의 나라라는 것은 근본적으로 개인적 의미의 종교나 개인적 신앙 차원에서 그치는 정도의 문제가 아니기 때문입니다. 국가가 거기 속한 사람들의 전체 운명에 관련되듯이 이 하나님나라 역시 거기 속한 모든 사람들의 운명과 관련됩니다. 누가 누구 맘대로 이 전체의 운명을 자기의 의사에 따라 결정할 수 있을까요? 국가라는 이름이라면 무엇이든 가능할까요?

따라서 신앙은 사회적이고 공동체적인 관점을 가져야만 되고, 사회적이고 공동체적인 현상을 문제로 삼아야 합니다. 바로 그 현실적인 삶의 조건들 속에 하나님나라와 그 부르심의 요구가 들어 있는 것이지 다른 곳에 있는 것이 아닙니다. 그 다른 곳이란 어디일까요? 현실을 떠난 또 다른 현실이 펼쳐지는 곳은 어디일까요? 교회가 그곳이라면 교회는 바로 하나님나라의 부르심에 부응하지 못하고 역행하거나 외면하면서 반역하는 것이 됩니다. 그것은 말하자면 없어도 그만일 불필요한 일에 사람들을 붙들어놓으면서, 있어야 하고 당연히 해야 할 일을 못하게 하는 결과를 빚기 때문입니다. 그리고 우리는 지금도 교회들에게서 그런 불필요한 부분을 흔히 봅니다.

아무튼 이 세계를 지배하고 있는 폭력의 구조를 사탄이라고 부르지만, 현실적인 권력을 사탄이라고 직접 부르는 데는 여러

가지 위험이 따릅니다. 로마의 네로 황제나 종교개혁 시기 교황은 적그리스도로 불렸습니다. 그러나 처음부터 공공연하게 그렇게 불렸던 게 아닙니다. 그 위험성! 현재의 일부 국가들에서도 지도자를 비판하는 일은 박해와 탄압을 각오해야만 합니다. 그런데 그것은 일차적으로 그 사탄이라고 지칭된 당사자인 권력조차도 그 말의 의미를 잘 이해하지 못하기 때문에 발생하는 것이기도 합니다.

곧, 사탄이라고 부를 수 있는 권력 체계는 관료 제도나 행정 기구들같이 보이는 권력 체제임과 동시에 보이지 않는 정신적 구체성도 가지고 있습니다. 이것이 진짜 사람을 지배하는 힘입니다. 이 두 가지 속성, 보이면서 보이지 않는 실체적 폭력의 양면성은 느낄 수 있을 만큼 현실적이면서 동시에 그런 것이 있는 줄도 모르는 상태의 환상 같은 종교성을 지닙니다. 환상이면서 실재하는 특이한 종교가 권력이라는 메커니즘입니다.

일반적으로 종교의 개념이 보이지 않는 것을 믿기 위해 보이는 제도를 유지한다고 할 때, 이 권력이라는 유사종교야말로 종교적 속성을 그대로 지니고 있다고 말할 수 있을 것입니다. 이 종교는 보이지 않는 정신적 신념 혹은 거짓된 환상에 근거하지만, 그것을 의심할 줄도 모르고 굳게 믿는 사람들이 많으면 많을수록 그 효과가 실제적으로 나타나게 되는 것입니다. 후진적인 국가일수록 국가주의와 권력자 개인에 대한 숭배는 유사종교와 가까운 종교성을 지닙니다. 그런 후진적 사회에서는 심지어 종교인이 가장 적극적인 국가주의자가 되기도 합니다.

신약성서의 저자들은 직접 가리켜 말할 수도 없고, 말하지 않을 수도 없는 이 권력의 모호함을 표현하는 여러 가지 명칭을 고안해냈습니다. 그 대표적인 것이 '권세'라는 말입니다. 그 권세는 다시 두 가지 상반되는 표현으로 일컬어집니다. '세상의 임금', '공중 권세 잡은 자'가 그것입니다. 지상의 권력이면서 천상의 권력이라 부르고 있습니다. 이 세상에 현존하는 권력이라는 의미에서 그것은 지상적 성격을 가졌지만, 정신적이고 영적인 성격을 가졌기 때문에 공중 권세 잡은 자, 곧 천상의 권력이라 불릴 수 있는 겁니다. 그러나 어떻게 부르든 그것은 하나입니다. 권력은 이 두 극단인 지상과 천상을 왔다 갔다 합니다. 예를 들어 옛날의 왕들은 자주 그들 자신을 '신의 아들' 혹은 '신의 대리자' 혹은 '신의 화신'인 '신'으로 부르도록 강제했습니다. 그들이 현실적으로 어느 정도의 인간들인지는 상관이 없습니다. 왜냐하면 그 신적 속성은 권력으로부터 나오는 것이지 개인의 인간성에서 나오는 게 아니기 때문입니다. 우리는 남과 북의 현재 권력이 과거 권력자에게 반신반인의 신적 권위를 부여하고 다시 거기에 현재 권력을 의탁하려 하는 피그말리온의 연금술을 보고 있지 않습니까.

권력의 현실성과 초월성

그리스도인들은 우선적으로 국가권력들이 가지는 이 모호한 성격을 정확하게 인식할 필요가 있습니다. 그리스도인이 권력자가 되더라도 말이지요. 권력과 하나님을 믿는 믿음의 연관성, 곧 하나님을 믿는다는 것은 지상의 지배 권력을 인정하지 않는 것이고, 그 지상의 지배 권력이라는 보이지 않는 정신성은 현실적으로 존재하는 국가권력으로부터 나온다는 것을. 그것이 세상의 임금이고 하나님을 대적하는 사탄이라는 것을 인식해야 합니다. 신약성서의 저자들은 그걸 간파하고 있었습니다. 직접 지칭해 말할 수는 없었지만, 그것이 무엇인지는 정확히 인식하고 있었던 것입니다.

1세기 지상의 첫 그리스도인들은 고민이 깊었을 겁니다. 이전의 역사 속에는 없었던 고민입니다. 다름 아닌 국가에 속하여 살면서 동시에 속하지 말아야 하는 신앙을 간직해야만 하는 고민입니다. 이 고민 속에서 그리스도인 특유의 정체성이 나왔습니다. 우리 역시 이 고민을 가지지 않으면 초대교회 사도들이 이끌던 교회와 그리스도인들의 정체성에 가닿지 못할 겁니다. 나중에 기독교가 국가 종교가 되면서 사장되어버린 중대한 부분이 바로 이것입니다. 교회 안에서 지속적으로 이 점을 상기시켜줄 예언적 교사, 선지자적 지도자, 저항가가 나타나야 하는 이유입니다.

세속적이라는 것은 이 세상에 속한 구체적 현실에 경도되어 있다는 말입니다. 세속 권력과 짝을 이룬다는 말입니다. 그것은 이미 영적으로 잠든 상태와 같습니다. 세속적 종교의 상태에서는 자신의 종교성과 세속 권력의 종교성 사이의 혼란이 옵니다. 그래서 자기 종교(기독교)의 이름으로 세속 종교(우상)를 지지하는 것을 신앙으로 삼기도 합니다. 예를 들어, 현대에도 백악관이나 청와대나 북한의 관영 방송 같은 것을 보거나 정부 기구를 지배하고 있는 관료들의 태도들을 보면 그들의 정신에서 종교성을 발견하게 됩니다. 그들은 민주주의자를 자처함에도 본질적으로는 자신이 섬기는 권세에 초월적 권위를 부여하고 있는 왕권신수설 신봉자들처럼 보입니다. "너희가 자랑하는 것이 옳지 아니하도다. 적은 누룩이 온 덩어리에 퍼지는 것을 알지 못하느냐"(고전 5:6). 진짜 큰 문제는 이러한 점을 깨닫지 못하는 종교 지도자들입니다.

지상의 권력은 현실성과 초월성이라는 두 가지 속성을 가졌습니다. 현실적으로 권력이 폭력적이라 해도 사람들은 쉽사리 그 현실적 폭력에 저항하거나 항거하지 못합니다. 왜냐하면 보이지 않는 권력의 초월성이라는 폭력이 권력이 저지르는 현실의 폭력을 지지해주고 있기 때문입니다. 반면, 현실 권세의 현실성은 감추어진 초월성의 폭력성을 가리고 있습니다. 짐짓 겉으로는 국민의 심부름꾼을 자처하면서 실제로는 왕이 되어 지배하는 것입니다. 이를테면, 현재 벌어지고 있는 세월호 참사 사건의 경과 속에서 분노하고 저항하는 민의를 저지시키고 있는 폭력은 보이지 않는 권력의 초월성입니다. 그것이 없다면 무능하고 부패한 권력은 지탱되지 못할 것입니다. 반면 그 초월성의 폭력을 감지하지 못하는 사람들은 궁지에 몰린 권력이 민중에게 공격받는 것을 오히려 궁휼히 여깁니다. 이와 같이 권력은 비현실적이지만 초월적 권세를 가졌고, 그러면서도 아주 현실적인 모순의 구성체를 가지고 있습니다. 그들은 현 정권에서도 뻔히 보이듯이 사람들을 구원해줄 수 없는 무능함에도 불구하고 언제까지나 그 자리를 유지하거나 차지하려고 할 것입니다. 어떻게 여기에서 벗어날 수 있을까요? 어떻게 여기에서 인류 공동체가 구원받을 수 있을까요? 세상의 '빛과 소금', '중보자'로서 아브라함, '희생자'로서 예수 그리스도가 보여준 영적이고 행동적인 태도는 어떻게 예언적으로 이 세대 가운데서 발휘될 수 있을까요?

하나님이 허락하신 것은 무엇인가

각 사람은 위에 있는 권세들에게 복종하라. 권세는 하나님으로부터 나지 않음이 없나니 모든 권세는 다 하나님께서 정하신 바라. 그러므로 권세를 거스르는 자는 하나님의 명을 거스름이니 거스르는 자들은 심판을 자취하리라. 다스리는 자들은 선한 일에 대하여 두려움이 되지 않고 악한 일에 대하여 되나니 네가 권세를 두려워하지 아니하려느냐. 선을 행하라. 그리하면 그에게 칭찬을 받으리라. 그는 하나님의 사역자가 되어 네게 선을 베푸는 자니라. 그러나 네가 악을 행하거든 두려워하라. 그가 공연히 칼을 가지지 아니하였으니 곧 하나님의 사역자가 되어 악을 행하는 자에게 진노하심을 따라 보응하는 자니라. 그러므로 복종하지 아니할 수 없으니 진노 때문에 할 것이 아니라 양심을 따라 할 것이라. 너희가 조세를 바치는 것도 이로 말미암음이라. 그들이 하나님의 일꾼이 되어 바로 이 일에 항상 힘쓰느니라. 모든 자에게 줄 것을 주되 조세를 받을 자에게 조세를 바치고 관세를 받을 자에게 관세를 바치고 두려워할 자를 두려워하며 존경할 자를 존경하라(롬 13:1-7).

바울은 국가에 세금을 바치고 그들을 거스르지 말라고 권합니다. 기독교 신앙에 의거한 신념이 지나쳐 자칫 세속 정부에 대한 납세 거부와 저항으로 이어져 겨우 닦아놓은 신앙의 기반마저 잃을까 염려했기 때문입니다. 그러나 이 구절을 국가주의적으로 해석해서는 안 됩니다. 그것을 국가주의적으로 해석한 게 '신사참배 결의' 같은 것입니다. 사도 바울의 권면 속에서도 우리는 이 권력의 이중성이라는 구조적 모순을 분명히 인식하면서 이 구절을 해석할 필요가 있습니다. 그렇게 읽으면 사도 바울의 진심과 초대교회 성도들의 위태로운 삶과 신앙 현실이 실감 나게 전달될 것입니다. 반역(半譯)은 반역(反逆), 국가주의적 해석이야말로 오독(誤讀)의 절정인 것이지요.

말씀을 정확히 이해하고 그 뜻(영)을 인식할 때만 바른 행동이 결정됩니다. 물론 세월호 참사 국면 같은 데서 기독교인이 신앙을 드러내는 방식은 저마다 다를 수 있습니다. 모두가 저항하거나 모두가 금식하면서 침묵할 수는 없는 것입니다. 어떤 한 가지 행동을 규범화할 수도 없습니다. 그러나 적어도 우리의 행동이 이 세속 종교로서의 국가권력과 하나가 되는 것은 아니어야 합니다. 그 정도의 분별력은 간직하고 있어야 그리스도인이라 할 수 있습니다. 특히 교회의 지도자들은 이 점에서 신자들을 헷갈리게 해서는 안 됩니다.

신약성서의 기자들이 분명히 말할 수 없었던 이유를 이해했다면, 이제는 분명히 말해야 합니다. 성경에서 권력은 언제나 사탄과 연관되었습니다. 구약성서의 예언서들은 세속국가들을 한결같이 하나님을 대항하는 사탄으로 지칭하고 있습니다. 단지 권력들이 다 사탄처럼 극악무도하지는 않고, 그들도 자주 광명의 천사로 자기를 가장하는 것입니다. 따라서 우리는 권력이 나쁘다는 이유만으로 단순히 악마라고 규정할 수는 없고, 일일마다 권력에게 대항하고 거역해서도 안 됩니다. 또 그럴 필요도 없습니다. 그러나 권력이 근거하고 있는 거짓 초월성, 즉 하나님나라를 대적하는 의미의 종교성에 대해서만큼은 분명한 경각심을 갖고 인식해야 합니다. 특히 특정 권력자를 신적으로 칭송하거나 추앙하는 태도는 지극히 경계해야 할 일입니다. 권력 자체는 일종의 불가피한 질서 유지의 역할을 위해서도 반드시 필요합니다. 하지만 권력자는 하나님이 아니며 권력은 무소불위여서는 안 됩니다. 그리스도인들은 그러한 권력의 야망을 사탄적인 것으로 인식하고 여기서 권력에 대한 교회의 고유한 태도가 나와야 합니다.

바울은 권력은 존재해야 할 역할이 있고 그것은 하나님이 허락한 것이라고 하였습니다. 이때 하나님의 허락이라는 말을 지나치게 확대해서는 안 됩니다. 그렇게 따진다면 하나님이 허락한 것은 권력만이 아닌 겁니다. 바울의 이 권고는 그 시대의 상황을 이해하면서 해석해야 합니다. 바울은 그것이 하나님이 허락하신 것이기 때문이 아니라 현실적으로 판단해서 유익할 것이 없기 때문에 권력에 대항해 싸우려 하지 말라고 권하는 것입니다. 그는 성도들에게 권력을 존중하고 권력이 참 신앙에 어긋나는 것을 요구하지 않는 한 복종하라고 권했습니다. 그러나 자신의 권면을 왕권신수설처럼 여기라는 말은 분명 아닙니다.

바울이 이 말을 할 당시는 로마제국 치하였습니다. 로마제국은 황제에 의해 통치되는 체제입니다. 황제는 가이사(카이사르)라 불렀는데, 가이사는 황제가 되려는 야심을 가졌다가 공화주의자들에게 살해된 로마의 군인정치가 율리우스 카이사르(기원전 100-44)의 이름입니다(황제를 뜻하는 명칭 자체가 의미심장하지요!). 곧, 그의 죽음과 거기서 발생한 신화화된 위엄을 부여한 것이 로마 황제의 권력입니다. 여기에서 로마제국이라는 권력의 초월적 종교성이 나옵니다. 제국의 황제는 카이사르와 동격이며 그의 권력은 카이사르에게서 이어받은 위엄을 통해서 나옵니다. 이것이 로마의 황제 숭배와 국가 종교의 배경이었습니다. 바울이 설마 황제 숭배와 국가 종교에 화합하라고 권면하지는 않았을 것입니다. 바울은 다만 행정 체계, 특히 현실적인 납세 의무에 대해서 말하고 있을 뿐입니다. 그는 이 문제를 언급하기 직전 이런 말을 하고 있었습니다.

> 아무에게도 악을 악으로 갚지 말고 모든 사람 앞에서 선한 일을 도모하라. 할 수 있거든 너희로서는 모든 사람과 더불어 화목하라. 내 사랑하는 자들아 너희가 친히 원수를 갚지 말고 하나님의 진노하심에 맡기라. 기록되었으되 원수 갚는 것이 내게 있으니 내가 갚으리라고 주께서 말씀하시니라. 네 원수가 주리거든 먹이고 목마르거든 마시게 하라. 그리함으로 네가 숯불을 그 머리에 쌓아놓으리라. 악에게 지지 말고 선으로 악을 이기라(롬 12:17-21).

악과 그에 대한 복수에 대한 언급 다음에 곧바로 국가에 대한 납세의 의무를 말하고 있는 겁니다. 이 연관성은 무엇일까요? 납세 거부와 같은 행동은 말하자면 당시 로마제국의 압제에 대한 개인들의 복수의 일환이었을 것입니다. 그러나 그것으로는 보복이 이루어질 수 없습니다. 하나님께 맡겨야 한다. 그리고 굴복해야 한다. 왜? 하나님이 허락하셨기 때문이다. 무엇을? 국가라는 제도를. 그 악과 압제까지 허락하셨다는 말이 결코 아닙니다. 현대적으로 말하자면 바울은 지금 비폭력으로써 폭력을 대하라고 권하고 있는 것입니다. 무저항으로써 저항하라고 말하고 있는 겁니다. 결코 권세에 대한 지지와 굴복을 설교하는 게 아닙니다. "악에게 지지 말고 선으로 악을 이기라"야말로 국가에 대한 성도의 태도에 관한 바울 메시지의 핵심인 것입니다. 그 증거는 그 다음에 다시 나옵니다.

> 피차 사랑의 빚 외에는 아무에게든지 아무 빚도 지지 말라. 남을 사랑하는 자는 율법을 다 이루었느니라. 간음하지 말라, 살인하지 말라, 도둑질하지 말라, 탐내지 말라 한 것과 그 외에 다른 계명이 있을지라도 네 이웃을 네 자신과 같이 사랑하라 하신 그 말씀 가운데 다 들었느니라. 사랑은 이웃에게 악을 행하지 아니하나니 그러므로 사랑은 율법의 완성이니라(롬 13:8-10).

바울은 납세를 차라리 빚이라 표현합니다. 빚을 지지 말라. 우리가 서로에게 주고 질 빚은 사랑의 빚밖에 없다. 사랑이 생명의 본질, 인생의 열매, 지상의 의미이기 때문이다. 이해가 가시는지요? 바울은 국가 따위는 염두에 두지 않고 있는 것입니다!

무엇보다 우리는 바울의 권면에서 그의 비폭력적 대응 방식에 주목해야 합니다. 그와 동시에 그것이 어디에서 왜 나왔는지도 이해할 필요가 있습니다. 그리고 그러한 역사를 이해하게 될 때 오늘날 우리의 당면한 현실 속에서 우리의 태도도 결정될 겁니다. 다만 거듭 강조해야 할 것은 바울의 권면이 국가권력과 영합하라는 설교로 변질될 수만은 없다는 것입니다. 그것은 기독교 신앙을 사탄에게 갖다 바치는 꼴이기 때문입니다.

세속 권력이라는 사탄적 폭력과 그 악에 대항하여 싸우는 믿음의 방식으로서 비폭력의 사랑과 그 도덕적 우월성을 지키라고 바울은 말하고 있습니다. 지금 우리 기독교인들은 싸움의 방식은 다를지라도 싸우는 대상만큼은 분명히 해야 할 때에 와 있습니다. 바울이 굴복하라고 권해야 했던 그 권력과 우리는 싸워야 하는 이유가 거기에 있습니다. 지금 우리가 해야 할 일은 굴복이 아니라 저항입니다. 그렇지 않다면 우리는 사도 바울 시대의 로마제국이라는 황제숭배 종교로부터 한 발자국도 벗어나지 못한 것입니다. 비록 저항의 방식은 다를지라도 저항의 대상을 헷갈리게 만들고 저항의 대오를 흐트러뜨리려는 도무지 글을 읽을 줄 모르는 말쟁이들의 변설을 거부해야 합니다. 사탄은 결코 사탄을 내쫓지 않기 때문입니다.

'내려갈 때 보았네 / 올라갈 때 못 본 / 그 꽃'(고은 시, 홍순관 노래, 〈그 꽃〉). 올라갈 때는 못 보았던 '그 꽃'을 내려올 때 본다. 올라간다는 건 무엇이고 내려온다는 건 무엇인가? 올라갈 때는 왜 꽃을 보지 못했으며 내려올 때는 어떻게 해서 보게 되었는가?

무언가 몰두해 있을 때, 집중해 있을 때, 흔히 말하듯 꽂혀 있을 때는, '나(내 생각, 자아, 욕망)' 이외에 다른 것은 분별할 수가 없다. 우리는 그럴 때 낚시에 걸린 물고기처럼 포획된 것 같다. 어느 특정한 계층이나 집단에 속해 있다고 느끼거나 어떤 공인된 인정 속에 살고 있다고 느끼는 감각도 마찬가지다. 그러면 내가 정말 무어라도 된 것 같고 의미를 획득한 존재 같기도 하고 우월한 입장으로 도약이라도 한 것 같다. 모두가 그럴 것이다. 마치 안전한 구원의 가능성 안에 진입한 것 같으며 그 속에서 '구원의 확신!' 비슷한 것을 가진 듯도 싶어진다.

그러나 여하한 이유로 그러한 자아의 몰두로부터 해방될 때
가 온다. 누군가 독점적인 사랑으로부터, 사회적인 특별한 인정
으로부터 배제당했을 때, 그 구원의 대열에 더 이상 당당하게 낄
수 없게 되었을 때, 낙심하고 절망했을 때, 자존감에 상처를 입
었을 때, 피부병에 걸린 욥처럼 다시는 회복될 수 없을 것 같을
때, 우리는 역설적이게도 진실한 자기로 돌아온다. 곧, 자신을 하
나님의 심판대 앞에 정직히 세워볼 차분한 기회를 갖게 된다. 그
때 그 자리는 올라갈 때 보지 못했던 '그 꽃'을 볼 수 있는 기회
가 된다. 여기서 '그 꽃'이란 외적인 별개의 사물이 아니라 내적
인 정신을 말하는 게 아닐까? 바로 자기 자신을 말하는 게 아닐
까? 그러한 발견의 순간이야말로 정관사를 붙일 만한 정신의 '그
꽃', 자아의 절정이리라.

나는 오랫동안 내려오는 중이 아니었던가 싶다. 어쩌면 처음
부터, 내 나라는 내려오는 중이고, 내 교회도 내려오는 중이고,
내가 사랑하고 아끼는 사람들도 다 내려오는 중이었다. 나는 내
려오는 존재들 속에서 '그 꽃'을 발견하려고 두리번거린 게 아닌
가 싶다. 그러나 낙망하고 절망한 자기는 결코 아니다. (그렇게 여
긴다면 올라가려다 가지 못한 일을 한탄하거나 한때 올라가보았던 과거를
그리워하는 사람일 뿐이지.) 모든 과장됐던 허영과 가식으로부터 해
방된 자기란 비로소 자유를 얻은 자기가 아닌가!

자신을 정직히 발견함으로써 인간은 본질로서 자기(영혼)에 도
달할 수 있다. 그것은 '나란 누구인가'라는 실존적, 윤리적, 종교

적 질문에 대한 가장 친절한 대답이 될 것이다. '나란 누구인가?' 올라가든 내려오든 상관없이 본래 자유로운 나다. 어느 날부턴가 그렇게 결심하니 뭔가 내려올 줄 모르는 세상을 향해 말을 하고 싶고 말해야 할 의무감을 느꼈다. "나 지금 사상의 가을에 이르렀으니, / 삽과 갈퀴 들고 다시 긁어모아야지, / 홍수가 지나며 묘혈처럼 곳곳이 / 커다란 웅덩이들 파놓았으니"(보들레르, 〈원수〉중).

이 글들은 본래 '속(屬) 평신도를 깨운다'를 제목으로 내가 목회하는 자유인교회에서 연속한 설교를 모은 것이다. 한 번에 다 모여봤자 20명이 못되는 교우들이 내 사상의 가을이 내뿜는 마지막 매미 소리처럼 따가운 광야의 소리를 사랑과 신뢰로 들어주었다. 바라기는 이제 이 책이 세상으로 나가 제목 값을 좀 했으면 싶다. 지금 내려오고 있는 중인 한국 교회와 성도들도 우리가 먼저 내려오며 보았던 정직한 성서적 인식의 '그 꽃'들을 볼 수 있기를. 그리하여 자신을 새롭게 발견함으로써 각자 사상의 가을에 도달하기를. 그러면 우리는 이제부터 지난 100년간 한국교회 번영주의와 긍정주의의 홍수가 지나며 묘혈처럼 파헤쳐놓은 기독교 예언의 서사적 맥락을 복구하는 삽과 갈퀴를 함께 잡을 수 있지 않을까? 그러면 나와 자유인교회의 교우들이 고뇌 없는 세상과 교회를 두고 고뇌했던 지나간 시간들도 황금빛 단풍으로 물들지 않을까? 우리에게 전해올 다정한 연대의 소식들을 기대한다.

출판을 제안해주신 포이에마 김도완 대표님과 거친 글을 다듬어주신 강영특 편집장님께 깊은 감사를 드린다. 2015년 메르스 사태의 와중에서 돌아가신, 지난 10년간 한결같이 나의 목회를 지지하고 후원해주셨던 존경하는 장인께 특별히 이 책을 바친다.